Hermenêutica

Dados Internacionais de Catalogação na Publicação (CIP)
(Câmara Brasileira do Livro, SP, Brasil)

Schmidt, Lawrence K.
  Hermenêutica / Lawrence K. Schmidt ; tradução de Fábio Ribeiro. 3. ed. – Petrópolis, RJ : Vozes, 2014. – (Série Pensamento Moderno)

  Título original: Understanding hermeneutics
  Bibliografia.

  9ª reimpressão, 2025.

  ISBN 978-85-326-4372-8

  1. Hermenêutica I. Título. II Série

12-04151   CDD-121.68

Índices para catálogo sistemático:
1. Hermenêutica : Filosofia   121.68

LAWRENCE K. SCHMIDT

Hermenêutica

TRADUÇÃO DE FÁBIO RIBEIRO

Petrópolis

© 2006, Lawrence K. Schimidt

Tradução autorizada a partir da Acumen Publishing Ltd. Edition.
Edição brasileira publicada por intermédio da Agência Literária
Eulama Internacional.

Tradução do original em inglês intitulado *Understanding Hermeneutics*

Direitos de publicação em língua portuguesa – Brasil:
2012, Editora Vozes Ltda.
Rua Frei Luís, 100
25689-900 Petrópolis, RJ
www.vozes.com.br
Brasil

Todos os direitos reservados. Nenhuma parte desta obra poderá ser
reproduzida ou transmitida por qualquer forma e/ou quaisquer meios
(eletrônico ou mecânico, incluindo fotocópia e gravação) ou arquivada
em qualquer sistema ou banco de dados sem permissão escrita da editora.

CONSELHO EDITORIAL	PRODUÇÃO EDITORIAL
Diretor Volney J. Berkenbrock	Anna Catharina Miranda Eric Parrot Jailson Scota
Editores Aline dos Santos Carneiro Edrian Josué Pasini Marilac Loraine Oleniki Welder Lancieri Marchini	Marcelo Telles Mirela de Oliveira Natália França Priscilla A.F. Alves Rafael de Oliveira Samuel Rezende
Conselheiros Elói Dionísio Piva Francisco Morás Teobaldo Heidemann Thiago Alexandre Hayakawa	Verônica M. Guedes
Secretário executivo Leonardo A.R.T. dos Santos	

Editoração: Maria da Conceição B. de Sousa
Diagramação: Sheilandre Desenv. Gráfico
Capa: WM design

ISBN 978-85-326-4372-8 (Brasil)
ISBN 978-1-84465-077-4 (Reino Unido)

Este livro foi composto e impresso pela Editora Vozes Ltda.

Para Kassandra Reuss-Schmidt

Sumário

Abreviaturas e referências 9

Introdução – O que é hermenêutica? 11

1 A hermenêutica universal de Schleiermacher 25

2 A compreensão hermenêutica de Dilthey 50

3 A ontologia hermenêutica de Heidegger 78

4 A hermenêutica no segundo Heidegger 120

5 A teoria da experiência hermenêutica de Gadamer 140

6 O giro ontológico de Gadamer para a linguagem 167

7 Controvérsias hermenêuticas 189

Perguntas para discussão e revisão 243

Referências complementares 247

Índice 253

Abreviaturas e referências

AF   GADAMER, H.-G. "Sobre o alcance e função da reflexão hermenêutica".

CL   HEIDEGGER, M. "O caminho para a linguagem". *A caminho da linguagem*. Petrópolis: Vozes, 2003, p. 197-216.

CLJP   HEIDEGGER, M. "De uma conversa sobre a linguagem entre um japonês e um pensador". *A caminho da linguagem*. Petrópolis: Vozes, 2003, p. 71-120.

CMH   DILTHEY, W. *A construção do mundo histórico nas ciências humanas*. São Paulo: Unesp, 2010.

DD   MICHELFELDER, D. & PALMER, R. (orgs.). *Diálogo e desconstrução*: o encontro Gadamer/Derrida [*Dialogue and Deconstruction*: The Gadamer/Derrida Encounter. Albany: Suny Press, 1989].

ESJ   DERRIDA, J. "A estrutura, o signo e o jogo no discurso das ciências humanas". *A escritura e a diferença*. São Paulo: Perspectiva, 2002, p. 227-249.

FHD   RICOEUR, P. "A função hermenêutica do distanciamento" ["The Hermeneutical Function of Distanciation". *From Text to Action*: Essays in Hermeneutics. Vol. II. Evanston: Northwestern University Press, 1991, p. 75-88].

GH   KISIEL, T. *A gênese de "Ser e tempo", de Heidegger* [*The Genesis of Heidegger's Being and Time*. Berkeley: University of California Press, 1993].

HC   SCHLEIERMACHER, F. *Hermenêutica e crítica*. Vol. 1. Ijuí: Unijuí, 2005.

HF   HEIDEGGER, M. *Ontology*: Hermeneutics of Facticity. Bloomington: Indiana University Press, 1999.

ICH   DILTHEY, W. *Introdução às ciências humanas*. Rio de Janeiro: Forense Universitária, 2010.

OE   DILTHEY, W. *Obras escolhidas* [MAKKREEL, R. & RODI, F. (orgs.). *Selected Works*. 6 vols. Princeton: Princeton University Press, 1989-].

OE1 DILTHEY, W. *Obras escolhidas* – Vol. 1: Introdução para as ciências humanas (1991).

OE3 DILTHEY, W. *Obras escolhidas* – Vol. 3: A fundação do mundo histórico nas ciências humanas (2002).

OE4 DILTHEY, W. *Obras escolhidas* – Vol. 4: A hermenêutica e o estudo da história (1996).

P HEIDEGGER, M. "A palavra". *A caminho da linguagem*. Petrópolis: Vozes, 2003, p. 173-190.

R HABERMAS, J. "Uma resenha de *Verdade e método*, de Gadamer".

RC GADAMER, H.-G. "Resposta a meus críticos".

RU HABERMAS, J. "A reivindicação de universalidade da hermenêutica".

SH HEIDEGGER, M. "Sobre o humanismo". *Os pensadores*. Vol. XLV. São Paulo: Abril, 1973, p. 345-373.

SZ HEIDEGGER, M. *Ser e tempo*. Petrópolis: Vozes, 2005 [As referências de página são do texto alemão, *Sein und Zeit*, e aparecem nas margens dessa tradução].

TAC HABERMAS, J. *A teoria da ação comunicativa*. Vol. 1 [*The Theory of Communicative Action*. Boston: Beacon, 1984].

TH RICOEUR, P. "A tarefa da hermenêutica" ["The Task of Hermeneutics". *From Text to Action*: Essays in Hermeneutics. Vol. II. Evanston: Northwestern University Press, 1991, p. 53-74].

TI RICOEUR, P. *Teoria da Interpretação*: discurso e o excedente de significado [*Interpretation Theory*: Discourse and the Surplus of Meaning. Fort Worth: Texas Christian University Press, 1976].

VI HIRSCH JR., E.D. *A validade na interpretação* [*Validity in Interpretation*. New Haven: Yale University Press, 1967].

VM GADAMER, H.-G. *Verdade e método*. 2 vols. Petrópolis: Vozes, 2009.

Introdução
O que é hermenêutica?

Quando alguém me pergunta o que significa "hermenêutica", eu normalmente digo apenas que significa interpretação. Às vezes eu continuo, adicionando que a hermenêutica trata de teorias para interpretar textos corretamente. "Hermenêutica" e "interpretação" são derivadas da mesma palavra grega. Apesar de "hermenêutica" não ser uma palavra comum em português, "interpretação" é. Sabemos muito bem que há intérpretes e interpretações em muitos campos de estudo. Interpretamos romances, poemas, peças e filmes. Interpretamos a Bíblia, a Torá, o Alcorão, o Tao Te Ching e os Brahma-sutras. Será que deveríamos interpretar esses textos? Será que é possível fazer algo com eles que não seja interpretá-los? Nós interpretamos a lei. No Brasil, o Supremo Tribunal Federal é encarregado de interpretar a Constituição brasileira. Um ator interpreta o papel que ele deve representar. Um maestro interpreta uma peça musical. Nós também sabemos que há diferentes teorias de interpretação. A *Poética* de Aristóteles nos diz como interpretar a tragédia grega; ele até enuncia algumas regras. A crítica literária desenvolveu várias teorias para a interpretação de textos literários. Parece que sabemos mais sobre a hermenêutica do que pensávamos.

Será que os cientistas naturais interpretam a natureza, ou será que eles a explicam? Eles interpretam os dados coletados de experimentos? Você interpreta ou apenas compreende os motivos do seu melhor amigo? Será que você interpreta uma escultura? E como você faria isso? Existe apenas uma interpretação correta dessa escultura, ou será que pode haver várias? Pense em *Hamlet*; há apenas uma interpretação correta, ou várias? Quando você vê uma placa de "Pare", e você para, isso é uma interpretação? E se você seguisse em frente sem parar? Isso também é uma interpretação? O teorema de Pitágoras é uma interpretação?

Nós desejamos compreender o que a hermenêutica significa na filosofia europeia contemporânea. A filosofia analítica contemporânea também discute a linguagem, o significado e a compreensão de textos; entretanto, essa análise necessitaria de um outro livro. O significado filosófico da hermenêutica hoje é determinado principalmente por Hans-Georg Gadamer em *Verdade e método*, que originalmente seria intitulado *Os fundamentos da hermenêutica filosófica*. O editor achou que a palavra "hermenêutica" não era conhecida o bastante para estar no título, por isso a outra opção foi escolhida. Para Gadamer, a hermenêutica é a teoria filosófica do conhecimento que afirma que todos os casos de compreensão envolvem necessariamente tanto interpretação quanto aplicação.

Que tipo de perguntas são discutidas pela hermenêutica? Primeiro, podemos perguntar sobre o alcance da hermenêutica. Parece que placas de "Pare" não precisam de interpretação. Ou sabemos o que ela significa quando vemos uma delas, ou não sabemos. O mesmo vale para o teorema de Pitágoras. A gravidade não é uma interpretação da natureza, e sim uma lei, ou, de forma mais precisa, uma hipótese bem confirmada que poderia ser modificada caso novas evidências sugerissem isso. As hipóteses científicas não parecem ser interpretações no mesmo sentido em que há várias interpretações de *Hamlet*. Se você dissesse para mim: "Cuidado, uma cascavel!", será que eu preciso interpretar o que você disse, ou será que eu apenas pulo imediatamente? Se estivéssemos caminhando no Grand

Canyon, eu pularia; se você dissesse isso para mim num restaurante em Paris, talvez eu começasse a interpretar, e eu certamente te olharia feio. Será que são apenas passagens difíceis em textos importantes que requerem interpretação cuidadosa? Tradicionalmente, é aqui que as regras hermenêuticas de interpretação foram discutidas pela primeira vez. O que é que Hegel quis dizer exatamente na introdução da *Fenomenologia do espírito* quando ele fala de "uma negação determinada"? Como veremos, Friedrich Schleiermacher afirma que a hermenêutica é necessária em todos os casos de compreensão da linguagem falada ou escrita. Gadamer vai ainda mais longe (como já foi mencionado), afirmando que qualquer caso de compreensão de qualquer coisa necessariamente envolve a interpretação.

Podemos perguntar quando a hermenêutica é necessária. Será que precisamos interpretar, e das regras de interpretação, apenas quando algo não faz sentido, como uma cascavel no restaurante de Paris? Pode parecer que sim. Num trabalho de um aluno, eu leio a frase "A imagem da caverna de Aristóteles não faz sentido". Será que eu preciso interpretar porque esta é uma afirmação falsa? Ou será que eu simplesmente vejo que o aluno confundiu Platão com Aristóteles? Será que a hermenêutica só é necessária quando encontramos uma contradição aparente? Rudolf Carnap encontrou várias confusões, para não dizer contradições, no ensaio "O que é a metafísica?", de Heidegger. Será que ele deveria interpretar, ou será que Heidegger simplesmente estava errado? Se eu não entendo o teorema de Pitágoras, eu preciso de uma interpretação ou de uma prova? Tradicionalmente, a hermenêutica, enquanto um conjunto de regras de interpretação, é usada quando uma passagem não faz sentido. Mas como sabemos que ela não faz sentido? Nós precisamos já ter entendido alguma coisa para podermos enxergar um problema. Por outro lado, talvez a passagem simplesmente não faça sentido, e qualquer tentativa de interpretá-la de modo a fazer sentido seria ela mesma um erro de interpretação.

Como ocorre a interpretação? O que o intérprete precisa saber e fazer para compreender? Por enquanto, limitemos a hermenêutica à linguagem. Eu leio: "Não, responda-me. Pare e desdobre-se". Temos um problema. Como é que alguém pode se desdobrar, supondo que tenhamos compreendido que estamos falando de uma pessoa? Apenas algo que está dobrado – como um guardanapo – pode ser desdobrado. Será que a pessoa está curvada de forma estranha? Consultando rapidamente um dicionário, descobrimos que "desdobrar" também pode significar revelar. Mas, ainda assim, isso não é algo que normalmente dizemos sobre pessoas. Mas, é claro, isto é Shakespeare [*Hamlet*, I.i.2][1], e algumas palavras eram usadas de modo diferente no século XVI. Por isso, o intérprete precisa compreender a linguagem como ela era usada quando o texto foi escrito. Um dicionário, um editor ou um acadêmico podem ajudar. Hoje escreveríamos "Pare e identifique-se". O intérprete precisa conhecer a linguagem como ela era usada na época da escrita. O que acontece quando não temos um dicionário para ajudar? Será que poderíamos determinar o significado correto a partir do contexto? Isto parece possível, até certo ponto. O que pertence a este contexto? Nós temos o resto do texto. A partir do contexto da fala de *Hamlet*, compreendemos que um guarda está falando com outro. O contexto poderia incluir outras obras deste autor, ou outros textos do mesmo gênero da mesma época. Ele também poderia incluir outros textos sobre o mesmo assunto. Se há uma diferença entre a linguagem do autor e a linguagem do intérprete, será que a tradução é um modelo de como a hermenêutica ocorre? O tradutor precisa conhecer ambas as linguagens, mas se o intérprete conhece ambas as linguagens, então ele

---

1. No original em inglês, "*Nay, answer me. Stand and unfold yourself*". Traduções de Hamlet para o português normalmente modificam bastante esta frase. Por exemplo, na tradução de Millôr Fernandes, temos: "Sou eu quem pergunta! Alto, e diz quem vem" [William Shakespeare. *Hamlet*. Porto Alegre: L&PM, 1996: 5]. Apresentei aqui uma tradução literal para manter o exemplo desejado pelo autor [N.T.]

pode simplesmente ler o texto na linguagem do autor, e não precisa "traduzi-lo" para sua própria linguagem. A hermenêutica é uma habilidade, uma arte, uma metodologia ou uma ciência? Wilhelm Dilthey, como veremos, pensa que os melhores intérpretes são gênios, e que as regras da interpretação são descobertas observando o trabalho deles. De qualquer forma, estas regras realmente permitem o desenvolvimento de uma metodologia. Schleiermacher pensa que algumas pessoas têm talento para compreender linguagens, e deveriam trabalhar no lado gramatical, ou seja, linguístico, da hermenêutica; outras têm talento para compreender pessoas, e podem trabalhar na descoberta da intenção do autor e de seu padrão de pensamento. Entretanto, se a interpretação é necessária para qualquer compreensão, então todos devem ter esta habilidade, já que normalmente compreendemos uns aos outros. Será que isto significa que a hermenêutica é algo que adquirimos quando aprendemos uma linguagem?

Parece que o tipo de texto a ser interpretado também condiciona a interpretação. Interpretar corretamente a Bíblia, pelo menos para uma pessoa de fé, significaria pressupor que o que ela diz é a verdade absoluta. Aquilo que parecesse imoral deveria ser lido de forma diferente, talvez como um aviso sobre como os seres humanos podem ser depravados. Uma descrição de uma paisagem deve ser precisa. Se parecer que temos um problema, podemos visitar o lugar. Isto parece sensato num relato histórico, mas será que seria sensato num poema lírico? Se um poema ou um ensaio filosófico simplesmente não faz sentido, será que ele foi mal escrito, ou que somos maus leitores, ou ambos? Na hermenêutica, encontraremos o princípio da caridade, ou da boa vontade. Este princípio afirma que devemos, inicialmente, aceitar que aquilo que foi escrito realmente faz sentido. Se parece haver uma confusão, o intérprete deve trabalhar para esclarecê-la. Isto pareceria sensato se estivéssemos lendo um grande filósofo ou poeta. Mas será que devemos usar este princípio em to-

Hermenêutica   **15**

dos os casos? Imaginemos que você me escreve de um restaurante de Paris dizendo que viu uma cascavel. Será que eu deveria ser caridoso e aceitar esta implausibilidade? Talvez. Suponhamos que eu saiba que o restaurante é decorado com objetos do Velho Oeste. Eu interpretaria que você quis dizer que viu uma cascavel empalhada.

Em nossa discussão da hermenêutica, encontraremos "o círculo hermenêutico", uma expressão que significa que as partes só podem ser compreendidas a partir de uma compreensão do todo, mas que o todo só pode ser compreendido a partir de uma compreensão das partes. Parece então que nenhum dos processos pode sequer começar. Um exemplo desta relação é quando as partes são as palavras de uma sentença, e o todo é a própria sentença. Certamente, se você não compreende uma palavra importante de uma sentença, você não compreenderá a sentença. Inversamente, se você não tivesse compreendido a sentença inteira, como no exemplo de *Hamlet*, então você não teria compreendido a palavra "desdobre-se" corretamente. O círculo hermenêutico parece apresentar um problema. Por outro lado, na maioria das vezes nós simplesmente lemos, e não há nenhum problema. As palavras são compreendidas e as sentenças fazem sentido. Será que o círculo hermenêutico só está envolvido em casos complicados, um poema lírico ou uma passagem difícil da *Fenomenologia* de Hegel? Como veremos, Schleiermacher afirmará que podemos quebrar o círculo obtendo primeiro uma impressão geral do todo numa leitura preliminar, e então indo e vindo da parte para o todo para a parte até que tudo se encaixe. Heidegger diz que o círculo não pode ser evitado, mas que devemos entrar nele pela forma correta.

Qual é o objetivo da hermenêutica? Claramente, desejamos compreender corretamente. Muitos afirmam que a intenção do autor é o critério para a compreensão correta. Você me diz: "Está quente lá fora!" Eu o compreendo quando compreendo qual foi sua intenção ao dizer isso. Talvez sua intenção tenha sido apenas enunciar o fato

16 Pensamento Moderno

de que está quente, e não fresco, lá fora. Ou será que sua intenção era me dizer que está quente, e por isso desconfortável lá fora? Ou será que sua intenção era me fazer ligar o ar-condicionado? Qualquer que seja o caso, parece que eu o compreendi corretamente quando compreendi qual era a sua intenção com essas palavras. A intenção do poeta era que eu compreendesse muito mais do que apenas sua descrição da jornada, por isso eu não compreendo o poema até ter entendido tudo o que poeta intencionou. Será que isto só ocorre com grandes escritores? E as intenções fracassadas? O aluno tinha a intenção de escrever um bom trabalho, mas ele falhou: ele confundiu Platão com Aristóteles. O critério parece ser o que foi escrito, e não o que foi intencionado. Mas a linguagem muda, e, por isso, aquilo que foi escrito pode não significar, para mim, o que significava quando foi escrito. Assim, o critério é aquilo que a plateia contemporânea entenderia. Mas as plateias são tão capazes de cometer erros quanto os autores. Talvez o trabalho do aluno fosse melhor do que eu pensei. A plateia simplesmente não entendeu a peça; ela era vanguardista demais. Então será que a própria linguagem diz o que quer dizer? Schleiermacher afirma que o objetivo é compreender o autor melhor do que ele se compreendia, já que nós, enquanto intérpretes, podemos vir a conhecer motivações ocultas ou inconscientes. Será que estas motivações inconscientes estão, de alguma forma, na linguagem escrita do texto?

Há apenas uma interpretação correta, ou pode haver várias? Há muitas interpretações de *Hamlet*. Gostaríamos de dizer que algumas são claramente melhores do que outras, mas será que existe apenas uma correta? Talvez não, mas será que idealmente deveria haver uma? Por que deveria haver apenas uma? Por que não seria melhor haver várias interpretações igualmente corretas? Uma peça musical pode ser tocada, ou seja, interpretada, de várias formas. Na verdade, parece que ela nunca é tocada exatamente da mesma forma. Será que isto significa que apenas uma execução é a interpretação correta? Nós tendemos a dizer que a lei da gravidade se refere apenas àquele único fenômeno; consequentemente, há apenas uma interpretação ou lei correta, mesmo que nós não a tenhamos agora. E uma teoria do conhecimento? Será que só existe uma correta? Será que existe uma hermenêutica correta? Talvez a pergunta sobre a interpretação correta seja um erro desde o começo, uma pseudo-pergunta. Em nossa discussão sobre a hermenêutica, descobriremos que muitas das perguntas sobre a interpretação correta dependem de como compreendemos a própria linguagem. Isto também parece depender de uma teoria da compreensão, ou de uma teoria sobre o que é o próprio conhecimento.

Para começar nossa discussão sobre a hermenêutica voltemos à própria palavra. Ela não é uma palavra comum. De acordo com o *Oxford English Dictionary*, "hermenêutica" entrou na língua inglesa em 1737, na segunda edição da *Resenha da doutrina da Eucaristia*, de Daniel Waterland. Um século antes disso, o alemão Johann Dannhauer cunhou a palavra latina *"hermeneutica"*. "Hermenêutica" é uma transliteração modificada do verbo grego *"hermeneuein"*, que significa expressar em voz alta, explicar ou interpretar, e traduzir. Costumava-se relacionar etimologicamente a palavra "hermenêutica" ao deus Hermes, que expressava os desejos dos deuses para os seres humanos, mas hoje questionamos esta conexão etimológica. Mas ela ainda é um bom recurso heurístico. A tradução latina da palavra grega é *"interpretatio"*, que, obviamente, é a raiz de nossa "interpretação". Assim, de modo geral, hermenêutica realmente significa interpretação[2].

A hermenêutica, no sentido muito geral de interpretação, provavelmente existe desde que os seres humanos começaram a falar. Com a escrita, também apareceram os erros, mesmo que apenas na mecânica da escrita. Quando a linguagem se desenvolveu e se tornou

---

2. Em português, o *Dicionário Houaiss da Língua Portuguesa* considera a palavra "hermenêutica" derivada do francês *herméneutique*, no final do século XVIII [N.T.]

capaz de dizer mais, provavelmente as interpretações se tornaram necessárias com maior frequência. Desde a Antiguidade, teorias da interpretação foram desenvolvidas para várias disciplinas específicas. A hermenêutica legal se preocupava com a interpretação correta da lei, e com sua codificação para evitar interpretações incorretas. A hermenêutica bíblica desenvolveu regras para a interpretação correta da Bíblia. No Renascimento, a hermenêutica filológica cresceu e se concentrou em interpretar os clássicos.

Começaremos nossa discussão sobre a hermenêutica com Friedrich Schleiermacher (1768-1834), pois ele se considerava o primeiro a unificar as várias teorias hermenêuticas de disciplinas específicas numa hermenêutica universal. Para Schleiermacher, a hermenêutica é a arte de compreender a linguagem falada e escrita. A prática estrita da hermenêutica pressupõe que erros de compreensão ocorrem normalmente, por isso a interpretação é sempre necessária. Já que qualquer expressão na língua está relacionada à totalidade da linguagem e ao pensamento do autor, ele divide a hermenêutica em duas práticas. A interpretação gramatical trata da compreensão da linguagem usada pelo autor. Ela usa as regras gramaticais e semânticas dessa linguagem. Ela diz respeito ao significado das palavras, como em nosso exemplo de *Hamlet*. A interpretação técnica ou psicológica trata do pensar do autor, de como o autor desenvolve seus pensamentos, e da forma pela qual estes pensamentos alcançam a expressão. A interpretação psicológica seria capaz de explicar por que Shakespeare escolheu "desdobrar", e o que ele pretendia realizar com essa escolha. A interpretação gramática e a psicológica dependem uma da outra para completar a tarefa de interpretar. O objetivo é reconstruir o processo criativo do autor, descobrir o significado intencionado pelo autor, e talvez compreender o autor melhor do que ele próprio se compreendia.

Wilhelm Dilthey (1833-1911) conhece a hermenêutica a partir de seu estudo cuidadoso de Schleiermacher. Entretanto, seu projeto central é formular uma metodologia única para as ciências humanas, pois ele acredita que o método das ciências naturais não é apropriado para as ciências humanas. Ele afirma que a compreensão é o método para as ciências humanas, enquanto a explicação causal pertence às ciências naturais. Dilthey é importante para nossa discussão porque sua análise da compreensão incorpora vários elementos da hermenêutica de Schleiermacher, e sua teoria da compreensão influencia o desenvolvimento posterior da hermenêutica em Heidegger. Os seres humanos, diferente dos objetos físicos, têm uma vida mental e emocional interna. Entretanto, não podemos observar diretamente a vida interna de outra pessoa, e precisamos obter acesso a ela através de suas manifestações empíricas. A compreensão metodológica é o processo através do qual obtemos acesso e compreendemos as manifestações das vidas de outras pessoas, sejam elas contemporâneas ou históricas. Já que a linguagem é a expressão mais completa da vida interna de outra pessoa, a hermenêutica enquanto compreensão interpretativa das expressões linguísticas é o modelo para o processo geral de compreensão nas ciências humanas. Examinaremos cuidadosamente o relato de Dilthey sobre como podemos compreender outra pessoa.

Martin Heidegger (1889-1976) combina o método de pesquisa fenomenológica de Husserl com aspectos da teoria da compreensão da vida de Dilthey – além de muitas outras influências importantes de pensadores como Platão, Aristóteles, Mestre Eckhard, Søren Kierkegaard e Friedrich Nietzsche. A pesquisa fenomenológica significa descrever cuidadosamente nossa experiência sem fazer juízos sobre o que a experiência implica. Heidegger afirma que precisamos primeiro compreender o significado do Ser, e particularmente o significado do ser dos seres humanos antes de podermos discutir nosso conhecimento sobre entidades. Assim, a filosofia precisa começar com uma descrição cuidadosa de como os seres humanos são na vida real. A descrição é fenomenológica, e o exame é hermenêutico, já que é a autocompreensão interpretativa que temos de nós mesmos na vida. Esta análise culmina em *Ser e tempo*, uma das obras filosóficas mais importantes do século XX. Nós nos concentraremos no papel da hermenêutica e sua descrição da compreensão em *Ser e tempo*. Logo depois de sua publicação, Heidegger percebe que *Ser e tempo* não pode ser completado porque ele foi longe demais cedo demais. Heidegger repensa sua posição, recuando a uma situação mais original a partir da qual o pensamento tem que começar. Ao fazer isto, Heidegger abandona o termo "hermenêutica". A linguagem e a poesia se tornam muito mais importantes no seu pensamento, e nós perguntaremos até que ponto a hermenêutica ainda faz parte do pensamento de Heidegger, mesmo que o termo não seja mencionado.

Hans-Georg Gadamer (1900-2002) é o principal responsável por nosso pensamento sobre a hermenêutica na filosofia contemporânea hoje por três razões. Primeiro, Heidegger abandonou o termo em seus últimos escritos. Segundo, Sartre, que defendeu o existencialismo, que foi parcialmente desenvolvido a partir de *Ser e tempo* de Heidegger, não incorporou a hermenêutica. Terceiro, Gadamer, um aluno de Heidegger, desenvolve especificamente a análise da compreensão de Heidegger de *Ser e tempo* em sua obra principal, *Verdade e método*, chamando sua teoria de hermenêutica filosófica. Gadamer provocativamente chama as estruturas prévias da compreensão, identificadas por Heidegger, de "preconceitos". Entretanto, em seu uso, os preconceitos não são simplesmente errados; também há preconceitos positivos que levam à compreensão correta. Nós herdamos nossos preconceitos de nossa tradição. A tarefa epistemológica é descobrir esses preconceitos positivos. A compreensão é necessariamente compreensão hermenêutica porque não é possível escapar do círculo hermenêutico, como Heidegger afirmara. A compreensão ocorre como uma fusão do assim chamado horizonte passado do texto com o horizonte presente daquele que compreende. O problema central da hermenêutica, a tarefa necessária da aplicação, trata de como o texto é levado a falar no horizonte do intérprete, agora expandido. A compreensão é como uma conversa onde o intérprete precisa ouvir e respeitar as opiniões da outra pessoa. Nesta conversa, onde várias posições são examinadas, a compreensão correta é obtida quando todos concordam sobre uma posição. Para explicar como isto ocorre, Gadamer precisa investigar o estatuto ontológico da linguagem. Ele afirma que "o Ser que pode ser compreendido é a linguagem". A linguagem, em seu ser especulativo, tem a habilidade de brilhar e convencer os parceiros da conversa de sua verdade. Gadamer conclui que a compreensão hermenêutica pode revelar e garantir verdades que o método científico não consegue.

O último capítulo trata de quatro objeções à hermenêutica filosófica de Gadamer. E.D. Hirsch Jr. defende que a validade na interpretação pode ser obtida seguindo a hermenêutica filológica tradicional. Ele não concorda com as afirmações de Gadamer de que a compreensão necessariamente envolve preconceitos e que não podemos escapar do círculo hermenêutico. O critério para o significado é a intenção do autor. A significância de um texto deve ser diferenciada de seu significado, mas Gadamer as mistura, o que causa problemas para sua teoria. Jürgen Habermas afirma que Gadamer subestima o poder do pensamento racional. A razão pode descobrir a gênese de um preconceito herdado, tornando-o transparente. Se ele for ilegítimo, o intérprete pode criticá-lo. Desta forma, a razão consegue quebrar o círculo hermenêutico, e assim uma crítica da ideologia é possível. Como Gadamer não reconhece esta possibilidade, a hermenêutica filosófica é incapaz de evitar ideologias herdadas. Paul Ricoeur propõe que Gadamer está apenas parcialmente correto, e precisa incorporar a explicação metodológica em sua hermenêutica se quiser evitar o relativismo. Apenas uma dialética entre explicação e compreensão pode satisfazer as exigências da compreensão válida. Jacques Derrida propõe que Gadamer ainda está preso na linguagem e na teoria da metafísica, já que ele afirma que a interpretação correta de um texto é experimentada no evento hermenêutico da verdade. Derrida defende que a linguagem se refere apenas à linguagem, e não a algo com significado transcendental. Nós concluímos que a hermenêutica, de uma forma ou de outra, persistirá enquanto os seres humanos usarem a linguagem para se comunicarem uns com os outros. Como a hermenêutica filosófica de Gadamer articula uma das posições fundamentais na hermenêutica, ela continuará a ser uma voz importante nas conversas hermenêuticas do futuro.

1

A hermenêutica universal de Schleiermacher

Friedrich Daniel Ernst Schleiermacher
1768: nasce dia 21 de novembro em Breslau, Silésia (atual Polônia).
1785: estuda num seminário morávio em Barby.
1787: ingressa na Universidade de Halle, estudando teologia e Kant.
1790: é aprovado nos exames teológicos em Berlim.
1790-1793: tutor na Prússia Oriental.
1794: torna-se um pastor assistente em Landsberg.
1796: torna-se pastor do Hospital Charité, perto de Berlim, e participa do círculo romântico de Berlim.
1799: publica *Sobre a religião*.
1804: torna-se pastor da universidade e professor de teologia na Universidade de Halle.
1804-1828: publica uma tradução alemã das obras de Platão.
1809: torna-se pastor da Igreja da Santíssima Trindade em Berlim.
1810: torna-se também professor de teologia na nova Universidade de Berlim, que ajuda Wilhelm von Humboldt a fundar.
1821-1822: publica *A fé cristã*.
1834: morre dia 6 de fevereiro em Berlim.

Schleiermacher se coloca como o proponente de uma nova hermenêutica geral, ou universal, que unificaria e apoiaria as disciplinas particulares da hermenêutica legal, bíblica e filológica. Ele culpa seus predecessores, Friedrich Ast e Friedrich A. Wolf, por limitar a hermenêutica ao estudo das línguas clássicas. Ainda que hoje consideremos que Schleiermacher não foi o primeiro a desenvolver uma teoria universal, o próprio Schleiermacher e a tradição que se seguiu a ele consideraram sua hermenêutica como a primeira teoria universal. Schleiermacher declara: "A hermenêutica enquanto arte da compreensão ainda não existe de um modo geral, há apenas várias formas de hermenêutica específicas" [HC: 5]. As regras de interpretação particulares empregadas nas diferentes teorias hermenêuticas específicas precisam de justificação numa teoria universal da interpretação.

A arte da compreensão

A hermenêutica é a arte da compreensão. Com "arte", Schleiermacher não quer dizer que a hermenêutica é meramente um processo criativo e subjetivo. Em vez disso, naquela época "arte" incluía o sentido de saber como fazer alguma coisa, que é o significado compartilhado nos termos "artes técnicas" e "belas-artes". Enquanto uma arte, a hermenêutica inclui regras metodológicas, mas sua aplicação não é restrita por regras, como seria o caso num procedimento mecânico. Schleiermacher afirma: "Talvez toda linguagem possa ser aprendida através de regras, e aquilo que pode ser aprendido dessa forma é mecanismo. A arte é aquilo para o qual admitidamente há regras. Mas a aplicação combinatória dessas regras não pode, por sua vez, ser limitada por regras" [HC: 229]. Schleiermacher contrasta a hermenêutica, enquanto a arte da compreensão, com a arte do discurso, que é a retórica, e trata da exteriorização do pensamento. O discurso se move do pensamento interno para sua expressão externa na linguagem, enquanto a hermenêutica se move da expressão externa de volta para o pensamento como o significado dessa expressão. "Ninguém pode pensar sem palavras. Sem palavras, o pensamento ainda não está completo, nem é claro" [HC: 8].

A hermenêutica é a arte da compreensão, por isso o objetivo da prática hermenêutica é compreender corretamente aquilo que foi expressado por outra pessoa, especialmente na forma escrita. "Todo enunciado tem uma relação dupla, com a totalidade da linguagem e com todo o pensamento de seu originador" [HC: 8]. Dizer ou escrever alguma coisa pressupõe essa linguagem particular. Os pensamentos claros ocorrem, como diz Schleiermacher, quando as palavras apropriadas foram descobertas. Já que a linguagem comunica, ela deve ser comum tanto ao orador quanto ao ouvinte. As palavras têm seu significado em relação com as outras palavras daquela linguagem. Não há apenas um significado para uma palavra que é representado por apenas um objeto. "A linguagem é infinita porque cada elemento é determinável, de modo particular, através do resto dos elementos" [HC: 11]. Devido a este caráter relacional, todo enunciado se refere ao menos indiretamente a todas as outras palavras, e, assim, à totalidade daquela linguagem naquele momento. Apesar da linguagem do orador ser determinada antes de seu pensamento, novos pensamentos podem ser expressados através da forma única pela qual o orador utiliza esta linguagem comum. Por alguma razão, o orador tenta comunicar este pensamento em particular, que está relacionado a seus outros pensamentos. Este ato de falar ocorre dentro da vida do orador, e, portanto, está indiretamente relacionado à vida de um indivíduo, que é ela mesma parte de uma sociedade num momento particular. "Qualquer usuário de linguagem só pode ser compreendido através de sua nacionalidade e de sua era" [HC: 9].

Poderíamos pensar que a hermenêutica, enquanto compreensão de expressões linguísticas, incluiria todas as disciplinas, mas Schleiermacher restringe o alcance da hermenêutica. Nós já notamos que a retórica trata da expressão dos pensamentos na linguagem, enquanto a hermenêutica é o processo inverso de descobrir os pensamentos por trás de uma expressão. A crítica, que Schleiermacher também discute, se preocupa com juízos sobre a autenticidade de parte de um texto, ou de um texto completo. Claramente, a hermenêutica e a crítica dependem uma da outra, pois é preciso ter o texto correto para podermos compreender e explicar completamente

Hermenêutica   **27**

o que o autor quis dizer, mas para julgar a autenticidade de um texto, é preciso primeiro compreendê-lo. Schleiermacher dá prioridade à atividade hermenêutica, pois é preciso que alguma compreensão do texto tenha acontecido antes que possamos fazer qualquer juízo de autenticidade. A explicação, enquanto apresentação e justificação de nossa compreensão, é apenas a expressão daquilo que compreendemos hermeneuticamente.

A hermenêutica, enquanto a arte da compreensão de enunciados em seus aspectos duplos, tem, assim, duas partes: a gramatical, que interpreta o enunciado "como algo derivado da linguagem", e a parte técnica ou psicológica, que interpreta o enunciado "como um fato dentro do pensador" [HC: 8]. Schleiermacher se refere a esta segunda parte com os termos "técnica" e "psicológica", mas parece que no final ele prefere "psicológica", que será utilizado aqui. A hermenêutica requer tanto interpretação gramatical quanto psicológica. Schleiermacher mantém que seria errado, de modo geral, colocar o psicológico acima do gramatical; em vez disso, a prioridade depende do objetivo do intérprete. Se estamos interessados principalmente na linguagem como o meio pelo qual um indivíduo comunica seus pensamentos, então o psicológico será mais importante. E se estivermos interessados na linguagem como algo que determina o pensamento de indivíduos num momento em particular, então o lado gramatical predominará. Entretanto, ambos sempre são necessários até certo ponto, pois utilizar apenas a interpretação gramatical implicaria um conhecimento completo da linguagem, enquanto utilizar apenas o psicológico implicaria um conhecimento completo da pessoa, e ambos são impossíveis. Portanto, "é preciso mover de um para o outro, e não há nenhuma regra sobre como isto deve ser feito" [HC: 11]. É por isto que a hermenêutica é uma arte.

Schleiermacher diferencia uma prática frouxa da hermenêutica de uma prática estrita. A prática frouxa, que até o momento fora a principal, pressupõe que a compreensão normalmente é bem-sucedida e que a hermenêutica só é necessária em casos difíceis para evitar mal-entendidos. A hermenêutica universal é a prática estrita e "pressupõe que o mal-entendido é um resultado costumeiro" [HC: 22]. Mal-entendidos ocorrem por causa da pressa, ou de preconceitos. O preconceito, nota Schleiermacher, é nossa preferência por nossa própria perspectiva, e assim lemos erroneamente o que o autor quis dizer, ou adicionando algo que não foi intencionado, ou deixando algo de fora. Apesar do mal-entendido ser pressuposto na prática estrita da hermenêutica, há uma gradação entre uma necessidade mínima e uma necessidade máxima da hermenêutica. A necessidade mínima ocorre em conversas cotidianas, por exemplo, sobre o clima, ou sobre negócios. A necessidade máxima pode ocorrer em ambos os aspectos de um enunciado. A interpretação gramatical é necessária no "mais produtivo e menos repetitivo, o clássico", enquanto a interpretação psicológica é necessária no "mais individual e menos comum, o original" [HC: 13]. Ambos os tipos de interpretação são necessários para as obras de gênios.

O objetivo da hermenêutica é "compreender o enunciado no começo tão bem quanto seu autor, e depois melhor que ele" [HC: 23]. Compreendemos melhor que o autor ao explicitarmos o que está inconsciente no processo criativo do autor. Para começarmos o processo hermenêutico é preciso tentarmos nos colocar objetiva e subjetivamente na posição do autor, objetivamente aprendendo a linguagem como o autor a possuía, e subjetivamente aprendendo sobre a vida e pensamento do autor. Entretanto, colocar-se completamente na posição do autor requer que completemos a interpretação.

A hermenêutica, então, "depende do talento para a linguagem e do talento para o conhecimento de pessoas individuais" [HC: 11]. No lado gramatical, precisamos de um talento para interpretar a linguagem no sentido de suas possibilidades de expressão, por exemplo, suas analogias e metáforas. Schleiermacher nota que há dois lados deste talento, que raramente coincidem em uma só pessoa.

Hermenêutica   **29**

Um é o talento extensivo para comparar linguagens diferentes; o outro é o talento intensivo de penetrar no interior de nossa própria linguagem. Da mesma forma, o talento para compreender as outras pessoas tem ambos os aspectos. O talento extensivo trata da compreensão da individualidade de uma pessoa através da comparação com outras, e, assim, de ser capaz de reconstruir o "modo de comportamento de outras pessoas" [HC: 13]. O talento intensivo trata do "significado individual de uma pessoa e de suas particularidades em relação ao conceito de um ser humano" [HC: 13].

A hermenêutica é a arte de compreender o que outra pessoa quer dizer com suas expressões na linguagem. Precisamos saber sobre a linguagem que o autor usou: o lado gramatical. Também precisamos compreender como o autor pensava em referência à sua cultura e tempo histórico particulares: o lado psicológico. O objetivo da hermenêutica é conseguir reconstruir como o uso da linguagem do autor consegue apresentar suas ideias. Interpretar bem requer um talento para compreender tanto a linguagem quanto a individualidade do autor.

> ### Ponto-chave
> A hermenêutica é a arte de compreender aquilo que é expressado na linguagem oral ou escrita. Toda expressão na linguagem tem uma relação dupla com a totalidade dessa linguagem e todo o pensamento do autor, por isso a hermenêutica tem duas partes interligadas, a gramatical e a psicológica. A prática hermenêutica estrita pressupõe que mal-entendidos ocorrem normalmente, por isso a interpretação sempre é necessária. O objetivo da hermenêutica é reconstruir o processo criativo do autor e mesmo compreendê-lo melhor do que ele se compreendia.

O círculo hermenêutico

Já que as expressões da linguagem estão relacionadas à totalidade dessa linguagem naquele momento e a todo o pensamento do autor, incorporado na história de uma era, existe uma interdependência entre a parte e o todo, conhecida como o círculo hermenêu-

30   Pensamento Moderno

tico. "O conhecimento completo está sempre neste círculo aparente, onde cada particular só pode ser compreendido através do geral do qual faz parte, e vice-versa" [HC: 24]. Esta interdependência entre a parte e o todo existe em vários níveis. Já mencionamos o círculo hermenêutico em relação à compreensão de uma sentença completa constituída por suas partes, as palavras. Neste caso, o círculo hermenêutico implica que não podemos compreender a sentença completa até termos compreendido as partes, mas não podemos compreender as partes, o significado específico de uma palavra, até termos compreendido a sentença completa. No nível mais geral de um texto, o círculo hermenêutico significa: um texto específico, como o todo, só pode ser compreendido a partir de uma compreensão das partes, as sentenças, mas o significado das sentenças "só pode ser compreendido a partir do todo" [HC: 27]. Num nível ainda mais geral, o círculo trata da obra de um autor, como uma parte, em relação ao todo de sua cultura. Para compreendermos os escritos de um autor precisamos compreender a linguagem e história de seu tempo, mas, para compreendermos essa linguagem e história, precisamos ter compreendido os escritos dessa época, incluindo os do autor. Parece que a compreensão não pode começar em nenhum nível sem fazermos alguma pressuposição, possivelmente preconceituosa, sobre o significado ou das partes ou do todo.

Entretanto, Schleiermacher afirma que o círculo hermenêutico é apenas um "círculo aparente", pois há uma forma de quebrar essa interdependência. Precisamos começar por uma "leitura superficial para termos uma visão geral do todo", e, "para esta compreensão provisória, o conhecimento do particular que resulta do conhecimento geral da linguagem é suficiente" [HC: 27]. A visão geral inicial permite que as ideias centrais e a direção do texto sejam estabelecidas, e então, em leituras subsequentes, as ideias específicas e seu desenvolvimento podem ser coordenadas com as principais. Isto resulta numa regra metodológica geral: precisamos começar a tarefa

Hermenêutica **31**

hermenêutica com uma visão geral, e então voltarmos para a interpretação gramatical e psicológica das partes. Se ambas as interpretações concordarem, podemos então proceder para a próxima parte; se elas discordarem, precisamos descobrir a fonte dessa discórdia. Se tivermos conhecimento insuficiente de uma linguagem, por exemplo, uma língua estrangeira que não conhecemos, ou conhecemos mal, não poderíamos começar o processo de interpretação. Isto é como estar preso na interdependência do círculo hermenêutico. Entretanto, com um conhecimento melhor dessa linguagem, mesmo que não sejamos proficientes, poderíamos começar a decifrar o texto. Este estágio seria semelhante à primeira leitura geral de um texto, e poderíamos começar a escapar do círculo hermenêutico. O ponto de Schleiermacher é que, mesmo que sejamos muito proficientes, não podemos simplesmente ler e realmente compreender o texto imediatamente, pois a prática estrita da hermenêutica pressupõe mal-entendidos. Precisamos começar por uma visão geral e então recomeçar interpretando cada uma das partes até podermos reconstruir o texto inteiro em sua gênese, estrutura e significado.

> **Ponto-chave**
> O círculo hermenêutico afirma que não podemos compreender o todo até que tenhamos compreendido as partes, mas que não podemos compreender as partes até que tenhamos compreendido o todo. Schleiermacher quebra o impasse do círculo hermenêutico porque, com conhecimento suficiente da linguagem, podemos e devemos primeiro realizar uma leitura superficial para conseguir uma visão geral do todo. Esta leitura permite então uma interpretação detalhada das partes.

Interpretação gramatical

Como já notamos, o objetivo da hermenêutica é reconstruir os enunciados do autor. Pelo lado gramatical, precisamos compreender a linguagem do autor. Por isso, o primeiro princípio da interpretação gramatical de Schleiermacher afirma: "Tudo num dado enunciado que requer uma determinação mais precisa só pode ser determinado através da área linguística comum ao autor e sua plateia original" [HC: 30]. As linguagens mudam com o passar do tempo. As palavras ganham e perdem significados. Hoje temos uma distinção, de modo geral, entre o português contemporâneo e o português arcaico (ou o galego-português). Para compreender Chaucer, precisamos ou aprender o português arcaico ou aceitar uma tradução, o que significa que o tradutor já terá feito várias determinações por nós, no lado gramatical. A situação é mais complexa quando o autor escreve numa língua estrangeira. Antes que sequer possamos começar a interpretação, precisamos conhecer o suficiente da linguagem utilizada pelo autor para obter a primeira visão geral que precede toda a interpretação gramatical.

Já que a fala ou a escrita é a tentativa do autor de se comunicar com sua plateia, pressupomos um uso comum da linguagem. O primeiro princípio diz que para determinarmos o que o autor quer dizer através de um enunciado precisamos lê-lo a partir da posição desse uso compartilhado da linguagem. Interpretar um enunciado a partir da compreensão contemporânea da linguagem, quando esse enunciado vem de um uso anterior da linguagem, leva a mal-entendidos. Quando Demócrito fala de átomos, seria um mal-entendido se pensássemos em elétrons, prótons e nêutrons. Schleiermacher afirma que o lugar do autor na história, sua educação, ocupação e mesmo seu dialeto podem ter um papel na determinação de sua linguagem. Como o autor também pretende comunicar, a língua que ele emprega precisa ser também a língua da plateia intencionada. Isto não quer dizer que um autor não pode criar algo novo na linguagem. Devido aos significados compartilhados, uma metáfora nova, por exemplo, pode ser compreendida pelo leitor a partir de seu contexto.

Schleiermacher nota que apesar de algumas pessoas diferenciarem o significado de uma palavra com o sentido de uma proposição e a importância de uma proposição em seu contexto, isto não condiz

Hermenêutica **33**

estritamente com o uso da linguagem. Ele sugere que, no caso de um epigrama ou uma expressão gnômica, a distinção entre sentido e importância desmoronaria. Ele propõe que devemos pensar em termos das expressões mais indeterminadas e mais determinadas, onde a "passagem das mais indeterminadas para as determinadas é uma tarefa infindável em todo processo de explicação" [HC: 31]. Aqui, a relação do círculo hermenêutico entra em jogo. Qualquer parte de um enunciado, sozinha, é indeterminada em relação a seu significado assim como uma única sentença arrancada de seu contexto é indeterminada. É apenas a partir do contexto do todo que o significado das partes pode ser compreendido, e vice-versa.

O segundo princípio da interpretação gramatical é: "O sentido de cada palavra num dado local precisa ser determinado através de sua conexão com as palavras ao seu redor" [HC: 44]. Como a maioria das palavras tem significados múltiplos, o significado específico intencionado pelo autor só pode ser descoberto através do exame do contexto em que ele aparece. Por exemplo, a palavra "plástico" pode significar "maleável" ou a substância sintética. Apesar de, hoje em dia, a expressão "brinquedo plástico" provavelmente significar um brinquedo feito com esse material sintético, ela poderia significar um brinquedo que pode ser moldado, como na sentença: "O brinquedo plástico se tornou um dragão nas mãos da criança". O intérprete vai e vem entre o princípio que trata da língua específica e aquele sobre o significado das palavras. Movemo-nos do primeiro para o segundo quando compreendemos que cada palavra tem sua própria área linguística. Por exemplo, hoje em dia é mais provável que "plástico" se refira ao material, mas há dois séculos a palavra teria significado algo maleável. Por outro lado, movemo-nos do segundo para o primeiro quando o significado de uma passagem não está claro, e examinamos passagens semelhantes daquele autor ou mesmo outros textos daquela área linguística particular.

34   Pensamento Moderno

Quando surgem problemas para um intérprete, um dicionário pode ajudar ao sugerir significados possíveis para uma palavra da língua do autor. Ele também pode fornecer a sintaxe da língua naquele período. Isto pode ajudar o intérprete a evitar um erro. Por outro lado, o autor também pode ter cometido um erro. Por exemplo, ao ler um trabalho de um aluno, encontramos a frase: "As teorias dos filósofo se contradiziam". Percebemos que há um erro gramatical em relação ao uso do plural, mas não podemos determinar a interpretação correta sem saber, a partir do contexto, se a discussão é sobre um ou vários filósofos. A interpretação gramatical trata de todos os elementos linguísticos de uma expressão, incluindo as regras gramaticais e os significados das palavras, e como os elementos de uma sentença estão conectados para formar uma unidade com significado. Como somos usuários da linguagem relativamente proficientes, o lado gramatical da interpretação normalmente não causa muitos problemas. Entretanto, sua importância pode ser vista se tentarmos compreender um texto numa língua que não conhecemos muito bem.

> **Ponto-chave**
> A interpretação gramatical trata dos elementos linguísticos de um texto. O primeiro princípio afirma que a determinação do significado de um elemento linguístico precisa ser feita a partir da língua compartilhada entre o autor e sua plateia. O segundo princípio afirma que o sentido apropriado de uma palavra precisa ser determinado a partir de seu contexto.

Interpretação psicológica

A interpretação psicológica é o complemento da interpretação gramatical, e ambas são realizadas simultaneamente no processo de interpretação. A tarefa da interpretação psicológica é "compreender toda estrutura de pensamentos dada como um momento da vida de uma pessoa particular" [HC: 101]. A interpretação psicológica busca reconstruir o pensamento do autor e a forma pela qual estes

Hermenêutica   35

pensamentos são expressos. Como na interpretação gramatical, a interpretação psicológica envolve a interdependência entre a parte e o todo do círculo hermenêutico. O todo, ou seja, o ato de escrita ou comunicação do autor, deve ser compreendido a partir de uma compreensão das partes particulares, os pensamentos principais e secundários, e sua ordem de apresentação; e a compreensão das partes particulares depende de uma compreensão do todo. A mesma interdependência hermenêutica existe entre o autor, enquanto parte, e a era em que ele vive, o todo. Assim como a interpretação gramatical pressupõe a língua particular que o autor utiliza, a interpretação psicológica pressupõe uma compreensão parcial da época em que o autor vive e da vida do autor. Por um lado, o intérprete precisa conhecer o assunto sobre o qual o autor escreve. Schleiermacher chama isto de "o objeto através do qual o autor é levado ao enunciado" [HC: 90]. Por outro lado, precisamos conhecer os modos estabelecidos de apresentação, os vários gêneros utilizados quando o autor escrevia, e as regras lógicas para conectar ideias. Tanto o gênero quanto as regras lógicas são condições que limitam o ato criativo. Esta compreensão preliminar permite que o intérprete compreenda o autor enquanto "ele colabora na linguagem" [HC: 91]. O objetivo do intérprete é descobrir a individualidade de um autor, o que ele pensava e o que é novo e criativo naquela obra.

Seguindo a regra hermenêutica universal, a interpretação psicológica começa com uma visão geral, uma leitura inicial do texto. Nosso conhecimento preliminar permite uma compreensão inicial da ideia ou assunto principal, e do estilo e gênero particular da obra. Como precisamos descobrir a ideia principal e o estilo particular, a interpretação psicológica tem duas tarefas. A tarefa puramente psicológica trata da compreensão do "princípio que impulsiona o escritor" e a tarefa técnica trata das "características básicas da composição" [HC: 90]. Ambas buscam revelar a individualidade do autor. Schleiermacher identifica quatro estágios principais na interpretação psicológica geral, com cada tarefa possuindo dois estágios:

1) Depois da leitura preliminar, e com o conhecimento que o intérprete tem das circunstâncias do autor, o intérprete tenta descobrir a decisão fundamental que determina "a unidade e as direções reais da obra" [HC: 105]. Isto constitui uma das duas partes da interpretação puramente psicológica. O intérprete deve descobrir a ideia motivadora central que o autor teve e que gerou seu esforço de escrever o texto.

2) O intérprete identifica "a composição como a realização *objetiva* da obra" [HC: 105-106]. Isto faz parte da interpretação técnica que tem a ver com a composição, gênero e meios de expressão utilizados pelo autor. O intérprete, por exemplo, identifica o gênero como uma narrativa.

3) O intérprete precisa compreender a "meditação enquanto realização genética da mesma [obra]" [HC: 106]. Isto compõe a segunda parte da interpretação técnica. Com "meditação", Schleiermacher quer dizer como o autor pensa sobre o tópico de sua obra e organiza seus pensamentos. Por exemplo, o intérprete pode descobrir que o autor desenvolveu suas ideias numa cadeia causal, em oposição a uma narrativa histórica.

4) Finalmente, o intérprete trata dos "pensamentos secundários como a influência contínua do todo que é a vida em que o autor está localizado" [HC: 106]. Isto constitui a segunda parte da interpretação puramente psicológica.

A interpretação puramente psicológica considera o autor como alguém livre, e busca "suas circunstâncias enquanto princípios de sua autodeterminação" [HC: 106]. A interpretação técnica considera "o poder da forma que governa o autor" [HC: 106]. De modo geral, a interpretação puramente psicológica busca compreender a ideia central escolhida livremente que o autor pretende expressar em sua obra. A interpretação técnica trata de como o autor expressa criativamente esta ideia dentro das estruturas do gênero. Examinaremos brevemente ambos os tipos de interpretação.

A interpretação puramente psicológica busca principalmente compreender o surgimento dos pensamentos do autor "a partir da totalidade dos momentos da vida do indivíduo" [HC: 104]. O intérprete deseja compreender a gênese dos pensamentos principais e secundários do autor, de forma a poder reconstruir psicologicamente a gênese da obra a ser interpretada. A primeira coisa a fazer é compreender "a unidade da obra como um fato na vida de seu autor" [HC: 107]. Schleiermacher chama o pensamento gerador que motiva o autor a escrever de "decisão seminal" [HC: 110]. Ele distingue duas áreas de investigação diferentes: as circunstâncias da decisão do autor e o significado ou valor desta decisão para o conjunto da vida do autor. O intérprete é auxiliado na interpretação puramente psicológica por dois fatores. Primeiro, os seres humanos tendem a pensar ou ligar ideias de formas semelhantes, seguindo as regras compartilhadas da lógica. O texto muitas vezes oferece pistas. Num ensaio filosófico, por exemplo, esperamos que as relações lógicas entre as ideias sejam evidentes, mas um poema necessitaria de um trabalho maior. O intérprete precisa tentar pensar como o autor. Segundo, quanto mais o intérprete souber sobre o assunto de que o autor trata, mais capaz ele será de reconhecer o padrão de pensamentos que o autor teve.

A interpretação técnica é a segunda parte da interpretação psicológica, e complementa a puramente psicológica. A tarefa técnica trata de "como o texto emerge em termos de conteúdo e forma a partir da decisão seminal viva" [HC: 132]. Ela busca demonstrar como o texto como um todo se segue dessa decisão. O lado técnico inclui duas partes: a meditação e a composição. A meditação trata de como o autor pensa sobre o tópico de sua obra e organiza seus pensamentos, enquanto a composição trata de como o autor organiza e expressa seu tópico para uma plateia específica. "Cada texto tem sua sequência genética particular, e o que é original nele é a ordem em que os pensamentos individuais são pensados. Mas a or-

38 Pensamento Moderno

dem talvez possa ser diferente quando eles são comunicados" [HC: 132]. O primeiro ato de vontade, ou a decisão seminal, pode ser tão intenso a ponto de conter o todo em suas linhas gerais. Neste caso, a composição está próxima da meditação. Por outro lado, quanto menos claro for o primeiro ato de vontade, maior será a diferença entre a meditação e a composição. Usando a linguagem, o autor cria aquilo que é único a esta obra através das "extensões e contrações [particulares] dos elementos linguísticos" [HC: 132]. Além disso, a interpretação técnica se preocupa com o surgimento da composição, e aqui as "regras gerais da ordem no pensamento devem ser aplicadas" [HC: 132].

"Tudo deve ser compreendido e explicado através dos pensamentos [do autor]" [HC: 135]. No lado gramatical, os pensamentos de outra pessoa estão relacionados aos nossos, já que a linguagem é compartilhada. No lado psicológico, estamos interessados em compreender os pensamentos de outra pessoa como um produto da outra pessoa, por isso "precisamos nos libertar de nós mesmos" [HC: 135]. Para fazer isto, começamos com a visão geral, e então precisamos compreender o processo interno a partir da observação, que é baseada na auto-observação. O próprio intérprete deve ser bem versado em composição e em pensar sobre o assunto do texto. Através da comparação ele pode, então, reconhecer as diferenças no autor.

A principal questão para a tarefa técnica é: como posso "reconhecer, a partir do segundo ato – a composição, que está no texto diante de mim –, como esse ato se desenvolveu no autor, como ele chegou ao conteúdo e forma de seu texto"? [HC: 135]. A visão geral inicial dá o pensamento principal e as divisões do pensamento essenciais, assim como a forma, por exemplo, se é poesia ou prosa. Em relação à composição, o autor pode ter desenvolvido e organizado completamente todos os elementos do texto antes de escrever. Mas normalmente não é isto que acontece. Por isso, precisamos explicar o que entra na obra durante a composição. Schleiermacher escreve

Hermenêutica **39**

que "não há pensamento sem palavras, mas [...] podemos ter um pensamento sem já ter sua expressão apropriada" [HC: 144]. Compreendemos a composição como um feito do autor. Percebemos que a ordenação de vários elementos pode mudar o significado, enfatizando alguns, recuando outros. Por isso, precisamos compreender a motivação dessa ordenação. Antes de analisarmos como a interpretação correta é possível, é necessário apresentar rapidamente a compreensão de Schleiermacher de como a linguagem funciona.

> **Ponto-chave**
> A interpretação psicológica complementa a interpretação gramatical. A interpretação psicológica busca compreender o pensar do autor e como seus pensamentos são expressos no texto, e por isso há duas partes: a puramente psicológica e a técnica. A puramente psicológica tenta descobrir a decisão seminal do autor que motivou seu pensamento e sua escrita. A técnica busca compreender como os pensamentos do autor são expressos em sua composição. O objetivo geral da interpretação psicológica é compreender a individualidade do autor expressa no texto.

Schleiermacher sobre a linguagem

A linguagem, para Schleiermacher, é um sistema compartilhado para designar, com algum conjunto de sinais, as imagens gerais que os seres humanos criam através de sua esquematização da experiência. Na experiência, uma impressão orgânica particular, quer dizer, uma sensação, gera uma imagem ou quadro particular determinado. Este particular é então esquematizado para produzir a imagem geral ou universal à qual ligamos um sinal linguístico. Para Schleiermacher, o processo de representação é uma "oscilação [contínua] entre a determinação da imagem particular e a indeterminação da imagem geral" [HC: 272]. Schleiermacher basicamente adota a ideia de esquematização de Kant. Por exemplo, o conjunto de sensações que eu tenho de uma certa árvore produz em mim a imagem ou quadro mental particular dessa árvore. Usando minha imaginação, eu gero uma imagem geral indeterminada, ou seja, um esquema, da árvore em geral. Este é o processo de esquematização. A imagem geral é indeterminada porque, quando eu tiver mais experiências de árvores, a imagem geral poderá mudar. A palavra "árvore" é ligada por mim, e por outras pessoas em nossa linguagem compartilhada, a esta imagem geral. Além disso, a indeterminação da imagem geral indica a temporalidade, ou natureza histórica, da linguagem.

Schleiermacher usa um argumento transcendental para justificar esta posição. Um argumento transcendental começa com a pergunta transcendental: Quais são as condições necessárias para a própria possibilidade de X? Se sabemos que X é válido, então sabemos que a condição necessária também precisa ser. Como temos algum conhecimento e verdade, Schleiermacher afirma que precisamos pressupor duas coisas: primeiro, que as imagens gerais que temos "são idênticas aos conceitos inatos" [HC: 271] designados na linguagem, pois, se não fossem, não poderia haver uma compreensão ou uma linguagem compartilhada; segundo, que o processo de esquematização que parte das impressões orgânicas para estas imagens gerais precisa representar diferenças reais no ser real, pois, se não representassem, não haveria verdade, já que os conceitos não refletiriam a realidade.

Entretanto, este processo de esquematização não é perfeito em seres humanos. Nós cometemos erros. Ao olhar para um cavalo, eu posso pensar que é uma vaca. Isto ocorre, de acordo com Schleiermacher, porque ou eu não tenho a impressão orgânica completamente, ou eu pulei para a imagem geral sem esperar sua constituição apropriada. Como podemos, então, verificar se a imagem geral é correta? Isto não pode ser realizado no nível orgânico, pois não podemos observar o processo mental interno que gera a imagem geral. A única forma de conferir este processo, de acordo com Schleiermacher, é através de uma "troca de consciências" [HC: 272], e isto ocorre através da linguagem. A palavra associada com a imagem geral permite que ela seja lembrada. Entretanto, parece então que

Hermenêutica **41**

precisamos pressupor que cada pessoa individual esquematiza a mesma coisa na mesma imagem geral para que a linguagem seja um sistema compartilhado de designação. Schleiermacher contesta esta intervenção afirmando que o sucesso contínuo no uso da linguagem é suficiente para demonstrar o significado compartilhado das palavras, mesmo que o processo de esquematização não seja exatamente o mesmo. Se outra pessoa e eu usamos uma palavra para nos referir ao mesmo objeto, e descrevemos suas ações da mesma forma, então a objeção cética torna-se "irrelevante" [HC: 274].

Por outro lado, a linguagem não é perfeita. Não há nenhuma linguagem universal que garanta uma identidade universal na construção do pensamento. Toda linguagem muda com o passar do tempo. Ocorrem erros não apenas no caso individual da esquematização – esses erros podem ser compartilhados de forma que a própria linguagem os contenha. Nós também observamos mudanças de significado numa linguagem particular, assim como a existência de muitas linguagens. A formação específica de uma linguagem, diz Schleiermacher, depende do "caráter do povo" [HC: 278]. Em relação às palavras básicas de uma linguagem, os substantivos e os verbos, um grupo de pessoas (e, assim, sua linguagem) enfatiza os sujeitos, enquanto outro enfatiza os objetos, ou um subordina as ações às coisas, enquanto outro enfatiza as ações. O mesmo ocorre na diferenciação lógica dentro da classificação de conceitos. As linguagens também diferem externamente, em termos de sons, e internamente, em termos de conteúdo. Pode ser que haja apenas uma diferença no som; pensemos em várias palavras para "um", por exemplo, *one*, *eins* ou *uno*. Mas Schleiermacher duvida disto. Ele diz: "mas nenhuma palavra que possua uma unidade lógica dentro de si mesma corresponde a uma palavra de outra linguagem" [HC: 275]. Isto resulta não de uma diferença nas próprias funções intelectuais entre povos diferentes, pois então não poderia haver verdade. Em vez disto, esta diferença deve ser creditada a "uma diferença

42   Pensamento Moderno

original das impressões orgânicas" [HC: 275]. Além disso, como o próprio pensamento envolve uma função orgânica, cada indivíduo "tem seu lugar na totalidade do ser, e seu pensamento representa o ser, mas não separadamente de seu lugar" [HC: 277]. Seu lugar os localiza na história, falando uma linguagem particular dentro de uma cultura particular. Para superar conflitos de ideias, precisamos conseguir compreender esse lugar do indivíduo. "A exigência é conhecer completamente a individualidade de um povo ou de uma única pessoa" [HC: 277]. Isto, afirma Schleiermacher, só pode ser uma aproximação contínua.

> **Ponto-chave**
> A linguagem é um sistema compartilhado de sinais (palavras) que são ligados à imagem geral indeterminada obtida através da esquematização da experiência. Argumentos transcendentais demonstram que estas imagens gerais são idênticas aos conceitos inatos e que elas representam diferenças reais na realidade. O sucesso pragmático da linguagem prova que nossas esquematizações são parecidas o bastante para sabermos que estamos falando sobre a mesma coisa da mesma forma.

Como a hermenêutica é possível

Precisamos agora perguntar como o intérprete pode reconstruir o processo criativo do autor. Como mencionamos, o intérprete precisa descobrir a decisão seminal do autor que motiva o processo criativo e constitui sua unidade. Precisamos também compreender como o autor desenvolveu seu pensamento sobre este assunto. E precisamos analisar como o autor expressou suas ideias no texto, quer dizer, precisamos descobrir o uso individual e criativo do autor da linguagem e do gênero em sua composição.

Ao discutir a interpretação psicológica, Schleiermacher identifica os métodos divinatório e comparativo. "O método *divinatório* é aquele em que nós, por assim dizer, nos transformamos na outra pessoa e tentamos compreender o elemento individual diretamente" [HC: 92]. Através do método divinatório, o intérprete conse-

Hermenêutica **43**

guiria reconstruir quais circunstâncias particulares levaram o autor a sua decisão seminal, e também suas ideias secundárias. Ele também incluiria, no lado técnico, a forma individual pela qual o autor conectou suas ideias para a apresentação e seu uso individual do gênero escolhido. O método comparativo descobre a individualidade da obra do autor através de uma comparação com outras. No lado puramente psicológico, isto incluiria uma comparação de como outros de seus contemporâneos pensavam sobre o assunto escolhido, e, no lado técnico, como eles usavam o gênero e expressavam seus pensamentos. Schleiermacher indica mais concretamente como o método divinatório pode funcionar. Além de ser um indivíduo, cada pessoa "tem uma receptividade para todas as outras pessoas" [HC: 93]. Esta receptividade se baseia "no fato de que todos carregam um mínimo de todos os outros em si mesmos, e a adivinhação é, consequentemente, excitada pela comparação com o si-mesmo" [HC: 93]. Por isso, apesar de não podermos realmente nos colocarmos no pensamento do autor, podemos adivinhar ou intuir como o autor pensava em comparação com como pensamos sobre nós mesmos, já que os seres humanos são semelhantes. É por isto que Schleiermacher pensa que é importante que o intérprete conheça bem a escrita e o pensamento. "De modo geral, é verdade que quanto mais alguém tenha se observado, e observado outras pessoas, em relação à atividade do pensamento, mais ele terá talento hermenêutico para este lado" [HC: 128].

Schleiermacher afirma que a forma de compreender os pensamentos do autor é voltar à época e à plateia do autor. Ele apresenta dois casos. Em um deles, "o pensamento e a conexão dos pensamentos é a mesma coisa, então, se a linguagem for a mesma, a compreensão resulta espontaneamente" [HC: 101]. Como a linguagem é compartilhada, e todos nós pensamos com a linguagem da mesma forma, então o significado dos pensamentos e suas conexões seria similar em todas as pessoas porque a esquematização da experiência é similar. Você diz: "O aguaceiro fez a piscina transbordar". Já que o processo de esquematização é similar para nós dois, eu conecto meus pensamentos como você conectou os seus, e compreendo o que você quis dizer. A questão é o que ocorre em enunciados mais complexos. Apesar do talento e do estudo serem necessários, Schleiermacher não enxerga qualquer barreira fundamental à compreensão.

O segundo caso que Schleiermacher apresenta é aquele onde a linguagem é compartilhada, mas o pensamento é essencialmente diferente. Aqui, "parece que é impossível alcançar [a compreensão]" [HC: 101]. Entretanto, Schleiermacher afirma que isto não é verdade. Em todos os casos de compreensão precisamos pressupor que existe algum tipo de diferença no pensamento do orador e do ouvinte, "mas esta diferença pode ser superada" [HC: 101]. Mesmo em conversas cotidianas, ele continua, nós pressupomos uma diferença, mas, "ao desejar compreender, nós pressupomos que a diferença pode ser superada" [HC: 101]. O argumento é que já que nós realmente compreendemos uns aos outros na maior parte do tempo, somos capazes de superar esta diferença no pensamento.

O intérprete é auxiliado por vários fatores na interpretação psicológica. O intérprete pode conhecer o assunto do autor, e a forma como se deve pensar sobre ele. Schleiermacher nos pede para imaginar dois viajantes que escrevem sobre suas concepções daquilo que experimentam juntos. Se nós conhecemos o assunto que eles experimentam, por exemplo, uma paisagem, então é mais fácil compreender as diferenças individuais no pensamento deles. Entretanto, se tivéssemos apenas as duas descrições, seria difícil separar as impressões subjetivas da descrição objetiva. Se há um objetivo no texto que pode ser descoberto, então a interpretação é mais fácil porque então há uma ligação específica das ideias diferentes para esse objetivo. Num ensaio argumentativo, por exemplo, o autor liga explicitamente suas ideias. Numa peça teatral, isso pode ser mais difícil, mas se o intérprete sabe qual é o ponto principal, ou a decisão seminal, então é possível ligar as escolhas do autor sobre quais cenas representar.

Schleiermacher contrasta os pensamentos que fluem livremente com aqueles que são mais determinados, até o extremo onde um pensamento necessariamente determina o outro. Este processo de associação ocorre em todos nós, mas é diferente em cada pessoa. Quanto mais livremente os pensamentos ocorrem, mais eles se parecem com sonhos. Este é o extremo que não pode ser compreendido, "porque ele não segue nenhuma lei de conteúdo" [HC: 125]. Schleiermacher implica que normalmente há algum tipo de conexão psicológica entre pensamentos. Ao tentar se colocar na posição do autor cujos pensamentos estão fluindo livremente, tentamos nós mesmos associar livremente uma ideia a outra, e isto pode levar a outra ideia que o autor teve. Schleiermacher afirma que esta reconstrução é possível porque, apesar de cada pensamento ser momentâneo, ele deixa um rastro do qual depende a possibilidade de repetição do momento original [HC: 125]. Se isto não ocorresse, nossa experiência de nossas vidas não seria conectada, e sim meramente momentânea. Esta conexão ou fluxo de ideias é mantida no pensamento. O intérprete pode projetar, por analogia, as associações que o autor pode ter feito.

Quanto melhor o intérprete conhecer o autor, mais fácil será compreender sua linha de pensamento. Em algumas conversas, o ouvinte pode desenvolver a linha de pensamento do orador antes que este complete o que queria dizer. "Alcançar este [conhecimento exato da individualidade da outra pessoa no processo do pensamento] é a essência da tarefa hermenêutica" [HC: 142]. Isto só pode ser obtido indiretamente, dependendo de quanto conhecemos o autor fora de seu texto. Schleiermacher diz que "podemos inferir a partir de nós mesmos e nossa composição sobre o autor e sua composição. Se tivermos um conhecimento completo do autor, de forma que o conheçamos como nos conhecemos" [HC: 127], então podemos tentar compreender os pensamentos secundários, e aquilo que o autor não pensou, e o que ele rejeitou, e por que ele rejeitou. Se não tivermos o conhecimento completo, ainda podemos saber disto "através de uma analogia estabelecida entre ele e nós, cujos elementos nós possuímos em nosso conhecimento dele" [HC: 127]. Enquanto pudermos saber aquilo que não ocorreu ao autor, podemos compreendê-lo melhor do que ele se compreende. "De modo geral, é verdade que quanto mais alguém tenha se observado, e observado outras pessoas, em relação à atividade do pensamento, mais ela terá talento hermenêutico para este lado" [HC: 128]. A hermenêutica é uma tarefa possível, ainda que infinita. O intérprete pode reconstruir aquilo que o autor quer dizer por que a linguagem permite que o intérprete conheça a experiência de esquematização aproximada que o autor apresenta na linguagem. No uso cotidiano da linguagem, somos tão proficientes que não percebemos este processo de interpretação. Em casos mais complexos, o intérprete precisa usar os métodos comparativo e divinatório. O intérprete pode comparar o autor com seus contemporâneos para descobrir o estilo individual do autor e seu significado particular. O método divinatório se baseia na similaridade dos seres humanos e, através de uma comparação com o si-mesmo, o intérprete pode descobrir como o autor pensava. O intérprete precisa conhecer o autor e seu tempo, o assunto discutido, e a área linguística do texto. A hermenêutica requer talento e experiência.

Nós começamos nossa discussão da hermenêutica na filosofia contemporânea no meio da história da hermenêutica, porque Schleiermacher era considerado, pela tradição, como o primeiro a desenvolver uma teoria universal da hermenêutica e porque sua teoria influencia diretamente Dilthey, o próximo filósofo que discutiremos. Schleiermacher afirma que a hermenêutica sempre é necessária para a compreensão de qualquer coisa escrita ou falada. Como qualquer expressão linguística se refere à totalidade da linguagem e do pensamento do autor, a hermenêutica tem dois ramos interdependentes: a interpretação gramatical e a psicológica. Depois da leitura inicial,

Hermenêutica **47**

o intérprete volta aos dois ramos da hermenêutica e usa os métodos comparativo e divinatório para reconstruir a gênese e o significado do texto. O processo de esquematização da linguagem garante que o intérprete possa compreender o significado que o autor expressa. A tradição de interpretação que supõe que a intenção do autor, ou a resposta do leitor original, são os critérios de interpretação correta é fruto da obra de Schleiermacher. Dilthey aceitou grande parte da hermenêutica de Schleiermacher, apesar de seu foco principal ser desenvolver uma metodologia para as ciências humanas chamada de compreensão, em oposição à explicação causal. Nós apontaremos até que ponto Dilthey baseia sua discussão da compreensão na hermenêutica de Schleiermacher e examinaremos cuidadosamente sua teoria de como compreendemos outras pessoas. Como veremos, é possível dizer que Dilthey amplia o alcance da hermenêutica – de expressões linguísticas para todas as expressões dos seres humanos nas ciências humanas.

Ponto-chave

A hermenêutica é possível por duas razões. Primeiro, o processo de esquematização na linguagem permite que o intérprete compreenda o que o autor quer dizer, especialmente no uso cotidiano da linguagem. Em casos mais complexos, os métodos divinatório e comparativo permitem que o intérprete reconstrua o significado de um texto. Para aplicar estes métodos, o intérprete precisa conhecer a linguagem do autor e a plateia a que ele se dirigia, a vida do autor e sua época, e também o assunto discutido. O método comparativo é usado com os contemporâneos do autor, e especialmente com nós mesmos. O método divinatório se baseia numa semelhança entre os seres humanos, e funciona através da analogia e comparação com nós mesmos. A hermenêutica requer talento e experiência da parte do intérprete.

Pontos-chave

1) A hermenêutica é a arte universal da compreensão de expressões linguísticas, e busca reconstruir o processo criativo.

2) A hermenêutica se divide em interpretação gramatical e psicológica, e sempre é necessária, já que os mal-entendidos são pressupostos.

3) O impasse do círculo hermenêutico entre o todo e as partes pode ser quebrado ao começarmos com uma leitura preliminar do todo.

4) Usando os métodos comparativo e divinatório, o intérprete pode reconstruir o pensamento de um autor e o significado de seu texto.

5) A hermenêutica requer que o intérprete tenha talento para a linguagem e para a compreensão de outras pessoas.

2

A compreensão hermenêutica de Dilthey

Wilhelm Dilthey

1833: nasce dia 19 de novembro em Biebrich, perto de Wiesbaden, Alemanha.

1852: começa a estudar teologia na Universidade de Heidelberg.

1854: transfere-se para a Universidade de Berlim, estuda teologia e história, e também Hegel e Schleiermacher.

1855: é aprovado nos exames teológicos.

1856: consegue graduação em filosofia e começa a lecionar em escolas de segundo grau.

1860: "O sistema hermenêutico de Schleiermacher em relação a hermenêuticas protestantes anteriores" recebe dois prêmios, mas não é publicado.

1864: recebe um doutorado em filosofia sobre a ética de Schleiermacher na Universidade de Berlim.

1866: aceita um convite para lecionar filosofia na Universidade de Basel.

1868: muda-se para a Universidade de Kiel.

1870: *A vida de Schleiermacher*, vol. 1, estabelece sua reputação.

1871: muda-se para a Universidade de Breslau.

1882: muda-se para a Universidade de Berlim, tornando-se catedrático em filosofia.

1883: publica *Introdução às ciências humanas*, vol. 1.

1900: publica "A ascensão da hermenêutica".

1910: *A formação do mundo histórico nas ciências humanas* não é completado.

1911: morre dia 1º de outubro em Seis am Schlern, perto de Bozan, Itália.

Dilthey formula uma metodologia para as ciências humanas com base empírica que reconhece a natureza distintiva das ciências humanas. Ele não acha que a metodologia positivista das ciências exatas naturais pode ser utilizada para as ciências humanas, pois os objetos das ciências humanas são constituídos essencialmente por atores humanos conscientes. Por outro lado, as teorias idealistas nas ciências humanas não têm a base empírica necessária para suas conclusões. As ciências humanas precisam de sua própria metodologia única, que Dilthey chama de "compreensão" (*Verstehen*), em oposição à "explicação" (*Erklären*). A justificação filosófica da compreensão requer uma crítica da consciência histórica no sentido kantiano.

Como veremos, a teoria da compreensão de Dilthey influencia as teorias hermenêuticas de Heidegger e Gadamer. Entretanto, Dilthey quase nunca usa a palavra "hermenêutica" em suas discussões sobre a compreensão nas ciências humanas. Ele conhece muito bem o campo da hermenêutica, mas reserva o termo "hermenêutica" para seu sentido mais estrito, como um conjunto de regras para interpretar obras escritas, como vimos em Schleiermacher. Em "A ascensão da hermenêutica" [1900], Dilthey define a hermenêutica como "a teoria das regras para interpretar monumentos escritos" [OE4: 238]. Ele conclui o ensaio afirmando que o principal propósito da hermenêutica, além de estabelecer interpretações filológicas, é:

> preservar a validade universal da interpretação histórica contra as incursões dos caprichos românticos e da subjetividade cética, e dar uma justificativa teórica para tal validade, através da qual toda a certeza do conhecimento histórico se fundamenta. [...] [A hermenêutica se torna] um componente essencial para a fundamentação das ciências humanas [OE4: 250].

Este propósito principal da hermenêutica estabelece o sentido de Dilthey da hermenêutica, de modo geral, como uma teoria filosófica que justifica a validade universal das interpretações históricas. Neste sentido amplo, a hermenêutica pode ser conectada à teoria da compreensão de Dilthey.

Dilthey repete e desenvolve esta conexão em seu ensaio de 1910, "A compreensão de outras pessoas e de suas manifestações da vida". Ele escreve:

> Chamamos de "exegese" ou "interpretação" a compreensão guiada por regras de manifestações da vida permanentemente fixas. Como é apenas na linguagem que a vida da mente e do espírito encontra sua expressão completa e exaustiva – expressão que possibilita a compreensão objetiva – a exegese culmina na interpretação dos registros escritos da existência humana. [...] A ciência desta arte é a hermenêutica [OE3: 237-238].

"Ciência" [*Wissenschaft*] em alemão significa um corpo de conhecimento sistematicamente ordenado e justificado. Por isso, a hermenêutica, enquanto ciência, é o corpo de conhecimento sistematicamente ordenado e justificado relacionado à arte de interpretar os registros escritos da existência humana onde a vida da mente e do espírito encontra sua expressão completa e exaustiva. A hermenêutica justifica a validade universal na interpretação histórica. Isto propicia uma nova tarefa para a hermenêutica: "Agora a hermenêutica precisa definir sua tarefa em relação à tarefa epistemológica de demonstrar que é possível conhecer o nexo do mundo histórico e encontrar o meio de fazer isso" [OE3: 238]. Com "nexo" [*Zusammenhang*] Dilthey quer dizer um conjunto de particulares interconectados para formar um todo. A tarefa da hermenêutica é a justificação da compreensão em referência aos registros escritos da existência humana, onde a vida dos seres humanos encontra sua expressão completa. Apesar de Dilthey ainda ligar a hermenêutica ao texto escrito, podemos dizer que a hermenêutica é o modelo para todas as formas de compreensão da vida da mente e do espírito. A hermenêutica seria o modelo para a compreensão, que é o modo particular de cognição que fundamenta metodologicamente as ciências humanas.

A tradição hermenêutica

Os ensaios de Dilthey "O sistema hermenêutico de Schleiermacher em relação a hermenêuticas protestantes anteriores" [OE4: 33-227] e "A ascensão da hermenêutica" [OE4: 235-259] são documentos importantes na história da hermenêutica. No primeiro ensaio, Dilthey traça o desenvolvimento da hermenêutica no protestantismo, analisa as influências imediatas na hermenêutica de Schleiermacher, e compara o sistema dele a outros sistemas hermenêuticos. No segundo ensaio, depois de relacionar a hermenêutica com a compreensão de modo geral, Dilthey traça o desenvolvimento da hermenêutica a partir dos gregos através de uma discussão de Schleiermacher. Por mais importantes que estas discussões históricas sejam, trataremos aqui da caracterização de Dilthey da hermenêutica de Schleiermacher apenas porque ela influenciou interpretações subsequentes da hermenêutica deste último.

Dilthey afirma que Johann Fichte (1762-1814) e Friedrich Schlegel (1772-1829) foram as duas principais influências na hermenêutica de Schleiermacher. Dilthey escreve: "O caráter único essencial da forma científica da hermenêutica de Schleiermacher consiste precisamente na fusão de uma teoria da reprodução [Schlegel] com uma teoria da produção [Fichte]" [OE4: 116]. A teoria da produção implica que o eu cria uma obra escrita particular. A teoria da reprodução afirma que o intérprete precisa reproduzir o ato da criação para conseguir compreender. Dilthey elogia Schleiermacher por ter a "virtuosidade filológica" e "gênio filosófico" de ser capaz de desenvolver a "formulação e solução geral do problema da hermenêutica" [OE4: 238]. A análise da compreensão de Schleiermacher é capaz de justificar as regras hermenêuticas de interpretação e demonstrar que interpretações válidas são possíveis. A compreensão é um processo de recriação do processo criativo.

> No entendimento intuitivo do processo criativo através do qual uma obra literária passa a existir, ele [Schleierma-

Hermenêutica **53**

cher] enxergou a condição básica para entender o outro procedimento, que compreende o todo da obra a partir dos sinais individuais e a intenção espiritual de seu criador a partir desse todo [OE4: 246].

Dilthey descobre quatro ideias cruciais em Schleiermacher que contribuem para o desenvolvimento posterior da hermenêutica. A primeira é que as regras hermenêuticas para interpretar textos são um caso específico do processo de compreensão em geral, de forma que "a análise da compreensão é, assim, o fundamento para a codificação da interpretação" [OE4: 248]. A segunda é que o intérprete e o autor compartilham uma "natureza humana geral" [OE4: 249] que permite a compreensão de outros. A terceira é que, por causa desta natureza humana compartilhada, o intérprete pode recriar "uma forma de vida alienígena" [OE4: 249] através da modificação imaginativa de seus próprios processos psíquicos (ou seja, mentais) e assim compreender a vida interior de outra pessoa (ou seja, o método divinatório). Finalmente, em termos de lógica, o intérprete pode entender o todo que o texto é através de "sinais individuais determinados apenas relativamente" [OE4: 249], ou seja, as palavras. Isto é possível porque o intérprete já conhece as regras gramaticais, as formas lógicas e a história da era do autor.

Ponto-chave

Dilthey conhece bem a tradição hermenêutica, especialmente Schleiermacher. A hermenêutica é definida como a ciência da arte de interpretar documentos escritos. Dilthey identifica quatro pontos importantes na obra de Schleiermacher para o desenvolvimento da hermenêutica:

- A análise da compreensão fundamenta a interpretação.
- O intérprete e o autor compartilham uma natureza humana comum.
- Assim, o intérprete pode recriar as ideias do autor.
- Podemos compreender o significado inteiro de um texto a partir das palavras.

A tarefa importante da hermenêutica, para Dilthey, é servir como um modelo para a compreensão nas ciências humanas.

Explicação e compreensão

Como dissemos, o projeto de Dilthey é justificar filosoficamente uma metodologia para as ciências humanas. Ele é caracterizado, na tradição, como alguém que faz isto através da diferenciação de dois modos de cognição que produzem proposições válidas universalmente. A explicação (*Erklären*) ocorre nas ciências naturais, e a compreensão (*Verstehen*) ocorre nas ciências humanas. Esta caracterização, de modo geral, é correta, mas Dilthey reconhece a interdependência destes dois modos de cognição, como veremos.

Em *Uma introdução às ciências humanas* (1883), Dilthey discute brevemente a relação entre as ciências naturais e humanas para estabelecer a justificação filosófica para as ciências humanas. Para Dilthey, as ciências humanas não podem ser modeladas apenas através do método das ciências naturais, como fizeram Augusto Comte e John Stuart Mill, que "truncam e mutilam a realidade histórica para assimilá-la aos conceitos e métodos das ciências naturais" [OE1: 49]. Precisamos começar a investigação não com meras impressões sensoriais, mas com o ser humano inteiro, enquanto sentimento, vontade e pensamento. Desta forma, o mundo externo está presente para o ser humano com tanta certeza quanto a consciência de si. Como o ser humano é uma "unidade vital psicofísica" [OE1: 67], as ciências humanas envolverão o conhecimento das ciências naturais. O ambiente natural e a vida mental requerem dois pontos de vista: o interno, descoberto pela introspecção, e o externo, descoberto pela percepção. As ciências naturais determinam as conexões causais na natureza. Entretanto, em relação às correlações observadas entre fatos materiais e estados mentais, "não é possível aplicar nenhuma conexão de causa e efeito a estas conexões" [OE1: 67] O objetivo de Dilthey é demonstrar a independência relativa das ciências humanas quanto às ciências naturais. Os seres humanos são influenciados pelo mundo natural causal por duas formas. A natureza nos afeta através de nossas sensações; o fogo queima, por isso agimos para nos protegermos. Os seres humanos afetam a natureza principalmente através da vontade e da ação. Eu quero um meio para atravessar um rio, por isso eu construo uma ponte, mas para construir a ponte eu preciso conhecer e utilizar os resultados da ciência natural. Ao mesmo tempo, eu posso afetar outros seres humanos, já que eles também podem usar a ponte. É por isso que o conhecimento das ciências naturais, o sistema causal exterior, é importante para as ciências humanas que lidam com o mundo mental ou espiritual interno dos seres humanos.

Em "A ascensão da hermenêutica", o objetivo geral de Dilthey é demonstrar como "o conhecimento *científico* dos indivíduos" [OE4: 235] é possível através da demonstração que a hermenêutica se desenvolveu da mesma forma que a ciência natural. A ação humana, grande parte de nossa felicidade, e as ciências humanas em geral pressupõem que podemos compreender os estados mentais de outras pessoas, e "que tal recompreensão daquilo que é singular pode ser levada à objetividade" [OE4: 235]. A compreensão, então, é "bastante distinta de todo o conhecimento conceitual da natureza" [OE4: 235]. Os objetos da ciência natural são apresentados empiricamente à consciência através dos sentidos, enquanto os objetos das ciências sociais são, "antes de mais nada, uma realidade interna, um nexo experimentado de dentro" [OE4: 236]. Como nosso próprio nexo interno é apreendido diretamente pela consciência, as ciências humanas têm uma vantagem sobre as ciências naturais. Entretanto, levar esta compreensão da realidade interna individual para a objetividade apresenta problemas, pois:

> A existência de outras pessoas nos é dada, a princípio, apenas a partir de fora, em fatos disponíveis para os sentidos, ou seja, gestos, sons e ações [...] Portanto, nós chamamos de compreensão o processo através do qual reconhecemos, por trás de sinais dados a nossos sentidos, aquela realidade psíquica que eles expressam" [OE4: 236].

Dilthey usa o termo "psíquico" para se referir ao lado mental, em oposição ao lado físico da existência humana. Ele apresenta vários casos, que incluem a compreensão do balbuciar de uma criança, uma escultura de mármore, notas musicais, ações, constituições e a *Crítica da razão pura*, entre outros. Em todos os casos, "o mesmo espírito humano se dirige a nós, e exige interpretação" [OE4: 237]. Como dissemos, a interpretação é a compreensão guiada por regras destas expressões sensoriais exteriores de estados psíquicos interiores. É apenas na linguagem, continua Dilthey, que "a vida interior humana descobre sua expressão completa, exaustiva e compreensível objetivamente" [OE4: 237]. A hermenêutica como a interpretação de documentos escritos apresentaria a compreensão mais objetiva da vida interior humana. Por isso, a análise da compreensão, junto à análise da experiência interna, fornecem "a possibilidade e os limites do conhecimento universalmente válido nas ciências humanas" [OE4: 238].

Nos "Apêndices de Manuscritos", Dilthey lista seis teses sobre a compreensão:

- Ela é o processo através do qual as objetivações empíricas da vida psíquica, quer dizer, as expressões faciais, as palavras, ou mesmo um sistema legal, são usadas para conhecer conceitualmente essa vida psíquica.

- Por mais diferentes que essas objetivações sejam, sua compreensão tem "características comuns baseadas nas condições específicas deste modo de cognição" [OE4: 251].

- A compreensão de textos guiada por regras é a exegese, ou interpretação.

- A interpretação é uma técnica, e poucos a dominam. As práticas dos bons intérpretes são preservadas nas regras de interpretação. A interpretação se desenvolve como as ciências naturais. "Chamamos de hermenêutica a teoria das regras para compreender objetivações da vida fixadas textualmente" [OE4: 252].

- A compreensão é o procedimento fundamental das ciências humanas.

- Por isso, a análise da compreensão "é uma das principais tarefas para a fundamentação das ciências humanas" [OE4: 253].

A tentativa final de Dilthey de distinguir as ciências naturais das ciências humanas está no estudo "Delimitação das ciências humanas", em *A formação do mundo histórico nas ciências humanas* (1910). A base fundamental da filosofia de Dilthey é a própria vida, o ser humano vivo em seu ambiente. Somos seres psicofísicos, por isso somos afetados pela natureza, e afetamos a natureza. Assim, no estudo de seres humanos nas ciências humanas, tanto o físico quanto o psíquico estão interconectados na própria vida. Entretanto, isto não nos impede de abstrair, a partir de nossa experiência, dois conjuntos de objetos diferentes. Podemos abstrair e postular objetos físicos "como dispositivos construtivos subjacentes a nossas impressões" [OE3: 102]. Nas ciências humanas, "os primeiros dados são experiências vividas [...] [que] pertencem a um nexo que persiste permanentemente entre todos os tipos de mudanças que ocorrem no curso inteiro de uma vida" [OE3: 102]. Uma experiência vivida é uma unidade identificada no fluxo da vida. Nós temos estados de consciência que são expressados "em gestos, olhares e palavras; e eles têm sua objetividade em instituições, estados, igrejas e institutos científicos" [OE3: 101-102]. Assim como o objeto físico pode ser abstraído da vida, o mesmo pode ocorrer com o objeto mental ou espiritual.

Entretanto, "as ciências humanas e naturais não podem ser divididas logicamente em duas classes através de duas esferas de fatos formadas por elas" [OE3: 103]. As ciências humanas utilizam fatos das ciências naturais. Um dos exemplos de Dilthey é que o estudo da linguagem depende tanto da fisiologia dos órgãos de fala quanto de uma teoria do significado. As ciências humanas têm uma relação diferente com os fatos físicos sobre os seres humanos do que as ciências naturais. Elas são usadas para descobrir algo que não é dado em sensações de modo algum, mas que está implícito nelas – o mundo interno – e "é neste mundo espiritual, criativo, responsável, que surge soberanamente de nós – e apenas nele – que a vida tem valor, propósito e significado" [OE3: 104]. Portanto, os seres humanos têm duas tarefas diferentes. Uma é construir e explicar a natureza como um todo ordenado governado por regras causais a partir das impressões que recebemos. A outra é sair da natureza e voltar à própria vida, onde há significado, valor e propósito. Aqui, a compreensão volta dos dados sensoriais para aquilo que nunca é dado pelos sentidos, o mundo interno, que se expressou nessas sensações. É por causa destas duas tarefas diferentes que as ciências naturais podem ser diferenciadas das ciências humanas.

Este mundo interno dos seres humanos é a área de investigação nas ciências humanas. Entretanto, afirma Dilthey, "é um erro comum recorrer a este curso psíquico da vida – a psicologia – para explicar nosso conhecimento deste aspecto interno" [OE3: 106]. Há um debate sobre o que Dilthey rejeita aqui: se é sua própria psicologia descritiva, ou se ele apenas se refere à psicologia positivista baseada no método das ciências naturais. Ele usa um exemplo neste ponto. Um poema é apresentado para meus sentidos numa folha de papel. Um poeta o escreveu, e ele foi publicado num livro. As ciências naturais poderiam explicar o processo de colocar tinta na página, ou como a encadernação segura as páginas do livro. A ciência humana da poética está interessada naquilo que é expressado sobre a condição humana nessas palavras. "O que é expressado não são os processos internos do poeta, e sim um nexo criado neles, mas separável deles" [OE3: 107]. É um nexo espiritual ou mental que entrou no mundo exterior dos sentidos, e "que compreendemos através de um regresso desse mundo" [OE3: 107]. Isto pode ser entendido como uma rejeição da ideia de Schleiermacher que a compreensão é um processo de recriação do processo criativo. Na próxima seção examinaremos se isto é verdade. O que fica claro neste contexto é que o objeto da compreensão "é completamente distinto dos processos psíquicos do poeta ou de seus leitores" [OE3: 107]. O que devemos compreender é o todo significativo do aspecto da humanidade que é expresso através das palavras na página. Assim, a delimitação entre as ciências humanas e as naturais está clara. "No primeiro grupo, emerge um objeto espiritual no ato da compreensão; no segundo, emerge um objeto físico no ato da cognição" [OE3: 107]. Finalmente, Dilthey afirma que só podemos compreender a nós mesmos "se projetarmos nossa vida e experiências em todo tipo de expressão da nossa vida, e da vida dos outros" [OE3: 109]. Assim, as ciências humanas "se baseiam neste nexo de experiência vivida, expressão e compreensão" [OE3: 109]. Analisaremos agora estes três conceitos fundamentais das ciências humanas funcionando na explicação de Dilthey de como compreendemos outras pessoas.

> **Ponto-chave**
>
> Dilthey afirma que as ciências humanas requerem uma metodologia única, diferente do método das ciências naturais. As ciências naturais *explicam* um fenômeno através de sua subordinação a leis causais universais. As ciências humanas *compreendem* os significados mentais ou espirituais que são expressos em sinais externos e empíricos. Apesar das ciências humanas às vezes necessitarem de conhecimento das ciências naturais, suas conclusões se referem ao reino interno do significado humano. A compreensão ocorre quando o intérprete é capaz de reconhecer o estado interior de outra pessoa através das expressões empíricas dessa pessoa. Ao ver uma expressão facial, o intérprete compreende o estado emocional do outro. Ao ler as palavras de um texto, o intérprete compreende o significado que o autor intencionava.

Compreendendo os outros

Em seu ensaio "A compreensão de outras pessoas e de suas manifestações da vida" (1927), Dilthey elabora sua posição final a respeito daquilo que chamei de sua compreensão hermenêutica. A vida humana é a categoria básica nas ciências humanas. A vida é "o nexo de interações entre as pessoas, condicionado pelo mundo externo, mas considerado independentemente de mudanças no tempo e no espaço" [OE3: 248]. Ao viverem suas vidas, os indivíduos sentem, agem e pensam e têm consciência de si mesmos na consciência histórica. Os rascunhos de Dilthey para uma crítica da razão histórica são modelados na *Crítica da razão pura* de Kant. O projeto de Dilthey é justificar filosoficamente o trabalho da razão dentro da consciência histórica. Na consciência histórica percebemos que vivemos no fluxo do tempo. "A temporalidade está contida na vida como sua primeira determinação categórica" [OE3: 214]. Em nossa memória temos o passado que não pode ser mudado. Nós percebemos o passar constante do presente, por isso "o presente nunca *é*" [OE3: 216]. Nós olhamos para o futuro. "Em nossa atitude perante o futuro, somos ativos e livres" [OE3: 214].

Ao experimentar nossa temporalidade, uma relação da parte com o todo é "reexperimentada na compreensão", e a relação parte-todo é "a do significado das partes para o todo" [OE3: 249]. Dilthey afirma que entendemos isto melhor na memória, e seu exemplo é o de uma paisagem. Nós não nos lembramos dela como meros dados sensoriais, mas sim em referência a uma "preocupação da vida". Ele prefere o termo "impressão", em vez de "imagem". "[Não há] nenhum eu distinto delas [impressões], nem algo do que elas sejam a impressão" [OE3: 249.]. Ou seja, não há nenhum eu distinto, ou consciência de si separada de um objeto. Em vez disso, a impressão inclui a relação do dado com minha vida. Por exemplo, eu percebo a impressão das nuvens de tempestade se formando em relação com minha preocupação de me abrigar dos raios e da chuva. Dilthey chama esta percepção da relação entre parte e todo no presente vivido ou numa memória de uma experiência vivida (*Erlebnis*). "Aquilo que forma uma unidade de presença no fluxo do tempo porque tem um significado unitário é a menor unidade definível como uma experiência vivida" [OE3: 216]. O fluxo de consciência é, por assim dizer, conectado num nexo e lembrado como tendo um significado como a unidade desse fluxo. O fluxo temporal experimentado da formação de nuvens de tempestade é colecionado como uma unidade de significado: a chegada de uma tempestade. Além disso, unidades maiores de significado na vida também são chamadas de experiência vivida, mesmo se as partes são separadas por outros eventos. Por exemplo, a unidade de minhas muitas experiências de meu lar é conectada a um todo de significado que constitui minha experiência vivida do meu lar. "O curso de uma vida consiste de partes, de experiências vividas que são conectadas internamente umas com as outras" [OE3: 217].

Dilthey afirma que viver uma experiência e uma experiência vivida são duas formas de dizer a mesma coisa. A experiência vivida é uma categoria básica da consciência da vida. "Uma experiência vivida é uma unidade cujas partes são ligadas por um significado comum" [OE3: 254]. "Com a experiência vivida nós saímos do mundo dos fenômenos físicos para o reino da realidade espiritual, que é o assunto das ciências humanas e da reflexão sobre elas" [OE3: 217]. Devemos notar que a palavra alemã que foi traduzida como "espiritual" também significa "mental", por isso Dilthey não se refere apenas a um reino religioso, mas a um reino de todas as formas do mental ou intelectual, que também inclui emoções e propósitos. Com a experiência vivida entramos no reino do espiritual ou do mental, o reino humano das emoções, desejos, propósitos e ideais, já que designamos um significado, uma unidade psíquica interna, à série de impressões que temos no fluxo da vida.

No começo de seu ensaio sobre a compreensão dos outros, Dilthey escreve: "Com base na experiência vivida e na autocompreensão, e em sua interação constante, emerge a compreensão de outras pessoas e de suas manifestações da vida" [OE3: 226]. Manifestações da vida são os dados externos e empiricamente cognoscíveis que expressam ou indicam os aspectos espirituais e mentais internos da vida humana. Elas são os dados das ciências humanas, como os dados sensoriais de seres humanos e não humanos em seu ser físico são a base das ciências naturais. Dilthey identifica três classes de manifestações da vida. A primeira "consiste de conceitos, juízos e as formações de pensamento maiores" [OE3: 226]. Estes são os elementos da ciência, no sentido alemão amplo que inclui tanto as ciências naturais quanto as humanas. Eles se separaram das experiências vividas das quais surgiram, e não indicam o modo particular do qual eles surgiram do pano de fundo da vida. Exemplos incluem: conceitos como gravidade, lar e flores; juízos como "O sol está brilhando" ou "João se excedeu noite passada"; ou formações maiores como um livro-texto de biologia ou matemática, ou um artigo num jornal. Eles pretendem afirmar a forma pela qual as coisas são no mundo. Enquanto juízos, eles afirmam a validade daquilo que é formulado na proposição independentemente do tempo e das pessoas envolvidas em sua geração. "Assim, um juízo é o mesmo para a pessoa que o formulou e para aquela que o compreende" [OE3: 226].

As ações constituem a segunda classe de manifestações da vida. Enquanto manifestações, as ações não pretendem comunicar, mas são capazes de indicar uma relação com um propósito. "Há uma relação regular de preocupação entre uma ação e aquilo que ela exprime do espírito humano que permite que façamos suposições prováveis sobre ela" [OE3: 227]. Ao ver alguém pregando tábuas uma ao lado da outra, podemos compreender que seu propósito é construir uma cerca. Dilthey distingue entre o estado da mente do ator e o nexo vital que gera esse estado da mente. Enquanto eu prego as tábuas, eu me concentro na tarefa imediata e talvez tenha consciência do projeto como um todo, mas a relevância geral deste projeto para a minha vida e por que eu decidi construir uma cerca pertencem ao nexo vital. Ao escolher fazer uma coisa, outras possibilidades foram anuladas. Por isso que aquilo que eu escolhi não fazer não está manifestado na própria ação. "Tirando a elucidação de como uma situação, um propósito, um meio e um nexo vital se interseccionam numa ação, ela não permite nenhuma determinação inclusiva da vida interna da qual surgiu" [OE3: 227]. Alguém que observe meu trabalho poderia compreender que estou pregando tábuas uma ao lado da outra para construir uma cerca, e que tenho os materiais necessários, e que isto de alguma forma se encaixa em meus planos, mas não mais do que isto.

As expressões da experiência vivida constituem a terceira classe de manifestações da vida. Esta classe é única, porque há uma conexão especial partindo da vida interna daquele que expressa sua experiência vivida, passando pela manifestação desta experiência vivida até a compreensão que ocorre em outra pessoa que compreende esta expressão. Nas manifestações da vida que expressam a experiência vivida, o estado interior se manifesta no mundo empírico exterior. Por exemplo, meu olhar irritado e o fato de que aponto meu dedo para o martelo expressam meu estado interior de não ter o martelo quando preciso dele, e o desejo que você o pegue para mim antes que a tábua saia do lugar. Dilthey disse que nada é mais capaz do que a linguagem de expressar a vida interior. Por isso, eu provavelmente gritaria "Pegue a **@!! do martelo agora!" Expressões da experiência vivida podem ser muito mais complicadas. Esboços autobiográficos tentam expressar a unidade de experiências vividas que o autor descobriu que formam um todo significativo. Eu também posso tentar expressar meu estado interior através da música, da poesia ou de outra forma de arte.

"Uma expressão da experiência vivida pode conter mais do nexo da vida psíquica do que qualquer introspecção pode perceber" [OE3: 227]. Isto ocorre, parcialmente, devido a aspectos de minha expressão que eu não percebo. Assim, minha testa enrugada revela meu desdém pela pergunta crítica enquanto eu acredito que estou respondendo a pergunta educadamente. Os elementos inconscientes que entram nas expressões da experiência vivida são a base para compreender um autor melhor do que ele se compreende. Por outro lado, podemos conscientemente representar de forma errônea o estado interior de outra pessoa. O engano, a fraude e a ocultação também são possíveis no disfarce de experiências vividas. Eu não apenas posso simplesmente mentir, mas posso também esconder e manipular aquilo que expresso. As expressões da experiência vivida também são compreendidas apenas dentro de certos limites, nunca perfeitamente. "Tais expressões não devem ser julgadas como verdadeiras ou falsas, mas como verídicas ou inverídicas" [OE3: 227]. Dilthey declara que numa grande obra de arte, e isto parece ser a definição de uma grande obra de arte, não há nenhuma ilusão quanto a seu conteúdo espiritual; "realmente, ela não quer dizer nada sobre seu autor. Verídica em si mesma, ela se mantém – fixa, visível e durável – e é isto que possibilita uma compreensão metodicamente confiável de tais obras" [OE3: 228].

Para cada classe de manifestações há uma forma elementar de compreensão. A compreensão começa primeiro nas situações práticas ou pragmáticas das interações comuns. A interação prática pressupõe que através de expressões empíricas exteriores podemos conhecer aspectos da vida interna de outras pessoas que o outro expressou. Esta conexão entre o significado interno e a expressão externa começa na parte mais inicial da vida humana. "A criança só aprende a compreender os gestos e expressões faciais, os movimentos e as exclamações, as palavras e as sentenças, porque ela constantemente as encontra como as mesmas, e na mesma relação com aquilo que elas significam e expressam" [OE3: 230]. Esta é a base da aculturação[1], onde "a criança cresce dentro da ordem e do etos da família que ela compartilha com os outros membros" [OE3: 229]. Esta conexão entre expressão e significado interno é a base essencial de toda compreensão.

---

1. O termo "aculturação" é utilizado aqui numa acepção psicológica, como descrito no texto, em vez do sentido antropológico mais comum, e negativo, de alteração de uma cultura através de outra [N.T.].

Em termos lógicos, compreendemos uma única manifestação usando uma inferência, por analogia, que depende de termos aprendido a conexão geral e inferirmos que esta expressão específica é outro caso dessa conexão. Esta inferência em relação a uma conexão básica não é dedutiva. Não há nenhuma lei universal da conexão que permita que subordinemos este caso particular a uma lei conhecida. "A compreensão elementar não é uma inferência de um efeito para uma causa" [OE3: 228-229]. Dilthey oferece três exemplos de compreensão elementar para as três classes de manifestações: a série de letras que formam palavras e são estruturadas numa sentença expressa uma proposição; o martelo batendo expressa um propósito, como construir uma cerca; uma expressão facial expressa dor. Na compreensão elementar, a manifestação empírica e o conteúdo interno expressado nela se unem. A careta facial e a dor formam uma unidade. Apesar disto não ser afirmado explicitamente, esta unidade significa que nossa aculturação é tão completa que não temos dificuldade para compreender qual estado interior é expressado pela manifestação associada. Não questionamos a conexão, e compreendemos imediatamente.

Dilthey adota o conceito de espírito objetivo de Hegel, sem seus momentos dialéticos e teleológicos, para indicar todas as formas pelas quais "uma comunidade existente entre indivíduos se objetificou no mundo dos sentidos" [OE3: 229]. O espírito objetivo incluiria todas as conexões aprendidas na aculturação que permitem a compreensão elementar. Ele também incluiria manifestações da vida maiores, como estilos de vida, costumes, leis, religião, arte, filosofia e ciência. Por exemplo, o sistema legal objetificado nas leis, juízes, promotores, tribunais, instituições, e assim por diante, manifestaria o sentido interior de justiça que essa sociedade mantém nesse momento. Dilthey declara que mesmo uma obra de arte individual reflete alguns elementos comuns de uma era e região particulares. Existe uma tensão entre a individualidade de manifestações da vida e as manifestações comuns que são do espírito objetivo, que discutiremos logo. Como afirmamos acima, a aculturação de uma pessoa é o aprendizado ou adoção dos aspectos específicos do espírito objetivo da época e do lugar dessa pessoa. O espírito objetivo é "o meio pelo qual a compreensão de outras pessoas e suas manifestações da vida ocorre" [OE3: 229]. Ele é o meio da compreensão porque o espírito objetivo indica o conjunto de conexões estabelecidas entre os estados psíquicos interiores e suas expressões empíricas correntes numa cultura em particular. Assim, os indivíduos normalmente apreendem manifestações dentro de uma situação de aspectos comuns estabelecidos, quer dizer, dentro do espírito objetivo. "A localização da manifestação da vida individual dentro de um contexto comum é facilitada pelo fato de que o espírito objetivo possui uma ordem articulada" [OE3: 230]. Depois de aprender os significados que as palavras têm no contexto ordenado da linguagem, podemos compreender a manifestação individual numa sentença enunciada. "Uma sentença é inteligível devido aos aspectos comuns que existem numa comunidade linguística sobre o significado das palavras e das formas de inflexão, e sobre o sentido da estrutura sintática" [OE3: 230]. O mesmo pode ser dito sobre os gestos e as ações, enquanto constituírem parte desta ordem comum. Em uma cultura, apertamos as mãos como uma saudação, enquanto em outra, isto é feito para fechar um acordo. A inferência ocorre por analogia "onde um predicado é designado a um sujeito com probabilidade baseada numa série finita de casos envolvidos numa situação comum" [OE3: 231].

Formas maiores de compreensão se baseiam na elementar. Há vários tipos de compreensão maior. Em um deles há uma distância maior entre a manifestação da vida e a pessoa que deseja compreendê-la. A unidade da manifestação e do significado encontrada na compreensão elementar não existe. Precisamos trabalhar para exibir a conexão entre a manifestação e o estado interior. Pode ser uma conexão diferente daquela esperada normalmente, por exemplo, o uso incomum de uma palavra, como notamos com o "desdobrar" de *Hamlet*. Quando a compreensão encontra uma dificuldade, precisamos repensar as conexões interior/exterior que foram usadas. Podemos consultar um dicionário para ver se podemos encontrar um significado para a palavra que resolverá o problema. Outro tipo de compreensão maior é necessário quando há múltiplas manifestações separadas temporalmente que expressam um nexo interno, como o caráter de uma pessoa. Outras formas maiores tratam da compreensão como uma série produzida intencionalmente de manifestações, e o nexo interior, ou os vários nexos, sendo expressados. O exemplo de Dilthey é a compreensão de uma peça. Nós seguimos a ação, compreendendo as motivações, desenvolvendo o caráter dos personagens a partir de suas expressões, unindo as cenas da vida separadas a um todo, e assim por diante. "O processo de compreensão e de reexperiência ocorrerá então como o poeta pretendeu" [OE3: 232], se compreendemos corretamente. Quando tratamos a peça como uma obra de arte, continua Dilthey, temos mais um passo. Então a compreensão passa a tratar da relação entre o artista e a criação dessa obra de arte. A característica comum de formas de compreensão maiores é que "elas tomam manifestações dadas e chegam a uma compreensão do nexo de um todo através de uma inferência indutiva" [OE3: 233]. Dilthey distingue a expressão de um estado interior da produção de um estado interior possível. A relação de externo com interno é ou de expressão com aquilo que é expresso ou de produção com aquilo que motiva a produção. Com "produção" Dilthey quer dizer a habilidade criativa do espírito humano de criar algo novo em termos de experiências de vida possíveis. O autor pode expressar o significado de sua experiência vivida ou pode, por sua energia criativa, produzir uma expressão da vida, quer dizer, uma produção, que não foi experimentada, mas é uma experiência vivida imaginariamente possível.

"A compreensão sempre tem algo individual como seu objeto" [OE3: 233]. Ela pode ter como objetivo compreender o todo de uma obra ou a vida inteira de uma pessoa. "Assim como o espírito objetivo contém dentro de si mesmo uma ordem articulada em termos de tipos, a humanidade também abrange um tipo de sistema de ordenação que leva da regularidade e estrutura daquilo que é universalmente humano aos tipos através dos quais a compreensão entende os indivíduos" [OE3: 234]. Por exemplo, a estrutura ordenada de um sistema legal em um estado é similar ao sistema legal em outro, e ambos refletem o sentido de justiça comum a cada estado. Os indivíduos fazem parte do universal "humanidade", que é ordenado. Por exemplo, a necessidade humana de abrigo é uma estrutura de ordenação comum a todos os indivíduos. Formas diferentes de fornecer abrigo constituem os diferentes tipos de abrigo da humanidade. Este sistema de ordenação geral de abrigos pode nos ajudar a compreender como uma cultura estrangeira protege sua população. E minha casa pode ser compreendida como minha realização individual do tipo de abrigo comum na minha cultura. Um exemplo mais complexo seria a característica humana de se expressar na música.

A ideia de Dilthey é importante porque demonstra a forma pela qual a compreensão pode entender tanto o universal como um tipo de ordenação do espírito objetivo ou da humanidade, e o indivíduo como uma instância particular desse tipo. Dilthey afirma que "indivíduos não são diferenciados qualitativamente, mas sim através da ênfase relativa de momentos particulares – independentemente de como expressemos isto psicologicamente" [OE3: 234]. Internamente, o indivíduo é único devido a "acentos diferentes de momentos estruturais" [OE3: 234]. Se um parente próximo morre, os outros membros da família entrarão em luto. Estar de luto é um tipo de comportamento e consciência humana. É algo ordenado no sistema de costumes de nossa cultura, parte do sistema de ordenação maior do espírito objetivo. Entretanto, cada membro da família pode ser individuado através das ênfases ou acentos diferentes que incorporaram. Um deles pode ficar mais abalado emocionalmente que ou-

Hermenêutica   **69**

tro. Externamente, a individuação ocorre porque "as circunstâncias produzem mudanças [diferentes] na vida psíquica e no seu estado" [OE3: 234]. Aqui o meio e a história têm um papel importante na compreensão. O meio inclui tanto o ambiente físico quanto o social. Um membro da família pode já ter experimentado a morte de amigos próximos, mas os outros podem não ter.

Dilthey está agora na posição de explicar como podemos entender outra pessoa e suas manifestações de vida ao explicar como a transposição, a recriação e a reexperiência ocorrem. A transposição é a compreensão que consegue descobrir "o caráter relacional vital naquilo que é dado" [OE3: 234]. Isto significa que a transposição é ser capaz de compreender o estado psíquico interior de outra pessoa que foi expresso nos fatos empíricos exteriores. Isto só é possível se "o caráter relacional que existe na nossa própria experiência vivida e foi experimentado em casos inumeráveis sempre estiver disponível para acompanhar as possibilidades inerentes ao objeto" [OE3: 234]. A transposição pode ocorrer através das manifestações de uma pessoa em particular ou através de uma obra de arte como um poema. Como um exemplo simples, vejamos a afirmação de um amigo sobre a noite passada: "O trovão foi tão alto que eu me sentei na cama". Para que a transposição ocorra, eu preciso ter minhas próprias experiências vividas de trovoadas e, pelo menos, de ser acordado por um barulho alto. E eu preciso ter tido um número suficiente destas experiências para poder conectar alguns estados interiores específicos com o evento externo; quer dizer, eu sei o que é um trovão. É claro que eu compreendo a linguagem utilizada para ser capaz de me transpor para sua situação assim que ouço o relato. Mesmo que eu nunca tenha "me sentado na cama" numa situação dessas, eu compreendo o que isto significa e posso me transpor, imaginariamente, para a situação dele. Se eu nunca tivesse experimentado um trovão, a transposição seria, na melhor das hipóteses, difícil. O exemplo de Dilthey é um poema. "Cada verso de um poema é transformado na vida através do nexo interno da experiência vivida a partir da qual o poema surgiu. Através de operações elementares de compreensão, palavras apresentadas fisicamente evocam possibilidades que jazem na psique" [OE3: 234]. Eu me lembro de situações similares, e de meus estados psíquicos associados a elas, que eu experimentei. Através da imaginação, outras possibilidades se apresentam. "Se a perspectiva da compreensão requer a presença da experiência de nosso próprio nexo psíquico, isto também pode ser descrito como a transferência de nosso eu para um complexo dado de manifestações da vida" [OE3: 235].

"Com base nesta transferência, ou transposição, surge a mais alta forma da compreensão, em que a totalidade da vida psíquica está ativa – a recriação ou a reexperiência" [OE3: 235]. A reexperiência envolve uma série de transposições, que podemos chamar do inverso do processo criativo. No processo criativo, movemo-nos das experiências vividas para a expressão delas, enquanto na compreensão começamos com as expressões e nos movemos para o significado interno das experiências vividas. A reexperiência é uma revivência, com simpatia, de uma série de eventos que forma um todo. Dilthey escreve: "A reexperiência chega a seu ápice quando um evento foi processado pela consciência de um poeta, artista ou historiador, e está diante de nós numa obra fixa e permanente" [OE3: 235]. Isto significa que a reexperiência ocorre quando eu tenho diante de mim a obra criativa de um artista que me orienta na reexperiência que ele pretende. O historiador não pode realmente experimentar o passado, mas precisa, interpretativamente, compreender os documentos escritos, os fatos históricos, as motivações dos atores principais, e assim por diante, para apresentá-los de forma que, quando lermos seu relato, sejamos capazes de reexperimentar o evento e seu significado como o historiador pretende.

Na compreensão precisamos reexperimentar um nexo de experiências vividas, mas "não aquele que estimulou o poeta, e sim aque-

Hermenêutica **71**

le que, em sua base, o poeta coloca na boca de uma pessoa ideal" [OE3: 235]. Aqui Dilthey afirma claramente que a reexperiência não significa reviver os estados psíquicos exatos que o criador tinha e que estimularam sua criação. O objetivo é reexperimentar os estados de uma pessoa ideal, ou seja, a pessoa que teria esses estados mentais que estão expressos na obra. As cenas de uma peça são expressões de pessoas ideais que devem formar um todo significativo, mas não são expressões da vida real do dramaturgo. Dilthey não afirma que aquilo que é compreendido na reexperiência é o típico, incorporado na ordem do espírito objetivo ou da humanidade, mas isto precisa estar implicado. Como acabamos de dizer, a consideração da individualidade da obra ou do autor enquanto um indivíduo criativo é um passo adicional. Ele realmente escreve que "o triunfo da reexperiência é que ela completa os fragmentos de um curso de eventos de forma que acreditamos que eles possuem uma continuidade" [OE3: 235]. Esta continuidade é a unidade das partes num todo significativo.

Dilthey afirma que não discutirá aqui os conceitos de simpatia e empatia que teriam presença numa formulação psicológica da reexperiência, mas que indicará como a reexperiência leva à "nossa apropriação do mundo do espírito humano" [OE3: 235]. Ele identifica dois modos. Um modo é que a apresentação do meio e da situação externa ajuda na reexperiência. A apresentação do meio permite uma compreensão mais precisa do tipo específico histórico e cultural da experiência vivida que é apresentada. O conhecimento prévio do intérprete dos costumes da cultura contemporânea dos Estados Unidos permite que reexperimentemos a frase "Vamos almoçar um dia desses" como quase uma despedida, mas, há um século, isto seria um convite mais sério. O segundo modo é que "a imaginação pode aumentar ou diminuir a intensidade das atitudes, poderes, sentimentos, esforços e tendências do pensamento que caracterizam o nosso próprio nexo vital para recriar a vida psíquica de qualquer outra pessoa" [OE3: 226]. Este modo é crucial, pois ele indica como Dilthey pensava que poderíamos reexperimentar um estado interior que não experimentamos antes. A variação imaginativa dos estados psíquicos permite que aquele que compreende "reexperimente algo que está fora de qualquer possibilidade em sua vida real" [OE3: 226].

O exemplo de Dilthey da compreensão de Lutero é esclarecedor, e será resumido aqui. Dilthey admite que ele e muitos de seus contemporâneos não podem reviver o estado religioso de Lutero em suas vidas reais. Coisas demais mudaram; sua situação histórica e cultural é diferente. Entretanto, ele pode reexperimentá-lo. Isto envolve o estudo e a compreensão dos relatos de contemporâneos e dos documentos históricos das disputas e concílios religiosos. Estes seriam exemplos do uso do meio e da situação externa. Isto também envolveria o estudo das cartas e escritos de Lutero. Através de tais investigações, e usando os dois modos que acabamos de apresentar, Dilthey consegue começar, imaginariamente, a se transpor para a situação de Lutero. Ele nota os meios de comunicação dos monges, a situação de suas vidas e como as controvérsias religiosas afetam os seus seres internos. Ele descobre como as ideias religiosas são disseminadas entre os leigos, como os concílios e movimentos disseminam a doutrina e como "aquilo que foi obtido através de lutas intensas em celas solitárias se afirma apesar da oposição da Igreja" [OE3: 226]. Ele pode então reexperimentar o desenvolvimento de Lutero "baseado num caráter relacional que parte daquilo que é universalmente humano através da esfera religiosa para seu ambiente histórico e, finalmente, sua individualidade" [OE3: 237]. Portanto, apesar de ele não poder viver o estado psíquico de Lutero em sua vida real, Dilthey pode reexperimentá-lo através de uma investigação histórica extensiva e da alteração imaginativa de seus próprios estados psíquicos para recriar em si mesmo estados similares àqueles que Lutero teve.

Isto, por si mesmo, pressupõe que existem estados universais de humanidade, que o espírito objetivo pode ser compreendido e ordenado e que tipos cada vez mais específicos destes estados podem ser reexperimentados imaginariamente através de variações imaginárias de nossos próprios estados psíquicos, assim como da simpatia e empatia. Finalmente, a individualidade de Lutero pode ser projetada através da descoberta dos aspectos específicos e únicos de seu tipo. É claro que Dilthey percebe que esta tarefa de reexperiência nunca pode ser completa; a vida do indivíduo é inefável [OE4: 249].

A compreensão é o método para alcançarmos a validade objetiva nas ciências humanas. Temos não apenas a compreensão dos outros e de suas manifestações da vida, mas as ciências humanas envolvem a compreensão de todos os maiores conectados, como sistemas legais, costumes, culturas e a ascensão e queda de impérios. Entretanto, todas estas outras formas de compreensão nas ciências humanas dependem de nossa habilidade de compreender outras pessoas e suas manifestações da vida. A interpretação é a compreensão orientada por regras de manifestações da vida permanentes, e como a mente ou o espírito encontra sua expressão completa na linguagem, e a compreensão orientada por regras na linguagem é a ciência da hermenêutica, a hermenêutica tem uma tarefa nova e importante. A hermenêutica é, assim, o modelo para toda a compreensão nas ciências humanas.

O que deve ser o caso para que a teoria da compreensão de Dilthey possa funcionar? O ponto crucial é a conexão entre a experiência vivida e sua expressão empírica que é aprendida quando uma criança adquire cultura. Esta conexão precisa ser relativamente estável e compartilhada por um grupo de pessoas. Precisamos ser capazes de experimentar esta conexão em ocasiões suficientes para que ela se solidifique como um meio confiável para passarmos das manifestações da vida, as expressões empíricas, para a experiência vivida interna, e para nos movermos na direção oposta. Se isto não fosse possível, então não poderíamos saber o que os outros sentem e pensam, e não poderíamos expressar para os outros o que sentimos e pensamos; não existiria interação humana. Esta conexão aprendida é a compreensão elementar, e permite que compreendamos as manifestações da vida simples.

Esta conexão entre a experiência vivida e sua manifestação empírica pressupõe que a mentalidade humana é tão estruturada que, a partir do fluxo de experiências que constitui a vida em sua temporalidade, aspectos significativos deste fluxo podem ser isolados, quer dizer, uma experiência vivida. Além disso, as manifestações da experiência vivida precisam conter algo não individual nelas, apesar de serem fundamentalmente individuais. O aspecto não individual ou universal da experiência vivida permite a compreensão elementar intersubjetiva dentro de um grupo. Se elas fossem completamente individuais, não haveria nenhuma ponte para a compreensão das outras pessoas.

As formas mais altas da compreensão são construídas a partir desta base. Um requerimento essencial é que há uma estrutura ordenada no espírito objetivo e na humanidade. Isto significa que todos os seres humanos compartilham algumas estruturas muito gerais ao viverem suas vidas. Nosso exemplo foi que todos precisamos de abrigo. Todos os seres humanos também compartilham formas muito gerais de manifestação de suas vidas. O exemplo foi o sistema legal e o sentido interno de justiça. Uma linha contínua de estruturas ordenadas existe a partir das estruturas muito particulares em que aprendemos nossa cultura, através de grupos de pessoas cada vez maiores no tempo e no espaço, até alcançarmos o universal para o espírito objetivo e a humanidade. É apenas isto que oferece a possibilidade de compreender seres humanos de uma situação temporal e cultural diferente.

A habilidade de compreender outras pessoas fora de nosso grupo cultural depende de dois modos de compreensão maior. O meio e a situação externa permitem a localização de tipos, e então de tipos mais específicos de estruturas universais que o outro incorpora. O segundo trata da habilidade humana de criar em nossa própria consciência uma experiência vivida que não tivemos ao modificar imaginariamente os estados psíquicos que experimentamos. Este modo é mais essencial que o primeiro porque ele não apenas permite a compreensão de um meio e circunstâncias externas diferentes dos meus, mas especialmente pela reexperiência de estados internos de outras pessoas. Dilthey considera isto um processo aditivo, onde uma vez que tenhamos revivido imaginariamente um outro estado, podemos utilizá-lo no futuro para reviver imaginariamente estados ainda mais diferentes.

Apesar de Dilthey restringir a hermenêutica à ciência da arte de compreender documentos escritos, como a escrita contém a expressão mais completa do espírito e da mente humanas, eu sugeri que a compreensão hermenêutica é um modelo para toda a compreensão nas ciências humanas. Não seria um passo muito exagerado usar a hermenêutica para nomear todos os casos de compreensão nas ciências humanas.

Ponto-chave

A vida ganha significado na experiência vivida com referência a uma preocupação da vida. Este significado é expressado numa manifestação da vida externa que outros seres humanos podem sentir. Na aculturação a criança aprende muitas conexões entre o significado interno e a manifestação externa associada. Estas conexões formam sua compreensão elementar. Os seres humanos podem expressar seu próprio estado interior e compreender o estado psíquico interno de outra pessoa através destas conexões compartilhadas (transposição). Formas mais altas de compreensão são mais complexas e requerem a reexperiência, usando os dois modos do meio e das modificações imaginárias de nossa própria vida interna.

Pontos-chave

1) Seguindo Schleiermacher, Dilthey define a hermenêutica como a ciência da compreensão de monumentos escritos, e sua tarefa hoje é

demonstrar como podemos obter uma compreensão objetivamente válida nas ciências humanas.

2) O projeto da vida de Dilthey é justificar a metodologia das ciências humanas, a compreensão, que é diferente do método das ciências naturais, a explicação.

3) Na aculturação a criança aprende várias conexões específicas entre o significado interno e as manifestações externas que permitem que ela compreenda os estados psíquicos de outras pessoas e expresse seus próprios estados para outras pessoas.

4) Formas mais altas de compreensão se baseiam nas elementares, e empregam nossa habilidade de modificarmos imaginariamente nossas próprias experiências vividas para reexperimentarmos o significado de outra pessoa.

5) A estrutura ordenada do espírito objetivo e do ser humano permitem que um intérprete compreenda culturas e pessoas estrangeiras.

3

A ontologia hermenêutica de Heidegger

Martin Heidegger

1889: nasce dia 26 de setembro em Messkirch, Alemanha.

1909: entra na Universidade de Freiburg, estudando teologia.

1913: recebe um doutorado em filosofia por "A doutrina do juízo no psicologismo".

1915: recebe habilitação (qualificação para o ensino) em filosofia por "A doutrina das categorias e da significação em Duns Scotus", orientado por Heinrich Rickert.

1919: leciona curso sobre "A ideia da filosofia e o problema das visões de mundo".

1922: escreve a introdução para um livro sobre Aristóteles, "Indicação da situação hermenêutica", para uma possível vaga de professor em Marburg, Alemanha.

1923: leciona curso sobre "Ontologia – hermenêutica da facticidade", e então aceita a vaga em Marburg.

1927: publica *Ser e tempo*.

1928: torna-se professor de filosofia na Universidade de Freiburg.

1933: torna-se reitor da universidade e filia-se ao Partido Nacional-socialista.

1934: renuncia à reitoria, mas permanece no Partido Nacional-socialista.

1936-1938: escreve *Contribuições à filosofia*.

1945-1946: é proibido de lecionar, depois de suas audiências de desnazificação.

1947: publica "A carta sobre o humanismo".

1951: volta a lecionar na universidade como professor emérito.

1959: publica *A caminho da linguagem*.

1975: morre dia 26 de maio em Freiburg, Alemanha.

Antes de discutirmos *Ser e tempo*, a obra que estabeleceu a reputação internacional de Martin Heidegger, será útil esboçarmos rapidamente o pano de fundo deste questionamento radicalmente novo. Ele entrou na Universidade de Freiburg para estudar teologia, antes de mudar para matemática e filosofia. Quando aluno, Heidegger leu muito; ele conhecia bem a hermenêutica e teologia de Schleiermacher e a filosofia de Dilthey. Entretanto, sua investigação principal foi sobre a ontologia da escolástica. Quando Edmund Husserl veio para Freiburg em 1916, Heidegger já estudara sua obra e logo começou a trabalhar com ele. Quando ele retornou do serviço militar no começo de 1919, Heidegger já pensara sua nova filosofia radical, que ele discutiu inicialmente em seu curso intitulado "A ideia da filosofia e o problema das visões de mundo". Em *A gênese de "Ser e tempo" de Heidegger*, Theodore Kisel escreve:

> o itinerário de derrubar o muro teórico de uma escolástica petrificada para um sentido mais experiencial da vida religiosa começara com o paradigma "católico" de desprendimento eckhartiano, mas foi mantido e levado à sua conclusão através das "percepções hermenêuticas estendidas à teoria da cognição histórica" que vieram do retorno, parecido, de Schleiermacher e Dilthey ao caráter imediato da experiência vivida [GH: 114-115].

Para enfatizar a nova posição de Heidegger, nós a compararemos com a fenomenologia de Husserl. A fenomenologia afirma que a filosofia precisa começar descrevendo cuidadosamente a experiência sem incorporar nenhuma pressuposição sobre o significado dessa experiência. A máxima de Husserl, "Para as coisas em si!" significa que a filosofia precisa voltar para uma descrição pura das coisas em si como elas são experimentadas. Seu exemplo famoso é andar ao redor de uma mesa. De cada posição, experimentamos apenas uma perspectiva particular da mesa. Nós nunca vemos a mesa inteira, ainda que na experiência tenhamos também consciência da mesa inteira. Para explicar este fenômeno, Husserl afirma que já que a cons-

Hermenêutica   **79**

ciência sempre é consciência de alguma coisa, e nós temos consciência da mesa inteira, esta percepção da mesa inteira precisa ser um ato da consciência em si mesma. Em termos técnicos, Husserl afirma que num ato intencional a consciência propõe a mesa inteira para si mesma como o objeto intencional. O objeto intencional pode então ser confirmado ou refutado por experiências posteriores. Além de objetos físicos, os conceitos ou significados também são objetos intencionais. O eu transcendental, enquanto consciência, intenciona os objetos da consciência.

Em seu curso de 1919, Heidegger discute um exemplo da descrição fenomenológica. Na seção 14, ele descreve sua experiência de entrar na sala de aula e olhar para o atril. Na experiência dele, ele não vê as superfícies marrons que se encontram em ângulos retos, nem uma caixa pequena sobre uma caixa maior, mas sim, de uma vez só, o atril. O atril não é um significado que foi adicionado aos dados sensoriais de superfícies marrons, como os empiristas afirmariam. E ele também não tem a experiência de intencionar o atril como um todo enquanto olha apenas para uma perspectiva dele, como Husserl afirmaria. O atril é visto todo de uma vez, e em contexto. Ele está alto demais, e há um livro nele que interfere. Assim, o atril é experimentado a partir de uma orientação particular, com uma elucidação particular e a partir de um pano de fundo particular. É importante notar que aquilo que é experimentado já tem um significado particular num contexto significativo. Implicitamente, Heidegger acusa Husserl de pressupor a dualidade sujeito-objeto da filosofia moderna, onde o eu, enquanto sujeito, é confrontado por objetos externos. Apesar de Heidegger não mencionar Dilthey pelo nome, a palavra que ele usa para experiência, "experiência vivida", é a mesma de Dilthey e sua descrição também é semelhante. Como vimos, Dilthey afirmava que uma experiência vivida é uma unidade de significado retirada do fluxo da vida e orientada para alguma preocupação. Para indicar a ausência da dualidade sujeito-objeto nesta experiência, Heidegger usa o pronome indefinido e afirma que "munda"[1] (*es weltet*) e "há" (*es gibt*, literalmente, "dá"). Diferente de Dilthey, estas expressões enfatizam que o sujeito não liga o significado a um objeto experimentado, mas sim que o significado já está lá, assim que o suposto objeto está presente. Os objetos não passam na frente do sujeito que os apreende, mas há um evento ou acontecimento onde o "objeto" significativo aparece num contexto de significado orientado pelas preocupações do "sujeito". No exemplo de Heidegger, o atril está alto demais para ele. Heidegger era bastante baixo, e provavelmente o professor anterior era mais alto e ajustara o atril para a sua altura. Por isso, aquilo que é novo e radical na filosofia de Heidegger é que a descrição fenomenológica precisa começar descrevendo esta experiência vivida de "munda". Ele introduz o termo "facticidade" para denotar este sentido da experiência.

A hermenêutica da facticidade

No semestre de verão de 1923, Heidegger lecionou um curso chamado "Ontologia – a hermenêutica da facticidade", que foi assistido por Gadamer, que discutiremos depois. Neste curso, Heidegger delineia claramente o papel que a hermenêutica terá em sua filosofia que se desenvolvia, que culminará em *Ser e tempo*. A ontologia é o estudo do ser, mas ela precisa ser entendida aqui, segundo Heidegger, como "uma diretiva indefinida e vaga" no sentido que "o ser deve, de alguma forma temática, ser investigado e chegar à linguagem" [HF: 1]. Há dois problemas com o conceito filosófico moderno de ontologia. Primeiro, ele pressupõe que o significado do ser será determinado apenas examinando objetos objetivos, e não trata de outras formas possíveis que os seres podem ser. Segundo, por causa deste primeiro problema, a ontologia moderna nem sequer trata do ser dos seres humanos, que é decisivo para a filosofia e a ontologia. Já que

---

1. Como se houvesse um verbo "mundar", derivado do substantivo "mundo", conjugado como "chover", em português: "chove", "munda" [N.T.].

"ontologia" pode ser enganoso, continua Heidegger, o título do curso deveria ser "A hermenêutica da facticidade" [HF: 3].

A facticidade significa o modo particular do ser de *Dasein*. Explicaremos primeiro *Dasein*, e depois a facticidade. *Dasein* é composto por *"da"*, que significa "aí", e *"sein"*, que significa "ser"; assim, *"Dasein"* significa literalmente "ser aí"[2]. Em alemão, *"Dasein"* pode significar ser humano, apesar de não ser a palavra comum para ser humano (*Mensch*). Heidegger prefere *"Dasein"* a *"Mensch"* para evitar conotações metafísicas inapropriadas associadas com "ser humano" e porque, como veremos, o modo de ser dos seres humanos é ser no aí, quer dizer, no mundo. *Dasein* é "'nosso' 'próprio' *Dasein*" [HF: 5]. Heidegger usa aspas para indicar que os termos podem ser enganosos, especialmente se pensarmos no uso filosófico comum. Todos nós temos o modo de ser que é *Dasein*, e este modo de ser é próprio a mim, mas não no sentido de que eu sou outra coisa, uma substância ou sujeito, que tem o modo de ser de *Dasein*. Eu também não sou um indivíduo visto de fora. "'Nosso próprio' é, em vez disso, um como do ser, uma indicação que aponta para um caminho possível de ser-desperto" [HF: 5]. O como do ser é nosso modo de viver. Ele pode ser desperto no sentido de estar consciente deste modo de ser, ou ele pode não percebê-lo, como se dormíssemos pela vida. Heidegger critica o conceito contemporâneo de ser humano. O problema com a definição filosófica do homem como um ser vivo dotado de razão é que ela compreende erroneamente o termo grego *logos* como se significasse "razão", e não "discurso". *Dasein* "inicialmente não contém nada das ideias de 'ego', pessoa, polo do eu, centro dos atos. Mesmo o conceito do eu, quando empregado aqui, não deve ser considerado como algo que tem sua origem num 'ego'!" [HF: 24].

---

2. Há uma complicação adicional em português, pois *sein* pode ser traduzido por "ser" ou por "estar", dependendo do contexto. O leitor deve ter em mente que, apesar do texto usar "ser" ou "estar" em situações variadas, o conceito em si abrange os dois termos [N.T.].

Passando para o conceito de facticidade, Heidegger escreve: "Mais precisamente, esta expressão significa: *em cada caso* 'este' *Dasein*, em seu estar-aí *por um período na época particular* [...] enquanto ele estiver, no caráter de seu ser, '*aí*' *na forma de estar-estando*" [HF: 5]. "Por um período na época particular" significa simplesmente que eu vivo, enquanto *Dasein*, por uma certa quantidade de tempo dentro de um período histórico particular. Heidegger nota que estar aí por um período também implica que eu não posso fugir, e estou em casa no aí em algum sentido. "Estar aí na forma de estar-estando", afirma Heidegger, significa especificamente não estar aí no modo de ser de um objeto (o erro da ontologia tradicional). Esta frase significa *como* estamos vivendo ou sendo aí. Ou seja, a forma que *Dasein* é, é uma vivência ativa da vida. O fático significa a articulação de nosso modo de ser *Dasein* e, como tal, pertence à facticidade. "Se nós consideramos que a 'vida' é um modo do 'ser', então a 'vida fática' significa: nosso próprio *Dasein* que está 'aí' para nós em uma expressão qualquer do caráter de seu ser, e esta expressão também está na forma de ser" [HF: 5]. Isto é, nossa forma de ser no estar aí por um tempo, nossa facticidade, inclui uma expressão, articulação ou compreensão de nossa própria forma de ser. Isto é importante porque significa que neste nível mais básico nossa forma de ser inclui uma compreensão de nossa própria maneira de ser.

Hermenêutica e fenomenologia

O que significa "hermenêutica" no título "Hermenêutica da facticidade"? Heidegger começa traçando o desenvolvimento do termo para superar seu significado contemporâneo e voltar a seu significado original, que é então discutido em relação à facticidade. A palavra grega "*hermeneutike*" (hermenêutica) é formada a partir das palavras gregas que significam interpretar, interpretação e intérprete. Sua etimologia é obscura, apesar de acreditarmos que ela esteja relacionada ao deus mensageiro, Hermes. No *Íon*, Platão descreve os poetas como intérpretes dos deuses, e os rapsodos como os intérpretes dos intérpretes. Heidegger prefere traduzir a palavra grega, normalmente traduzida por "intérprete", como "arauto", aquele "que comunica, anuncia e faz conhecer" [HF: 6]. No *Teeteto* a hermenêutica é associada com *logos*, significando discurso, e assim a hermenêutica comunica não apenas o aspecto teórico, mas também outros aspectos do ser humano. Portanto, "a hermenêutica é o anúncio e o fazer conhecer do ser de um ser em seu ser em relação a [...] (mim)" [HF: 7]. De acordo com Heidegger, Aristóteles conecta a hermenêutica à conversação, "o modo fático de atualizar *logos*" e a linguagem é "fazer conhecer algo através de palavras" [HF: 7]. A obra de Aristóteles é corretamente intitulada *Da interpretação* (*peri hermeneias*), pois ela trata do discurso, que "torna algo acessível como estando lá fora" [HF: 8]. Além disso, a hermenêutica trata da verdade daquilo que é dito: "*aletheuein* [ser-verdadeiro] (tornar aquilo que estava encoberto, escondido, disponível, exposto, lá fora)" [HF: 7].

Apesar de Heidegger não discutir este conceito de verdade (hermenêutica) aqui, podemos notar que a verdade trata de trazer aquilo que estava previamente escondido para a abertura do aí de *Dasein*, não mais escondido. Por exemplo, quando Heidegger entra na sala de aula ele percebe em algum momento que o atril foi ajustado alto demais e pode dizer para si mesmo: "alto demais de novo!" No começo o atril permanece encoberto; a atenção dele talvez esteja focada na porta, ou numa olhadela para os alunos. Como já notamos, a reivindicação nova e radical de Heidegger é que o significado, ou o não encoberto como verdade, é encontrado na própria experiência vivida. O atril é experimentado, ou desencoberto, como estando alto demais para ele. Este sentido de verdade é bem diferente da teoria da verdade por correspondência tradicional. Uma formulação empirista dela afirmaria que os dados sensoriais do objeto, o atril, são recebidos pela mente do sujeito, que os coordena para formar o objeto percebido. O sujeito então julga, baseado nesta informação, que o atril foi ajustado alto demais. A verdade significa a correspondência entre o juízo e o objeto real. O que importa para Heidegger é que o significado ou verdade como desencobrimento ocorre na própria experiência vivida, ou é parte de sua constituição, e não um juízo posterior de um sujeito sobre um objeto já experimentado.

Heidegger continua a discussão da hermenêutica afirmando que o conceito de hermenêutica muda lentamente depois dos gregos. Schleiermacher "reduz" [HF: 10] a hermenêutica a uma arte ou técnica de compreensão, diminuindo sua ligação com a vida que ainda estava presente em Agostinho. A hermenêutica universal dele é uma metodologia formal que abrange a hermenêutica teológica e filológica. Dilthey segue Schleiermacher e define a hermenêutica como as regras para a compreensão de documentos escritos, apoiada por sua análise da compreensão. Dilthey, como vimos, entendia a história da hermenêutica como direcionada para uma metodologia que poderia garantir proposições válidas universalmente, em paralelo ao desenvolvimento do método científico. Heidegger, entretanto, entende a história da hermenêutica como um afastamento do significado verdadeiro e original da hermenêutica. A posição de Dilthey é uma "limitação desastrosa", pois ele ignorou "a Patrística e Lutero" [HF: 11], quando a hermenêutica ainda se preocupava com o ser humano inteiro em relação a Deus.

Consequentemente, o significado da hermenêutica na hermenêutica da facticidade não indica o sentido moderno de uma "doutrina sobre a interpretação", e sim uma "autointerpretação da facticidade", onde "a facticidade está sendo encontrada, vista, compreendida e expressada em conceitos" [HF: 11]. A hermenêutica é usada, continua Heidegger, para trazer à mostra vários aspectos da facticidade. Da perspectiva do suposto objeto, ela indica que este "objeto" é capaz de interpretação, e precisa dela, e também que ele existe "em algum estado de ter-sido-interpretado" [HF: 11], como vimos no exemplo do atril. A tarefa da hermenêutica é interpretar *Dasein* para si mesmo. "Na hermenêutica, o que se desenvolve para *Dasein* é uma possibilidade de seu vir-a-ser e ser-em-si-mesmo na forma de uma *compreensão* de si mesmo" [HF: 11]. Isto é hermenêutica no sentido grego: o modo de ser de um ser (*Dasein*) é anunciado e feito a conhecer (para esse *Dasein*); é uma realização de *logos* na linguagem; e descobre algo que havia sido coberto (a tradição ontológica encobria o modo de ser real de *Dasein*). Numa hermenêutica da facticidade, *Dasein* tem a possibilidade de se compreender. A compreensão não é mais uma relação com a vida de outra pessoa (Dilthey), nem a intencionalidade como constituição (Husserl), mas "um *como do próprio Dasein*" [HF: 12]. Tal interpretação não envolve uma relação sujeito/objeto, como se um *Dasein*, o sujeito, estivesse oposto a outro *Dasein*, o objeto, e registrasse objetivamente suas descobertas. O "*como de Dasein*" implica que a interpretação é parte de seu modo de ser.

A investigação posterior da facticidade precisa esclarecer "*de que forma* e *quando*" [HF: 12] esta autointerpretação ocorre na vida de *Dasein*. Já que a interpretação é um modo de seu ser, ela é uma das possibilidades de *Dasein*. Seu objetivo é o "*despertar* radical de *Dasein* para si mesmo" [HF: 12], ou seja, ela busca descobrir uma autocompreensão clara. A hermenêutica, neste sentido, "é ontológica, fatual e temporalmente anterior a todas as realizações nas ciências" [HF: 12]. Ela é ontologicamente anterior porque precisamos primeiro compreender as formas possíveis que *Dasein* pode ser antes de podermos descobrir como *Dasein* compreende objetos no mundo, ou seja, a ciência. Ela é fatual e temporalmente anterior porque, ao viver, já nos interpretamos de alguma forma, e esta autointerpretação é a base a partir da qual podemos começar a interpretar os fatos do mundo. A "*existência*" nomeia o modo especial que *Dasein* é, "a possibilidade mais própria de ser a si mesmo" [HF: 12]. Portanto, os conceitos interpretativos "que crescem a partir desta interpretação devem ser designados como *existenciais*" [HF: 12]. Estes existenciais não são esquemas, nem adições posteriores, e sim possibilidades do ser, formas diferentes de como *Dasein* existe. Eles são descobertos na análise do ser fatual de *Dasein*.

O fato de *Dasein* ser um ser-possível significa que *Dasein* tem escolhas a fazer, diferentes formas possíveis de poder ser. Em sua vida fatual, *Dasein* se modifica "a partir da situação em relação a, baseado em, e olhando para qual questionamento hermenêutico está operando no caso particular" [HF: 13]. Numa situação concreta, eu me modifico ao escolher uma possibilidade aberta de ser baseado em minha interpretação de minha situação, ou seja, eu escolho agir de uma forma ou de outra baseado na minha autocompreensão atual. "A interpretação começa no 'hoje'" (HF: 14] e para nós (agora) isso é uma compreensão cotidiana média incorporada pelo eles (*das Man*). "O eles" não significa alguma pessoa em particular, e sim a opinião pública reinante. A hermenêutica começa "a partir de uma experiência fundamental, e aqui isto significa um despertar filosófico, no qual *Dasein* está se encontrando [...] Quanto mais conseguirmos trazer hermeneuticamente a facticidade para nosso alcance, e em conceitos, mais transparente esta possibilidade [o autoencontro de *Dasein*] se torna" [HF: 14]. Assim, a hermenêutica da facticidade significa a autocompreensão interpretativa de *Dasein* que ele tem de si mesmo na vida fática. Esta interpretação precisa começar com *Dasein* em sua qualidade cotidiana como o eles, ou seja, a opinião reinante, se compreende. Esta interpretação inicial e os conceitos interpretativos (indicações formais) precisam ter o objetivo de revelar *Dasein* para si mesmo.

O método através do qual ganhamos acesso a *Dasein* sem pressuposições é a fenomenologia. Entretanto, como a hermenêutica, o conceito de fenomenologia também foi corrompido na tradição filosófica. Heidegger volta ao conceito grego. "Fenômeno", em grego, vem de uma palavra que significa se mostrar. Assim, fenômeno significa "estar-presente como um objeto a partir de si mesmo" [HF: 53]. Entretanto, na história da ciência este sentido de fenômeno é limitado à forma pela qual os seres físicos se mostram. Os neokantianos aplicaram a compreensão científica dos fenômenos para as ciências humanas. "Ao formular sua teoria das ciências humanas como uma 'crítica da razão histórica', mesmo Dilthey, que originalmente veio da história e da teologia, baseou-se conspicuamente nesta abordagem kantiana" [HF: 54]. Opondo-se a esta tradição, Husserl desenvolveu o conceito de intencionalidade "de forma a fornecer linhas gerais estabelecidas mais firmemente para a investigação da experiência e dos contextos da experiência" [HF: 55]. Entretanto, "para Husserl, um ideal definido da ciência estava prescrito na *matemática* e nas ciências naturais matemáticas" [HF: 56]. Esta é a crítica maldisfarçada de Heidegger a Husserl já que, de acordo com Heidegger, o modelo matemático enviesa a investigação para uma direção particular. "Devemos abordar uma disciplina científica não como um sistema de proposições e as bases para justificá-las, mas sim como algo em que *Dasein* fático se enfrenta e se explica criticamente" [HF: 56]. O método fenomenológico realmente oferece um acesso apropriado à investigação, mas precisamos primeiro investigar *Dasein* em sua facticidade antes de passarmos para outros domínios como a matemática.

A fenomenologia deve ser compreendida como o "como específico da pesquisa" [HF: 58]. O objetivo é abordar os objetos da investigação "como eles se mostram em si mesmos" [HF: 58]. Entretanto, nós encontramos um objeto pela forma que nos é familiar, e isto normalmente é resultado da tradição. Como uma tradição pode preservar uma compreensão imprecisa, é necessário uma "crítica histórica fundamental, [e] isto significa: um regresso à filosofia grega, a Aristóteles, para ver como caímos para longe de uma certa dimensão original que foi encoberta e para ver que estamos situados nesta *queda para longe*" [HF: 59]. Esta dimensão original, o modo

88 Pensamento Moderno

de descoberta de acesso a objetos, permitia que eles se apresentassem em si mesmos. Entretanto, este modo de acesso grego precisa ser modificado para funcionar na situação histórica contemporânea, porque hoje somos afetados pela tradição da metafísica. Se o modo de ser do objeto sob investigação é um "se-encobrir" [HF: 60], então ele precisa ser descoberto. "A tarefa envolvida – transformá-lo num fenômeno – se tornaria fenomenológica num sentido radical" [HF: 60]. A hermenêutica da facticidade como a compreensão interpretativa da facticidade precisa começar com *Dasein* como ele se compreende hoje. Entretanto, hoje a autocompreensão de *Dasein* encobre seu modo real de ser. "Precisamos nos afastar do assunto dado inicialmente para voltarmos àquele em que ele se baseia" [HF: 58]. Isto é realizado através do conceito de indicação formal de Heidegger, que ele liga à fenomenologia.

Uma indicação formal é um conceito ou estrutura que está entre o fluxo temporal da vida e um conceito ou estrutura justificada. Ele serve para indicar uma direção preliminar de investigação que pode ser seguida. "Uma *indicação formal* sempre é malcompreendida quando é tratada como uma proposição universal fixa e usada para fazer deduções, ou fantasias, numa forma dialética construtivista" [HF: 62]. Em vez disso, uma indicação formal aponta uma direção que a investigação posterior pode tomar. "Tudo depende de nossa compreensão ser guiada para longe do conteúdo indefinido e vago, mas ainda inteligível, da indicação para o caminho certo do olhar" [HF: 62]. Em outras palavras, aquilo que é apresentado inicialmente para a explicação hermenêutica requer uma análise posterior para descobrir a estrutura ou conceito real que permite que aquilo que é apresentado inicialmente esteja lá. Aquilo que é apresentado inicialmente para uma elucidação posterior é chamado de "ter-prévio". "O ter-prévio em que *Dasein* (em cada caso nosso próprio *Dasein* em seu estar-aí por um momento no tempo particular) está para esta investigação pode ser expresso numa indicação formal: *o es-*

Hermenêutica **89**

tar-aí de Dasein (vida fática) é ser num mundo" [HF: 62]. Ser num mundo indica de modo formal o jeito de ser de *Dasein*, mas este ser num mundo ainda não é compreendido apropriadamente e requer interpretação hermenêutica. Nas próximas seções examinaremos a descrição que Heidegger desenvolve do ser num mundo de *Dasein* em seu livro divisor de águas, *Ser e tempo*.

> ### Ponto-chave
> A nova percepção de Heidegger é que a filosofia precisa começar com uma descrição fenomenológica de nossa experiência real. Na experiência descobrimos que as coisas aparecem todas ao mesmo tempo, dentro de um contexto e com um significado em relação à nossa própria situação: o exemplo do atril. Heidegger chama o ser humano de "*Dasein*" para evitar conotações metafísicas tradicionais e para enfatizar que seu modo de ser não é o modo de ser de um objeto. A facticidade nomeia nosso modo de ser único. A hermenêutica significa o anúncio e o fazer conhecer na linguagem do ser de um ser (*Dasein*) em seu ser. Portanto, a hermenêutica da facticidade é a autocompreensão de *Dasein* de sua própria forma de ser: a existência. Os existenciais são os conceitos interpretativos descobertos na hermenêutica da facticidade. A fenomenologia é o método correto para termos acesso apropriado para descrever *Dasein* em sua vida fática. Como *Dasein* existe em seu caráter cotidiano médio, que encobriu sua forma verdadeira de ser, a análise hermenêutica precisa descobrir este modo de ser. Para realizar isto, os elementos estruturais da descoberta de *Dasein* no caráter cotidiano precisam ser aceitos provisoriamente como indicações formais. Estas indicações formais orientam a investigação hermenêutica na direção do verdadeiro modo de ser de *Dasein*. A indicação formal da vida fática de *Dasein* é ser num mundo.

A análise hermenêutica em *Ser e tempo*

Ser e tempo solidificou a posição de Heidegger como um dos filósofos mais influentes do século XX. Publicado em abril de 1927, *Ser e tempo* apresenta sistematicamente a nova forma de abordagem da filosofia de Heidegger e é a análise final da hermenêutica da facticidade. Nossa análise da hermenêutica na filosofia contemporânea se concentrará em três aspectos desta obra. Primeiro, trataremos da introdução de Heidegger, onde ele discute a questão do significado do ser, a metodologia que será utilizada para responder essa pergunta, ou seja, a fenomenologia, e a abordagem inicial a esta pergunta através de uma interpretação de *Dasein*, ou seja, a hermenêutica. Segundo, examinaremos como as coisas se mostram a partir de si mesmas na experiência de *Dasein*. Terceiro, analisaremos como *Dasein* compreende corretamente, já que isto influencia o desenvolvimento posterior da hermenêutica na filosofia contemporânea.

Heidegger começa *Ser e tempo* justificando por que a pergunta ontológica sobre o significado do ser precisa ser feita novamente. Três preconceitos encobriram a necessidade de perguntarmos sobre o significado do ser. Primeiro, alguns acreditam que "'ser' é o conceito mais 'universal'" [SZ: 3]. Como tudo que é, é, o termo é o mais universal e assim é compreendido. Segundo, outros afirmam que "o conceito de 'ser' é indefinível" [SZ: 4]. Como ser é o termo mais universal, ele não pode ser definido usando alguma outra categoria maior através de uma diferenciação, como, por exemplo, seres humanos são definidos como animais racionais. Ele também não pode ser definido usando atributos do ser, pois isto definiria apenas um subconjunto de seres. Terceiro, afirma-se que "'ser' é o conceito evidente por si mesmo" [SZ: 4]. Nós usamos o verbo "ser" o tempo todo, e se ele não fosse evidente por si mesmo, então não saberíamos do que falamos. A estes preconceitos, Heidegger responde que ser o conceito mais universal indica na verdade sua obscuridade, ser indefinível indica que o "'ser' não é um ente" [SZ: 4] e que por isso precisamos perguntar sobre o seu significado, e, finalmente, ser evidente por si mesmo indica que nós já compreendemos o ser de uma forma particular que pode ser incorreta, e por isso precisamos perguntar o que realmente significa ser.

Obter o acesso apropriado à questão sobre o significado do ser requer que identifiquemos um ser particular que seja capaz de nos dar um acesso não enviesado para a investigação. Felizmente, "olhar, compreender e entender, escolher e aceder" são modos de ser "*daquele* ser que nós mesmos, investigadores, somos em cada caso" [SZ: 7], que, como notamos, Heidegger chama de *Dasein*. Nosso questionamento pode prosseguir, já que um de nossos modos de ser é questionar. "A formulação explícita e lúcida da questão do significado do ser requer uma explicação anterior apropriada de um ser (*Dasein*) em relação ao seu ser" [SZ: 7]. Assim, antes de podermos fazer a pergunta geral do significado do ser, precisamos investigar o ser do próprio *Dasein* que fará a pergunta sobre o significado de ser em geral.

Heidegger separa os níveis ontológicos e ônticos do ser. A ontologia significa o corpo de conhecimento organizado sobre as formas diferentes que as entidades são, enquanto "ôntico" se refere às formas reais que seres individuais são. Por exemplo, uma característica ontológica de todos os seres humanos é ter emoções. O fato de eu sentir medo agora é uma exemplificação ôntica da característica ontológica de ter emoções. Como o modo de ser de *Dasein* é diferente de outras entidades, Heidegger define seu modo de ser como a existência. A existência significa "o próprio ser ao qual *Dasein* pode se relacionar de uma forma ou de outra, e que de algum modo sempre se relaciona" [SZ: 12]. *Dasein* se relaciona a seu próprio ser, por isso a existência nomeia este modo de ser de *Dasein*, seu ser preocupado com seu próprio ser, em oposição aos modos de ser de outras entidades que não se preocupam com a questão do ser. A compreensão existencial se refere ao reconhecimento das estruturas diferentes da existência, chamadas de existenciais. A existencialidade nomeia "a coerência destas estruturas" [SZ: 12]. Heidegger cria a palavra *existentiell* para rotular a exemplificação ôntica dos existenciais. A compreensão *existentiell* se refere à forma particular pela qual cada *Dasein* se compreende em seu modo real de ser, ou seja, nas escolhas que ele faz em relação às formas possíveis que ele poderia ser. Por exemplo, o fato de eu estar lendo Heidegger e tentando compreendê-lo seria uma compreensão *existentiell* de meu modo real, ôntico de ser. O fato de que todos os seres humanos compreendem de alguma forma ou outra seria um existencial. *Dasein* não apenas se compreende, mas também compreende outras coisas e outros seres humanos. Como qualquer teoria ontológica se origina na compreensão de *Dasein*, precisamos primeiro compreender *Dasein* em sua forma de ser. "Assim, a *ontologia fundamental*, e é apenas dela que todas as outras ontologias podem se originar, precisa ser procurada na *análise existencial de* Dasein" [SZ: 13]. Em outras palavras, antes de podermos desenvolver uma ontologia que responda à pergunta do significado do ser em geral, precisamos investigar as estruturas do ser de *Dasein*: os existenciais. Heidegger chama esta investigação conduzida em *Ser e tempo* de ontologia fundamental.

Depois de justificar a recolocação da pergunta sobre o significado do ser e demonstrar que precisamos antes compreender o modo de ser de *Dasein*, Heidegger passa para o método de análise da ontologia fundamental, para garantir o acesso correto aos modos de ser de *Dasein*. O problema é que *Dasein* em grande parte se compreendeu erroneamente enquanto ser no modo de ser um objeto. Por isso, o acesso apropriado ao modo de ser de *Dasein* deve ocorrer "de forma que este ser possa se mostrar para si mesmo em seus próprios termos" [SZ: 16]. O acesso apropriado ao significado do ser de *Dasein* deve vir das próprias coisas, e não das pressuposições do investigador. O lema fenomenológico "Para as coisas em si!" não implica aceitar "construções que flutuam livremente e descobertas acidentais" [SZ: 28]; e também não aceita conceitos aparentemente demonstrados ou pseudoperguntas da tradição. Para descobrir o sentido apropriado da fenomenologia, Heidegger volta mais uma vez para as raízes gregas das duas palavras que constituem a fenomenologia: "fenômeno" e "*logos*". Ele volta para o grego para evitar conotações que possam ter sido adicionadas aos termos desde então e para expor seu significado original. "Fenômeno" originalmente significa *"aquilo que se mostra em si mesmo,* aquilo que é manifesto" [SZ: 28].

O conceito de *logos* é particularmente difícil porque a tradição filosófica usou várias traduções impróprias, especialmente quando o compreende como "razão". Seu significado central é a fala, mas num sentido particular. *"Logos* enquanto discurso significa na verdade *deloun,* tornar manifesto na fala 'aquilo sobre o que estamos falando'" [SZ: 32]. Heidegger descobre que a discussão de Aristóteles da fala como *apophainesthai* (ou seja, a fala que nos permite ver de si mesmo aquilo sobre o que falamos) esclarece este sentido de *logos* como fala. *Logos,* neste sentido, também está ligado com os conceitos de verdadeiro ou falso, não no sentido de correspondência, mas no sentido de *alētheia,* descobrimento.

> Este "ser verdadeiro" de *logos* como *aletheuein* [ser verdadeiro] significa: tomar as coisas que estão sendo faladas em *legein* [discursando] como *apophainesthai* [deixando ser vistas a partir de si mesmas] fora de seu encobrimento; deixá-las ser vistas como algo desencoberto (*alethes* [verdadeiro]); descobri-las [SZ: 33].

Juntando estes dois sentidos, Heidegger define a fenomenologia como "deixar o que se mostra ser visto a partir de si mesmo, no momento em que ele se mostra a partir de si mesmo" [SZ: 34]. É isto que "Para as coisas em si!" significa. Como o ser das entidades geralmente é escondido ou encoberto, ou se mostra apenas em uma forma distorcida, o significado do ser precisa ser descoberto ou revelado. Assim, Heidegger conclui: *"A ontologia só é possível como fenomenologia"* [SZ: 35].

Como vimos acima, a investigação sobre o significado do ser em geral deve ser precedida por uma análise dos modos de ser de *Dasein,* ou seja, a ontologia fundamental. "A partir da própria investigação nós veremos que o significado metodológico da descrição fenomenológica é a *interpretação*" [SZ: 37]. A investigação fenomenológica de *Dasein* é uma interpretação de sua própria compreensão de seu modo de ser para revelar seus existenciais, as estruturas básicas de seu modo de ser. "A fenomenologia de *Dasein* é a *hermenêutica* no significado original dessa palavra, que designa o trabalho da interpretação" [SZ: 37]. O primeiro significado de hermenêutica é o trabalho da interpretação, e é como a hermenêutica de Schleiermacher. Por causa da prioridade de *Dasein*, ou seja, que sua autocompreensão é a precondição para qualquer outra ontologia, "a hermenêutica atual é ao mesmo tempo 'hermenêutica' no sentido que ela detalha as condições da possibilidade de toda investigação ontológica" [SZ: 37]. Este é o segundo sentido de hermenêutica. Entretanto, já que o modo de ser de *Dasein* é a existência, "a hermenêutica enquanto a interpretação do ser de *Dasein* recebe um terceiro significado específico e, entendido filosoficamente, primário – uma análise da existencialidade da existência" [SZ: 38]. Em outras palavras, a hermenêutica em seu significado primário é a compreensão interpretativa, incluindo a demonstração e a explicação, da coerência das estruturas – os existenciais – do modo de ser de *Dasein*, ou seja, a existência. O projeto de Heidegger em *Ser e tempo* é, então, uma ontologia hermenêutica.

Com referência ao desenvolvimento do conceito de hermenêutica, descobrimos que Schleiermacher une as várias hermenêuticas específicas numa hermenêutica universal que é a arte de compreender corretamente o que outra pessoa expressou na linguagem. Apesar de Dilthey tender a reservar o termo "hermenêutica" para a ciência da interpretação de documentos escritos, sua nova tarefa é preservar a validade universal na interpretação histórica. Além disso, como a hermenêutica é o modelo para compreender corretamente as manifestações da vida em sua forma mais completa, na linguagem, a hermenêutica podia ser compreendida como o modelo para a compreensão nas ciências humanas. Com Heidegger, a hermenêutica em seu sentido primário é a análise da existencialidade da existência e, como tal, uma precondição para responder a pergunta filosófica sobre o significado do ser.

> **Ponto-chave**
> Os filósofos acham que sabem qual é o significado do ser, mas não sabem. Por isso a pergunta sobre o significado do ser precisa ser feita novamente. Nós podemos nos fazer esta pergunta porque o questionamento pertence ao modo de ser de *Dasein*. Entretanto, antes de podermos perguntar sobre o significado do ser em geral, precisamos investigar o modo de ser de *Dasein* numa ontologia fundamental. A fenomenologia é o método apropriado de investigação porque ela tenta evitar pressuposições tradicionais e volta para as coisas em si. A fenomenologia significa "deixar o que se mostra ser visto" [SZ: 34]. A investigação fenomenológica do ser de *Dasein* é a hermenêutica, uma compreensão interpretativa da existencialidade da existência.

O ser-no-mundo de Dasein

A hermenêutica é a compreensão interpretativa das estruturas, os existenciais, do modo de ser de *Dasein*. Um desses existenciais é a própria compreensão. Antes de entrar numa discussão da compreensão como um existencial de *Dasein*, é preciso indicar, muito rapidamente, o que a hermenêutica descobriu sobre a existência de *Dasein* antes do exame da compreensão. Isto é importante para a discussão geral da hermenêutica porque nesta discussão Heidegger elabora sua nova teoria do significado.

A existência é o ser de *Dasein* ao qual ele sempre se relaciona. Por isso a hermenêutica, enquanto ontologia fundamental, descobre o fato de que este ser ao qual eu sempre me relaciono está "sempre-sendo-meu-próprio-ser" [SZ: 42]. Além disso, *Dasein* tem escolhas a fazer sobre como ele será. "Ele *é* suas possibilidades" [SZ: 42]. *Dasein* não existe como uma coisa ou objeto, como objetivamente presente, para poder ser definido em termos de categorias; em vez disso, as estruturas dos modos de ser possíveis de *Dasein* são chamadas de existenciais. Por causa de suas possibilidades de ser e de sua autocompreensão, *Dasein* pode escolher e se vencer (autenticidade), ou ele pode ainda não ter se encontrado ou se perder (inautenticidade) [SZ: 42-43]. *Dasein* normalmente se compreende inautenticamente no estado da cotidianidade ordinária. Ou seja, nós não nos compreendemos hermeneuticamente, e sim aceitamos o que a tradição nos disse.

Heidegger nota que Dilthey começa da vida como um todo e tenta compreendê-la através das experiências da vida em suas interconexões estruturais e de desenvolvimento. Ele estava "no caminho para a pergunta da 'vida'" [SZ: 47] e, desta forma, trabalhando na direção que Heidegger toma. Entretanto, Heidegger afirma que Dilthey estava limitado por seus conceitos e foco.

Nós vimos que a fenomenologia é a forma de ganhar um acesso sem preconceitos à investigação, já que ela significa "deixar o que se mostra ser visto a partir de si mesmo, no momento em que ele se mostra a partir de si mesmo" [SZ: 34]. Nós também vimos que precisamos começar com um exame de *Dasein* em sua vida fática, ou seja, uma hermenêutica da facticidade. O que se revela a partir de si mesmo é que o modo básico de ser de *Dasein* é "ser-no-mundo" [SZ: 53]. *Dasein* está no mundo não como uma moeda está numa caixa, mas em como eu vivo em minha casa mesmo quando estou fora dela. "No" significa um habitar numa área, ter familiaridade com ela. *Dasein* tem familiaridade com seu mundo onde vive. Heidegger identifica quatro significados para "mundo". A concepção ôntica normal do mundo é a totalidade dos seres objetivamente presentes no mundo, ou seja, o conjunto de todas as coisas. A concepção ontológica normal significa os modos de ser de todas aquelas coisas presentes na concepção ôntica, ou seja, todas as formas que as coisas são no mundo. Poderíamos pensar aqui nas categorias de Aristóteles. Em referência a *Dasein*, o mundo também pode ser compreendido numa forma *existentiell*, pré-ontológica, como o conjunto de coisas como elas são encontradas por *Dasein* em sua vida cotidiana, o que será explicado a seguir. Finalmente, o mundo pode ser compreendido ontologicamente como mundanidade [*worldliness*], que é o sentido ontológico do significado *existentiell*, e é o que Heidegger deseja esclarecer.

A primeira pergunta a examinar é como as coisas se mostram a partir de si mesmas para *Dasein* em seu ser-no-mundo. Poderíamos pensar que as coisas do mundo são objetos. É isso que nos dizem. Talvez alguns digam que os objetos reais são os da ciência natural. Em ambos os casos precisamos nos preocupar porque estamos importando ideias de nossa tradição, e não deixando as coisas se mostrarem a partir de si mesmas. Heidegger afirma que aquilo que descobrimos mais originalmente é que estamos envolvidos com coisas em nossa vida cotidiana em várias situações pragmáticas. "Nós chamaremos os seres encontrados durante o cuidado de *coisas úteis*" [SZ: 68]. Heidegger afirma que as coisas do mundo se mostram para *Dasein* primeiro como coisas úteis. De fato, continua ele, não há uma coisa útil isolada encontrada, pois nós encontramos uma totalidade de coisas úteis, e cada uma delas tem o seu "para" particular [SZ: 68]. Como sua escolha de *Dasein*, Heidegger usa a expressão cotidiana "para" para se referir neutramente àquilo que chamaríamos de as relações significativas entre as várias coisas úteis e como nós as usamos de forma a poder evitar as conotações metafísicas normais associadas com estes termos. Este "para" tem a estrutura de "uma referência de alguma coisa para alguma coisa" [SZ: 68]. O exemplo de Heidegger é martelar com um martelo. O martelo é encontrado na oficina com referência a outras coisas úteis, como pregos e tábuas. O "para" do martelo é martelar, por exemplo, martelar pregos nas tábuas para construir uma cerca para conter os animais. A referência do martelo se refere a ligar as tábuas com pregos, a construir uma cerca, e assim por diante. "Quanto menos simplesmente olhamos para a coisa chamada martelo, e quanto mais o usamos ativamente, mais original se torna nossa relação com ele, e mais o encontramos, sem disfarces, como o que ele é, como uma coisa útil" [SZ: 69]. Heidegger argumenta que a hermenêutica fenomenológica revela a natureza mais verdadeira ("mais sem disfarces") das coisas no mundo quando elas são encontradas numa situação pragmática. E, o que é mais importante, os significados que as coisas têm vêm originalmente da situação pragmática, como vimos no exemplo do atril. De fato, o encontro mais original com as coisas úteis ocorre quando as estamos usando, e não pensando sobre elas.

Aquilo que é descoberto é uma coisa útil. O modo de ser da coisa útil é chamado de "manualidade" [SZ: 69]. A coisa útil é revelada não apenas em referência a outras coisas úteis, mas também em referência a *Dasein*. O tipo particular de enxergar, ou de visão que *Dasein* tem ao lidar com coisas úteis "se chama circunspecção" [SZ: 68]. A circunspecção vê a situação pragmática. "O para-quê" [SZ: 70] das coisas úteis se refere àquilo que elas podem ser usadas, neste caso, construir uma cerca. Heidegger novamente usa uma frase comum para nomear, neutramente, o que poderíamos chamar de propósito da coisa. O martelo também se refere àquilo do que ele é feito, por exemplo, madeira e aço, assim como a outras pessoas, por exemplo, seu construtor. Desta forma, as referências do martelo também se estendem para a natureza e o mundo público. A circunspecção enxerga a situação pragmática inteira. Assim, "a manualidade é a definição categórica ontológica dos seres como eles são 'em si mesmos'" [SZ: 72]. Ela é ontológica porque nomeia a forma ou modo de ser destas entidades; o modo de ser ôntico do martelo é martelar. Ela é categórica, e não existencial, porque se refere ao ser de entidades que não são como *Dasein*.

Apesar de podermos analisar os méritos da hermenêutica fenomenológica em qualquer uma das análises que Heidegger elabora em *Ser e tempo*, é a descoberta das coisas úteis em sua relação com *Dasein* que apresenta mais claramente a reivindicação e a metodologia filosófica de Heidegger. A filosofia de Heidegger em *Ser e tempo* depende da afirmação que a fenomenologia pode "deixar o que se mostra ser visto a partir de si mesmo, no momento em que ele se mostra a partir de si mesmo" [SZ: 34]. Isto implica que a descrição de Heidegger do encontro das coisas no mundo seja ao mesmo tempo precisa e sem a incorporação de qualquer pressuposição de fora. Por exemplo, se começamos apenas com a consciência, como o idealismo alemão, então já pressupomos que *Dasein* é essencialmente a consciência e não um ser-no-mundo. Se começamos com o empirismo, já pressupomos que há objetos no mundo que mandam informação para o sujeito. A reivindicação de Heidegger é que sua descrição do encontro de *Dasein* com as coisas do mundo não tem nenhuma pressuposição, permitindo que as coisas, ou seja, a situação, apresentem-se como elas realmente são. Ele usa termos – como "para" e "para quê" – que não incorporam pressuposição alguma para que possam caracterizar a situação com precisão. Sua reivindicação particular aqui é que sua descrição fenomenológica descobre as formas pelas quais as coisas no mundo são encontradas mais originalmente por *Dasein*. "Mais originalmente" significa sem incorporar pressuposições, e afirma que não há nenhuma forma "anterior" ou mais fundamental pela qual as coisas no mundo são encontradas. Além disso, a descrição fenomenológica é hermenêutica no sentido de uma compreensão interpretativa que *Dasein* desenvolve sobre si mesmo como ser-no-mundo. Ao fim e ao cabo, como em todas as fenomenologias, é o leitor ponderado que deve decidir sobre a precisão da descrição fenomenológica.

Nós descobrimos o ser das coisas úteis como manualidade. Através de três casos negativos, provamos o estado derivativo das coisas presentes objetivamente. Primeiro, algo pode ser inutilizável para a tarefa que desejamos, e se torna conspícuo. Segundo, pode estar faltando algo necessário para a tarefa. Sua "desmanualidade" se torna importuna. Terceiro, algo pode estar interferindo com a tarefa, e enquanto bloquear o caminho, é obstinado. "Os modos de conspicuidade, importunação e obstinação têm a função de trazer para o primeiro plano o caráter da presença objetiva daquilo que está à mão" [SZ: 74]. A maioria das ontologias afirma que as coisas no mundo são primariamente objetos, por exemplo, as coisas estendidas de Descartes, e são coisas úteis apenas num sentido secundário ou derivado. O que Heidegger deseja afirmar é que uma ontologia hermenêutica apropriada demonstra que o ser ontológico e primário das coisas é a manualidade e que é apenas quando elas não conseguem estar à mão que se tornam apenas objetos, presentes apenas objetivamente.

Como notamos, incluída no ser das coisas úteis está uma referência a outra coisa. O martelo se referia a sua prestimosidade para pregar as tábuas. Esta referência é relevante para as possibilidades de ser de *Dasein*, ou seja, como *Dasein* poderia ser ou agir no futuro. *Dasein* age pelo-bem-de-que, ou seja, age pelo bem daquilo que ele deseja realizar. Heidegger usa a frase comum em vez de dizer que os seres humanos sempre agem para algum objetivo ou propósito para evitar conotações metafísicas. O martelo é relevante para a tarefa de *Dasein* de construir uma cerca para manter os animais presos pelo bem do suprimento de comida de *Dasein*. *"Como aquilo para o qual deixamos os seres serem encontrados no tipo de ser de relevância, o 'em que' da compreensão autorreferencial é o fenômeno do mundo"* [SZ: 86]. A mundanidade do mundo, seu caráter ontológico, é a totalidade de relevância que *Dasein* descobre em termos da totalidade de referências de coisas úteis e seus próprios pelos-bem-de-que. Em outras palavras, a caracterização ontológica do mundo é composta de todas as coisas e pessoas relevantes que *Dasein* descobre em sua situação pragmática, que por sua vez é constituída por todas as referências das coisas úteis contidas nela e em termos dos próprios projetos de *Dasein*. Por isso o mundo do artesão é seu ambiente de oficina, incluindo outras pessoas envolvidas de uma forma ou de outra; o mundo do professor são seus livros, alunos, colegas, a instituição, e assim por diante. A teoria do significado de Heidegger é que

Hermenêutica 101

as coisas têm significado ou significância dependendo de terem esta relevância para *Dasein* através de suas referências. Assim, o martelo significa sua utilidade em martelar pregos, como uma ferramenta feita por alguém, como parte de uma oficina que pode construir coisas para alguém, e assim por diante. Portanto, o significado não é, como afirmam outras teorias, adicionado a um objeto já conhecido; e também não é constituído pela consciência. Em vez disso, o significado já é dado na situação hermenêutica.

Depois de criticar a visão de mundo de Descartes, Heidegger passa para a questão de quem é *Dasein*. Aqui, mais uma vez, precisamos tomar cuidado para não importar pressuposições ao simplesmente dizer que o quem de *Dasein* é eu mesmo, pois talvez não seja claro quem eu sou. Heidegger começa sua descrição fenomenológica com o mundo originalmente dado ao redor da situação pragmática. Não apenas temos as coisas úteis reveladas no local de trabalho, mas também há outras pessoas aí como assistentes, aqueles para quem o trabalho é feito, aqueles que forneceram as coisas úteis, e assim por diante. Eles estão aí tão originalmente quanto *Dasein* e as coisas úteis. "O mundo de *Dasein* é um *mundo-com*. Estar-dentro é *estar-com* outros. O ser-em-si interno dos outros é *Mitdasein* [com-*Dasein*]" [SZ: 118]. Não é verdade que os outros são encontrados, em primeiro lugar, como coisas que precisam então ser reconhecidas como seres humanos, como Descartes, por exemplo, pensava. E eu também não começo comigo sozinho e tenho então que provar a existência de outras pessoas. Em vez disso, as outras pessoas, ou seja, outros *Daseins*, são tão originalmente dados no mundo como as coisas úteis e o próprio *Dasein*. A característica existencial-ontológica de *Dasein* é, então, ser-com. Ser-com é um modo do ser de *Dasein*, e *Dasein* sempre já está com outras pessoas. Se acontecer de eu estar sozinho, isto é apenas um modo deficiente de minha característica geral de ser-com. Assim como cuidar das coisas é parte do ser de *Dasein*, se preocupar com outras pessoas também é uma parte do ser de *Dasein*. Se a circunspecção vê as coisas úteis, a consideração e a tolerância são os modos da visão de *Dasein* dos outros. Como notamos, as outras pessoas também participam da "totalidade referencial de significância", que "está ancorada no ser de *Dasein* na direção de seu ser mais próprio" através de seu pelo-bem-do-que [SZ: 123]. Alguém pode fornecer as tábuas, outra pessoa os pregos e outra pessoa pode me ajudar a construir a cerca. Eu compreendo e me relaciono com estas pessoas a partir da perspectiva de meu projeto de construir uma cerca. É claro que na vida real há muitos projetos, e podemos nos preocupar com outras pessoas em seus projetos.

Ao estar-no-mundo com outras pessoas, eu mantenho relações diferentes com os outros. Eu posso ser o chefe, o criado, o amigo, e assim por diante. Em seu ser cotidiano ordinário *Dasein* também se relaciona com "*o eles (das Man)*" [SZ: 126]. O eles não é algum indivíduo definido, mas aquilo que consideramos que valha para a maioria das outras pessoas em enunciados como "Não lemos este tipo de livros", "Todos leem este jornal" e "Não falamos tal coisa em público". Na maior parte do tempo, em nossa vida cotidiana ordinária, nós nos compreendemos a partir da perspectiva do eles, ou da opinião pública. Por isso, o eles cria o caráter ordinário: todos fazem isso desse jeito. O eles tende a nivelar as possibilidades do ser; nós nos conformamos. A forma de ser do eles constitui o caráter público e retira de *Dasein* sua responsabilidade consigo mesmo, pois o eles ordena a forma apropriada. Quando *Dasein* se conforma ao eles, o quem de *Dasein* é o eu/eles. "O eu de *Dasein* cotidiano é o *eu/ eles* que nós distinguimos do *eu autêntico*, o eu que explicitamente se compreendeu" [SZ: 129]. A visão de Heidegger sobre o estado normal dos seres humanos é bastante sombria.

> **Ponto-chave**
>
> O modo de ser do *Dasein* que me é próprio é ser-no-mundo. *Dasein* encontra originalmente as coisas no mundo como coisas úteis numa situação pragmática. As coisas enquanto meros objetos são derivadas. As coisas úteis estão ligadas numa totalidade referencial. Estas referências são relevantes e significam algo para *Dasein*. O mundo de *Dasein* é constituído pela totalidade de relevância em que ele vive. *Dasein* também é ser-com, e encontra outras pessoas tão originalmente como as coisas úteis. *Dasein* se descobre como um eu/eles em sua vida cotidiana ordinária.

A compreensão (hermenêutica) como um existencial

Dasein é ser-no-mundo, e já falamos das estruturas básicas de "ser junto com o mundo (cuidar das coisas), ser-com (preocupação), e ser o próprio eu (quem)" [SZ: 131]. Heidegger então desenvolve a estrutura de "ser-em" mais cuidadosamente. *Dasein* como ser-em existe no aí (o *da* de *Dasein*). O aí é a clareira enquanto revelada por *Dasein* para si mesmo. O ambiente pragmático da oficina é parte do aí para o carpinteiro. Precisamos então perguntar: "Como o aí surge para *Dasein*? Como *Dasein* descobre que está na oficina?" Heidegger discute em primeiro lugar a constituição existencial do aí – ou seja, os fatores constitutivos de *Dasein* que permitem a revelação do aí para *Dasein* – e então trata de como eles funcionam no ser cotidiano de *Dasein*.

Na vida ôntica, real, estamos muito familiares com o fato de termos humores. Podemos estar alegres, entediados, deprimidos ou simplesmente cansados. Reconhecemos como nossos humores afetam nossa percepção e interação com o mundo ao nosso redor, ou seja, o aí. Ontologicamente, o fator constitutivo ou existencial que é a condição para a possibilidade de estarmos onticamente em qualquer tipo de humor se chama "afinação" [SZ: 134]. A afinação é uma das formas pelas quais *Dasein* se revela ou se descobre no aí de estar-em. Ela é pré-cognitiva e anterior a qualquer explicação psicológica. Um humor em particular pode explodir no ser cotidiano de

Dasein, e ele é "o que é e tem que ser" [SZ: 134]. Isto significa que eu percebo que numa afinação particular eu existo no mundo e preciso continuar vivendo e escolhendo, mesmo que minha continuação seja tentar acabar com minha vida. Além disso, significa que o de onde e o para onde de minha vida são obscuros: eu não sei de onde eu vim e para onde realmente irei na minha vida. Tecnicamente, este "o que é" se chama "estar-lançado" ["*Geworfenheit*"]. *Dasein* está lançado no mundo no sentido que ele pode perceber que existe e precisa ser. Heidegger identifica três características da afinação. Primeiro, "*a afinação revela* Dasein *em seu estar-lançado, inicialmente, e em grande parte, no modo de um voltar-se para longe evasivo*" [SZ: 136]. Muito frequentemente, em nossas vidas cotidianas, tentamos evitar, encobrir ou fugir desta afinação ou percepção de que somos e temos que ser. Segundo, a afinação revela nosso estar-no-mundo como um todo, ou seja, revela o mundo, nosso estar-aí-com e nossa existência, e "*possibilita pela primeira vez nos dirigirmos na direção de alguma coisa*" [SZ: 137]. Por exemplo, eu percebo que estou com fome e desejo o sorvete que meu amigo está comendo ali. Terceiro, "*na afinação há, existencialmente, uma submissão reveladora ao mundo em que as coisas que importam para nós podem ser encontradas*" [SZ: 137-8]. Ou seja, não importa qual seja meu humor, esse humor revela o mundo em que algumas coisas importam para mim e outras não, e eu inicialmente me submeto a este mundo revelado no sentido de aceitar a forma pela qual as coisas aparecem enquanto importam para mim.

O exemplo de afinação de Heidegger é o medo, que depois ele distingue de *Angst*, ou ansiedade. Ao temer, tenho medo de alguma coisa ou alguém revelado para mim numa região do mundo dentro do contexto de relevância que habito. O grunhido do urso é revelado para mim em algum lugar adiante da trilha que percorro. Num dado sentido, eu sinto que estou e tenho que estar, mas gostaria de não estar, nesta situação. Eu estou no estado – na afinação – do medo, e posso esclarecer minha situação se o medo não me paralisar. Há uma rota de fuga? Devo jogar minha mochila no chão e me afastar? O urso está se aproximando? O que o medo teme é, finalmente, eu mesmo, meu ser. Eu vou me machucar, ou virar o almoço do urso?

O segundo fator constitutivo na revelação do aí é a compreensão. Heidegger não fala de compreensão hermenêutica, porque "hermenêutica" foi reservado para a interpretação de *Dasein*. Entretanto, como descobriremos, toda compreensão é interpretativa, e a compreensão interpretativa é a compreensão hermenêutica no contexto contemporâneo, como veremos na discussão de Gadamer. Por isso, a discussão de Heidegger da compreensão (hermenêutica) merece atenção cuidadosa.

A compreensão e a afinação são equiprimordiais. A equiprimordialidade significa que os fatores constitutivos do ser-em, que serão descobertos, valem juntos e ao mesmo tempo. Um não é anterior ao outro, ainda que tenhamos que discuti-los numa sequência. Toda afinação envolve compreensão, e toda compreensão envolve afinação. Ao temer o urso, eu já compreendo que ele é um urso e compreendo outros aspectos da minha situação. Ao compreender que meu amigo tem um sorvete, eu sinto minha fome e desejo. A compreensão, enquanto existencial, é a condição ontológica da possibilidade de minha distinção ôntica entre, digamos, compreensão e explicação. Implicitamente, a compreensão já foi discutida na revelação do mundo como a importância da situação pragmática, ao cuidar das coisas, se preocupar com os outros e reconhecer os projetos de *Dasein*. O tipo de ser que *Dasein* tem é ser possível. Isto significa que há vários cursos de ação, escolhas de caminhos possíveis para seguir que estão abertos para *Dasein*. "O modo de ser de *Dasein* enquanto potencialidade do ser está existencialmente na compreensão" [SZ: 143]. Na discussão sobre a afinação, vimos que *Dasein* é arremessado e tem, em qualquer momento particular, um certo humor que revela o aí. Ligado a isto está a compreensão equiprimordial da situação em que nos encontramos e das possibilidades que são reconhecidas para o futuro. "Isto significa que *Dasein* é um ser-possível confiado a si mesmo, possibilidade lançada a todo tempo" [SZ: 144]. Como notamos, *Dasein* se compreende dentro de sua situação pragmática onde as ferramentas são compreendidas em relação à sua relevância para a tarefa a realizar. A mundanidade do mundo é compreendida em termos da totalidade da relevância. A compreensão tem a estrutura de um projeto. "Ela [compreensão] projeta o ser de *Dasein* sobre seu pelo-bem-do-que tão primordialmente quanto sobre a significância enquanto a mundanidade de seu mundo efetivo" [SZ: 145]. Ou seja, na compreensão eu escolho uma forma possível de ser ou agir, ou seja, projeto uma forma possível de ser com referência a meu pelo-bem-do-que – meu projeto. Por exemplo, eu decido agir para construir a cerca com referência à significância compreendida de minha situação – aqui estão o martelo, os pregos e as tábuas. Desta forma, "a projeção sempre trata do caráter revelador completo de ser-no-mundo" [SZ: 146]. A compreensão pode ser autêntica, a própria compreensão com referência a seu pelo-bem-do-que, ou inautêntica, a compreensão "em si mesma inicialmente, e pela maior parte, em termos do mundo" [SZ: 146]. Em cada um dos casos, ela pode ser ou genuína (descobridora e verdadeira) ou não genuína (encobridora e falsificadora). A compreensão enquanto a projeção de uma possibilidade é chamada de visão de *Dasein*. Isto incluiria a "circunspecção de cuidar das coisas, a consideração da preocupação", e uma visão ou olhar sobre a própria existência de *Dasein* [SZ: 146].

A compreensão é um projeto lançado. A partir de uma situação particular de ser-no-mundo, *Dasein* projeta uma certa possibilidade para si mesmo. "O desenvolvimento das possibilidades projetadas na compreensão" [SZ: 148] é a interpretação. Como toda compreensão é projeção, toda compreensão envolve interpretação. Heidegger não liga explicitamente a compreensão interpretativa à hermenêutica porque ele reservou o termo "hermenêutica" para a compreensão interpretativa de *Dasein* em sua existencialidade, ou seja, ontologia fundamental. Entretanto, como veremos, sua descrição da compreensão enquanto interpretação inclui aspectos da hermenêutica tradicional.

A discussão de Heidegger sobre a compreensão trata de um caso de compreensão inautêntica genuína, quer dizer, uma compreensão correta de coisas no mundo. Como ser-no-mundo, *Dasein* já tem algum tipo de compreensão de sua situação, e no caso das coisas isto seria na circunspecção. A própria compreensão como interpretação é o entendimento explícito daquilo que era compreendido anteriormente. Por isso, a compreensão explícita "tem a estrutura de alguma coisa como alguma coisa" [SZ: 149]. Voltemos à oficina. Eu já tenho uma certa compreensão da situação. Estou construindo uma cerca e juntei os materiais. Eu pego duas tábuas e um prego, e vou pegar o martelo. Há três martelos na prateleira, digamos, um martelo de bola, um martelo de carpinteiro e uma pequena marreta. Eu preciso compreender qual martelo é o correto. Eu me lembro de minhas experiências anteriores e chego à compreensão de que o martelo de carpinteiro é o correto para este projeto. Eu compreendo explicitamente o "alguma coisa", um dos três martelos, como alguma coisa, o martelo apropriado para a tarefa. É claro que qualquer carpinteiro, e provavelmente qualquer um que queira construir uma cerca, já saberá que martelo utilizar e simplesmente o pegará. Para ajudar, imagine o novo aprendiz do carpinteiro sendo enviado para pegar o martelo esquecido. Então, encontrar o martelo apropriado envolveria mais claramente a compreensão. Heidegger nota que apenas olhar para os martelos não seria um caso de compreensão.

Heidegger identifica três estruturas prévias diferentes que caracterizam a situação inicial da compreensão, e no caso das coisas no mundo estas coisas já foram compreendidas em termos da totalidade de relevância. Uma é a posição prévia (*Vorhabe*). Literalmente, isto significa aquilo que temos antes. "A interpretação opera no ser na direção de uma totalidade de relevância que já foi compreendida" [SZ: 150]. Eu já sei a diferença entre martelos e chaves de fenda e tenho alguma experiência com os martelos, mas não muita, porque, se tivesse, não haveria necessidade de compreensão explícita. Heidegger também usa o significado comum de *Vorhabe*, que é a intenção de alguém. Eu estou construindo uma cerca. Outra estrutura é a visão prévia (*Vorsicht*). Literalmente, ela significa um olhar-para anterior. Ela está ligada à visão de *Dasein*, que notamos ao discutir a circunspecção e a consideração. O movimento da compreensão daquilo que ainda não está claro para a explicitação "sempre ocorre sob orientação de uma perspectiva que fixa aquilo em cuja visão o que foi compreendido deve ser interpretado" [SZ: 150]. Eu estou interessado em encontrar o martelo que posso usar para pregar um prego, e não um martelo para fincar um poste. A visão prévia "'aborda' aquilo que foi obtido na posição prévia com uma interpretação definida na visão" [SZ: 150]. Heidegger usa implicitamente o significado comum de *Vorsicht*, que é ser cuidadoso ou precavido, para indicar que a perspectiva escolhida por *Dasein* para desenvolver a interpretação implica numa necessidade de ser cuidadoso. A terceira estrutura é a concepção prévia (*Vorgriff*). Ela significa literalmente aquilo que é entendido anteriormente no sentido de conceitos. "A interpretação sempre já decidiu, final ou provisoriamente, uma conceitualidade definida" [SZ: 150]. Os conceitos podem ser apropriados para os seres que estão sendo interpretados, ou podemos tentar forçar os seres para conceitos inapropriados. Em relação aos martelos, eu posso pensar neles em termos do quão difícil é manuseá-los, ou quanto ao formato de suas cabeças, o que seria apropriado, mas pensar neles em termos de sua cor seria inapropriado. "A interpretação de alguma coisa como alguma coisa é fundamentada essencialmente na posição prévia, na visão prévia e na concepção prévia" [SZ: 150].

Como a compreensão é sempre uma interpretação de alguma coisa como alguma coisa que envolve estas três estruturas prévias, "a interpretação nunca é um entendimento sem pressuposições de algo dado anteriormente" [SZ: 150]. Heidegger nota que mesmo na interpretação textual exata qualquer reivindicação de um "o que 'está aí' [sem pressuposições] [...] é simplesmente o preconceito evidente e inquestionável do intérprete" [SZ: 150]. Esta afirmação é importante porque enfatiza a tese de Heidegger de que não existe qualquer compreensão direta que possa evitar estas estruturas prévias da compreensão. As teorias de percepção direta dos sentidos ou de intuição direta apenas encobrem aquilo que realmente acontece e são o resultado de um preconceito da parte daquele que afirma ser capaz de compreender dessa forma. A análise de Heidegger de *Dasein* demonstrou que toda compreensão é interpretação, e como a compreensão é um existencial, ela é a condição de possibilidade de qualquer caso ôntico particular de compreensão. Como a hermenêutica tradicionalmente trata de uma teoria da interpretação, podemos dizer que para Heidegger toda compreensão é compreensão hermenêutica já que ela necessariamente envolve a interpretação.

Na compreensão, *Dasein* revela para si mesmo a situação pragmática. Ele revela coisas úteis, os outros e a si mesmo em termos da totalidade de relevância. Desta forma, podemos dizer que as coisas têm um significado. "Mas falando estritamente, o que é compreendido não é o significado, e sim os seres, ou o ser" [SZ: 151]. Eu compreendo o martelo em sua utilidade, quer dizer, para martelar, que é um de seus modos de ser. Na compreensão, eu compreendo alguma coisa, o martelo, como alguma coisa: a ferramenta necessária para pregar o prego.

Heidegger então trata da objeção que provavelmente será apresentada contra sua teoria. Se a compreensão necessariamente se baseia nas estruturas prévias e sempre é interpretação, então "como ela deveria produzir resultados científicos sem entrar num círculo?" [SZ: 152]. "O círculo é um *circulus vitiosus*" [SZ: 152], quer dizer, um círculo vicioso em que pressupomos nas premissas (ou seja, a estrutura prévia) algo que aparece na conclusão, que deveria ter sido provada pelo argumento. Sem mencionar Dilthey, Heidegger afirma que se isto fosse o caso então não poderia haver conhecimento histórico universalmente válido. Alguns, continua ele, poderiam se contentar com o círculo já que a importância espiritual ou intelectual de seus objetos compensaria a falta de rigor lógico. Outros achariam que seria melhor se pudessem evitar completamente o círculo e desenvolver uma historiografia modelada nas ciências naturais. *"Mas enxergar um* vitiosum *neste círculo e procurar formas de evitá-lo, ou mesmo 'sentir' que ele é uma imperfeição inevitável, é compreender erroneamente a compreensão desde o começo"* [SZ: 153]. Heidegger não chama isto de círculo hermenêutico da compreensão, mas a problemática é a mesma. Se a compreensão da parte depende da compreensão do todo e a compreensão do todo depende da compreensão da parte, parece que é preciso pressupor uma compreensão ou da parte ou do todo para podermos começar. Fazer esta pressuposição seria um círculo vicioso. Mas isto é compreender erroneamente a interpretação. "O que é decisivo não é sair do círculo, mas entrar nele da forma certa" [SZ: 153]. Este círculo na compreensão interpretativa não pode ser evitado, já que ele indica o papel das estruturas prévias de compreensão em todos os casos da compreensão, quer percebamos isto ou não. As estruturas prévias pertencem à constituição existencial de *Dasein*.

Então como entramos corretamente no círculo? Isto acontece

> quando o intérprete compreende que sua primeira, constante e última tarefa não é deixar que a posição, visão e concepção prévias sejam dadas a ela por ideias ao acaso e concepções populares, e sim garantir o tema científico ao desenvolvê-las nos termos das coisas em si [SZ: 153].

Com "científico", Heidegger quer dizer um resultado justificável filosoficamente, e não algo específico às ciências naturais. Heidegger já indicou o que ele quer dizer na discussão da compreensão prévia.

Lá, ele disse que os conceitos usados na interpretação podem ser apropriados para as coisas a serem interpretadas, ou que poderíamos tentar forçar as coisas na direção de conceitos inapropriados. Claramente, os conceitos apropriados vêm das coisas em si, e os inapropriados podem vir de ideias ao acaso ou de concepções populares. Ele também apontou que estes conceitos podem ser assumidos provisoriamente, ou em caráter definitivo. Assumi-los provisoriamente é a forma correta, pois podemos descobrir, no processo de interpretação, que eles não são os conceitos apropriados. Como mencionamos anteriormente, "Para as coisas em si!" é o lema da fenomenologia, e a fenomenologia oferece o acesso apropriado a uma investigação sem preconceitos porque ela significa "deixar o que se mostra ser visto a partir de si mesmo, no momento em que ele se mostra a partir de si mesmo" [SZ: 34]. Por isso, a tarefa constante do intérprete é conferir se as concepções aceitas provisoriamente na concepção prévia que ele tem são realmente as concepções que se mostram a partir da coisa em si que está sendo compreendida. O intérprete deve evitar simplesmente aceitar conceitos ao acaso ou conceitos que são populares se eles não tiverem sido testados nas coisas em si.

Pode parecer que o enunciado, ou a proposição, é a melhor forma de apresentar aquilo que foi compreendido, e que ele não envolve a interpretação. Heidegger junta os três sentidos de enunciado, definindo um enunciado como "um apontamento que comunica e define" [SZ: 156]. Ele então demonstra o estado derivativo do enunciado ao mostrar como as três estruturas prévias da compreensão estão envolvidas em qualquer enunciado. Apontar alguma coisa significa destacá-la de um pano de fundo. A posição prévia fornece o pano de fundo como a totalidade da relevância dentro da qual algo é "apontado no modo de determinação" [SZ: 157]. Além disso, ao apontar e determinar, temos um ponto de vista direcionado, a direção intencionada do enunciado. Na visão prévia "o predicado que deve ser delineado e atribuído é ele mesmo afrouxado, por assim dizer, em seu fechamento inexplícito nas coisas em si" [SZ: 157]. Isto significa que o predicado usado no enunciado deve ser abstraído de sua conexão com vários seres para que ele possa ser predicado deste sujeito. Finalmente, a concepção prévia funciona num enunciado já que "a linguagem sempre já contém um conjunto desenvolvido de conceitos" [SZ: 157].

O exemplo de Heidegger é "O martelo é pesado". Das ferramentas na oficina dadas na posição prévia, o martelo é destacado com a intenção de determiná-lo em relação à situação. O predicado "pesado" é afrouxado de seu fechamento nos seres, ou seja, abstraído de seus outros contextos, na visão prévia. A concepção prévia entrega os conceitos a serem usados. Aqui, eles são apropriados e definitivos. Dizer "O martelo é inflamável" seria utilizar um conceito inapropriado. É claro que na nossa experiência de vida normal, ou seja, na circunspecção cuidadosa, é mais provável que digamos "Pesado demais, quero o outro martelo!" Heidegger mostra então o que acontece na compreensão interpretativa para chegar ao enunciado e sua natureza derivativa. Na posição prévia, o martelo enquanto uma coisa útil é transformado "em alguma coisa 'sobre a qual' o enunciado que o aponta é feito. A visão prévia mira em alguma coisa presente objetivamente naquilo que está disponível" [SZ: 158]. O predicado "pesado" pode então ser designado ao martelo presente objetivamente. A estrutura da compreensão "como" finalmente muda. "O 'como' da interpretação circunspecta que compreende (*hermeneia*), o 'como' hermenêutico existencial [...] [torna-se] o 'como' apofântico do enunciado" [SZ: 158]. O "como" apofântico na compreensão de alguma coisa como alguma coisa é abstraído do contexto vivido da circunspecção e forçado a uma determinação daquilo presente objetivamente como tendo esta ou aquela qualidade. Assim, um enunciado é uma compreensão interpretativa derivada da compreensão circunspecta original da situação vivida através de uma limitação particular.

Hermenêutica **113**

Além da afinação e da compreensão, o discurso (*Rede*) é o terceiro existencial equiprimordial na revelação do aí. "O discurso é a articulação da inteligibilidade" [SZ: 161] e a fundamentação da linguagem. O discurso é a articulação na linguagem da compreensão afinada e interpretativa do ser-no-mundo de *Dasein*. A totalidade de relevância que constitui a mundanidade do mundo como "a totalidade de significações da inteligibilidade é posta em palavras" [SZ: 161] no discurso. É importante notar que Heidegger afirma que "as palavras acumulam significados. Mas coisas-palavras não recebem significações" [SZ: 161]. Isto significa que não é verdade que significados ou significações são de alguma forma já compreendidos e disponíveis e então são ligados a coisas-palavras que também já estão aí na presença objetiva. Em vez disso, no desenvolvimento vivo da linguagem a significância cresce nas palavras.

Depois de examinar a afinação, a compreensão e o discurso, Heidegger indica como eles são exemplificados na vida cotidiana ordinária. A conversa fiada é a expressão da compreensão e afinação ordinárias. Ela é superficial e sem fundamentos. O caráter cotidiano da visão enquanto revelação é a curiosidade. A curiosidade revela apenas a aparência exterior das coisas. Ela pretende ser séria, mas não é. Ela busca a novidade, afirma compreender rapidamente, e depois segue em frente. O resultado da conversa fiada e da curiosidade é a ambiguidade em referência às coisas, aos outros e ao ser de *Dasein*. Na ambiguidade, tudo parece ser compreendido quando não o é, mas o público, o eles, diz que é. Estes modos cotidianos do ser, no modo do eu-eles, levam ao emaranhamento de *Dasein* no mundo público. Nós nos tornamos presas do eles. Ao nos tornarmos presas, somos tentados pelo eles, acalmados até aceitarmos as decisões do eles, e alienados de nosso eu autêntico, ou seja, somos autoemaranhados. É assim que *Dasein* é arremessado no mundo cotidiano ordinário.

A discussão de Heidegger sobre a afinação, a compreensão e o discurso é essencial para a discussão da hermenêutica na filosofia contemporânea. Apesar dele não falar sobre a compreensão hermenêutica, já que toda compreensão é interpretação e envolve o círculo (hermenêutico), toda compreensão é compreensão hermenêutica. Além disso, como a compreensão é um existencial de *Dasein*, Heidegger amplia o conceito de compreensão hermenêutica para incluir todos os casos de compreensão. A hermenêutica não é reservada para o falado ou escrito; e ela também não é apenas um modelo para as ciências humanas. A hermenêutica se torna a forma universal pela qual o aí de *Dasein* é descoberto.

Ponto-chave

Dasein revela o aí de seu ser-no-mundo através dos existenciais equiprimordiais da afinação, compreensão e discurso. Nossa afinação ao mundo em que vivemos revela este mundo sob uma luz particular. A compreensão projeta formas possíveis pelas quais *Dasein* poderia ser, e ao fazer isto revela a si mesmo a situação em que está. A compreensão pode ser ou autêntica, sobre *Dasein*, ou inautêntica, sobre outros seres, e cada caso pode ser genuíno ou não. A compreensão é necessariamente interpretação, pois a compreensão começa com a posição prévia, a visão prévia e a concepção prévia. Compreendemos alguma coisa como alguma coisa, mas isto não envolve um círculo vicioso. A compreensão genuína ou correta pode ser obtida quando o intérprete baseia as estruturas prévias da compreensão nas coisas em si. Enquanto compreensão interpretativa, ela é compreensão hermenêutica. O discurso articula a compreensão na linguagem. Como a afinação, a compreensão e o discurso são equiprimordiais, as palavras acumulam significações. Ao se tornar presa do eles, *Dasein* é tentado, acalmado e alienado de seu eu autêntico.

Verdade (hermenêutica)

Como a compreensão sempre é interpretativa, e como a compreensão correta ocorre quando as estruturas prévias da compreensão são baseadas nas coisas em si, precisamos examinar brevemente a discussão de Heidegger sobre a verdade como a descoberta e o caráter descoberto dos seres na seção 44 [SZ: 212-230]. Depois

Hermenêutica **115**

de perceber a conexão entre verdade e ser no pensamento grego, a primeira tarefa de Heidegger é demonstrar as fundamentações ontológicas do conceito tradicional de verdade. A teoria tradicional da verdade por correspondência afirma que um enunciado ou juízo é verdadeiro se e somente se ele corresponde ou concorda com o estado de coisas ou objetos reais a que se refere. Heidegger problematiza o sentido de concordância, perguntando como um conteúdo ideal pode ser relacionado a objetos reais. Para esclarecer o significado desta relação ele apresenta uma descrição fenomenológica de uma situação de confirmação. Alguém que está de costas a um quadro na parede diz que ele está torto. Para confirmar este enunciado, ela se vira e vê o quadro torto na parede. Heidegger diz que não acontece uma comparação de representações, nem uma concordância entre o saber com seu objeto, nem uma concordância entre algo psíquico com algo físico (todas as explicações tradicionais da correspondência). Em vez disso, "a *confirmação* significa *o ser se mostrando em sua autouniformidade*" [SZ: 218]. Como nos casos do atril e do martelo, o significado, e assim a confirmação da verdade, são descobertos na experiência da situação e não num ato de um sujeito independente. O quadro torto se mostra para *Dasein* como ele é. "O *ser verdadeiro* (*verdade*) de um enunciado deve ser compreendido como *descoberta* [...] O ser verdadeiro enquanto descoberta é, por sua vez, ontologicamente possível apenas com base no ser-no-mundo" [SZ: 218-219]. É apenas porque *Dasein* é um ser-no-mundo onde os significados dos seres são revelados na situação pragmática que a confirmação e a verdade ocorrem. Lembremo-nos do exemplo do martelo pesado demais. Na situação pragmática, descobrimos que o martelo é pesado demais. Como dissemos, poderíamos exclamar "Pesado demais, quero o outro martelo!" A partir desta situação, podemos formular o enunciado secundário ou derivado de que o martelo é pesado demais, cuja verdade dependeria então da experiência primária do martelo como ele se revela para *Dasein*.

Assim, "ser verdadeiro enquanto descoberta é um modo do ser de *Dasein*" [SZ: 220]. Isto significa que o sentido primário da verdade é a descoberta, e por isso é parte de como *Dasein* é. É apenas num sentido secundário que a verdade trata do conteúdo, do "a ser descoberto (caráter descoberto)" [SZ: 220]. Nós discutimos como o mundo é revelado para *Dasein*, ou descoberto por ele na afinação, compreensão e discurso. Heidegger conclui que *"Dasein* está 'na verdade'" [SZ: 221] e esclarece isto com quatro considerações. Primeiro, como acabamos de destacar, a revelação é parte do ser de *Dasein* já que ele compreende. Segundo, como *Dasein* é arremessado no mundo ele sempre já compreende o mundo de uma forma ou de outra. Esta compreensão constituiria as estruturas prévias de qualquer compreensão particular. Terceiro, *Dasein* enquanto potencialidade-do-ser projeta formas possíveis em que ele pode ser no futuro. Na compreensão, podemos almejar uma compreensão explícita do assunto apresentado nas estruturas prévias. Entretanto, em quarto lugar, *Dasein* em seu caráter cotidiano ordinário se tornou presa do eles, e por isso *"Dasein* está na 'inverdade'" [SZ: 222]. Isto significa que em grande parte *Dasein* compreende erroneamente, e vimos que a compreensão correta só pode ocorrer quando o intérprete baseia suas estruturas prévias nas coisas em si, e não em ideias ao acaso e concepções populares. Em relação ao sentido secundário da verdade enquanto caráter descoberto, o que chamaríamos de conteúdo de um enunciado, Heidegger nota que "a verdade (caráter descoberto) sempre precisa primeiro ser arrancada dos seres" [SZ: 222]. Como normalmente nos tornamos presas do eles e compreendemos erroneamente, a compreensão correta é a revelação daquilo que é encoberto. A expressão grega para verdade, *a-letheia*, que Heidegger adota, significa "des-encoberto".

O objetivo da hermenêutica é a compreensão correta. Para Heidegger, a compreensão correta está fundamentada ontologicamente no modo de ser de *Dasein* chamado descoberta, ser verdadeiro. Entretanto, como *Dasein* está ao mesmo tempo na verdade e na inverdade, a verdade enquanto descoberta ocorre quando *Dasein* é capaz de revelar as coisas quando elas se mostram a partir de si mesmas. Em outras palavras, o intérprete precisa basear as estruturas prévias da compreensão hermenêutica nas coisas em si para revelar a verdade hermenêutica. Este processo de revelação na linguagem é central para a hermenêutica de Gadamer e os debates contemporâneos sobre a hermenêutica. Entretanto, precisamos primeiro examinar o que acontece com a hermenêutica quando o pensamento de Heidegger muda e o projeto de *Ser e tempo* é abandonado, incompleto.

Ponto-chave

Heidegger afirma que o conceito tradicional de verdade por correspondência se baseia no fato da descoberta ser um dos modos de ser de *Dasein*, e só é possível por ele. *Dasein* está ao mesmo tempo na verdade, já que ele sempre já revelou o mundo na compreensão enquanto projeção arremessada, e na inverdade, já que *Dasein* em grande parte se tornou presa do eles, e por isso compreende erroneamente. A verdade é o des-encobrimento (*a-letheia*) daquilo que é encoberto de *Dasein*.

Pontos-chave

1) A hermenêutica da facticidade é a autocompreensão interpretativa de *Dasein* em sua vida efetiva.

2) Para descobrir o significado do ser, precisamos descobrir o significado do ser de *Dasein*. O método de análise é a hermenêutica fenomenológica, uma autocompreensão interpretativa de *Dasein* enquanto ele se mostra a partir de si mesmo.

3) *Dasein* enquanto ser-no-mundo encontra coisas úteis e outros *Daseins*, mas normalmente se torna presa do eles. *Dasein* revela o aí através da afinação, compreensão e discurso.

4) A compreensão é sempre a interpretação de alguma coisa, tendo em vista as estruturas prévias da compreensão, como alguma coisa,

e por isso uma compreensão hermenêutica. A compreensão é bem-sucedida quando as estruturas prévias são baseadas nas coisas em si.

5) A verdade enquanto "des-encobrimento" está baseada no modo de ser de *Dasein* chamado descoberta.

4

A hermenêutica no segundo Heidegger

Como notamos no capítulo 3, Heidegger nunca completou a obra projetada de *Ser e tempo*. Houve um giro (*Kehre*) em seu pensamento nos anos 1930, e os filósofos passaram a falar do "segundo" Heidegger para indicar seu caminho de pensamento diferente. Para nossa discussão da hermenêutica na filosofia contemporânea, trataremos apenas de quatro pontos do segundo Heidegger. Primeiro, examinaremos brevemente as afirmações de Heidegger sobre *Ser e tempo* e seu novo ponto de partida. Então, discutiremos suas afirmações sobre por que ele abandona o termo "hermenêutica". Depois, trataremos do lugar central que a linguagem tem na filosofia mais recente de Heidegger examinando seu ensaio "O caminho para a linguagem". Em que sentido uma hermenêutica ainda está envolvida na compreensão da linguagem? Finalmente, analisaremos brevemente a práxis hermenêutica de Heidegger em sua interpretação da poesia e a compararemos com o sentido tradicional de hermenêutica.

Além de *Ser e tempo*

No meio de "Sobre o humanismo" (1947), Heidegger explica por que "Tempo e ser", a continuação de *Ser e tempo*, não foi publicada. Ela não apareceu, escreve ele, "porque o pensamento fracassou no dizer suficiente deste giro e não teve sucesso com o auxílio da linguagem da metafísica" [SH: 354]. O pensamento fracassou porque o método da hermenêutica fenomenológica, a ontologia fundamental de *Dasein*, ainda estava preso à linguagem e ao método da metafísica. Os existenciais de Dasein, apesar de específicos a *Dasein* e não se referirem a objetos, eram ainda assim modelados nas categorias da metafísica tradicional. Eles eram considerados as condições necessárias para a possibilidade das várias formas ônticas pelas quais o *Dasein* cotidiano era revelado. Entretanto:

> Este giro não é uma mudança do ponto de vista de *Ser e tempo*; mas, neste giro, o pensar ousado alcança o lugar do âmbito a partir do qual *Ser e tempo* foi compreendido e, na verdade, compreendido a partir da experiência fundamental do esquecimento do ser [SH: 354].

No pensamento posterior de Heidegger, o próprio Ser ocupa um papel tão central que os tradutores usam a palavra com maiúscula. A história do esquecimento do Ser é o erro de compreensão central do significado do Ser na tradição filosófica.

Heidegger não muda para uma questão diferente; ele não abandona a questão sobre o significado do Ser e a relação entre *Dasein* e Ser. Entretanto, a linguagem da metafísica em *Ser e tempo* atrapalhou sua obtenção de um ponto de partida mais original para seu pensamento. Como discutimos, Heidegger critica Husserl por começar sua descrição fenomenológica da posição da intencionalidade da consciência, que Heidegger considerava uma pressuposição injustificada da dualidade sujeito-objeto. Heidegger considerava a hermenêutica da facticidade uma posição mais original a partir da qual, sem pressuposições, se poderia descrever fenomenologicamente a experiência humana. Com seu giro, Heidegger critica a si próprio por incorporar elementos metafísicos em sua descrição do ser-no-mundo de *Dasein* e descobre uma outra posição mais original para descrever como todas as coisas vêm a ser. A experiência fundamental do esquecimento do Ser, ou seja, o encobrimento do Ser e do significado do Ser na história da metafísica ocidental, não fora compreendida apropriadamente. A ontologia fundamental "tende a penetrar no fundamento essencial do qual provém o pensamento da verdade do Ser" [SH: 369]. O problema, na visão de Heidegger, é que em *Ser e tempo* foi necessário comunicar suas ideias nos termos atuais da filosofia, ainda que, como vimos, ele tenha tentado usar termos sem nenhum viés. "Entretanto, aprendi a ver que justamente estas expressões tinham que levar direta e inevitavelmente para a errância" [SH: 369]. Como veremos na próxima seção, Heidegger também deixa de usar o termo "hermenêutica".

Em "De uma conversa sobre a linguagem entre um japonês e um pensador" (1959), Heidegger escreve que "talvez a grande deficiência de *Ser e tempo* seja ter ido longe demais cedo demais" [CLJP: 76]. Apesar dele não explicar isto melhor, podemos dizer que *Ser e tempo* foi "longe demais" porque se propôs a responder a pergunta sobre o significado do ser ao ter descoberto que a temporalidade era o significado do Ser de *Dasein*. Ele foi "cedo demais" no sentido que o método da hermenêutica fenomenológica, a ontologia fundamental de *Dasein*, ainda estava preso à linguagem e ao método da metafísica. Posteriormente, na conversa, Heidegger é perguntado sobre seu giro. Ele responde: "deixei uma posição anterior, não por trocá-la por outra, mas porque a posição de antes era apenas um passo numa caminhada" [CLJP: 80]. A posição anterior era a de *Ser e tempo*. Ao reconhecer que *Ser e tempo* foi longe demais cedo demais, Heidegger não abandonou sua questão central e começou uma nova linha de pensamento. Em vez disso, ele percebeu que *Ser e tempo* era um passo numa caminhada do pensamento: "E os caminhos do pensamento guardam consigo o mistério de podermos caminhá-los para frente e para trás, trazem até o mistério de o caminho para trás nos levar para frente" [CLJP: 81]. *Ser e tempo* é um passo nesta caminhada. Através de uma crítica da filosofia da vida de Dilthey e da fenomenologia de Husserl ele descobriu um acesso mais

122 Pensamento Moderno

original à questão do Ser ao identificar os existenciais de *Dasein* e sua autocompreensão de sua autenticidade. Entretanto, ele fizera algumas pressuposições que precisavam ser questionadas. Heidegger buscava uma situação ainda mais original ou fundamental para compreender a questão do Ser. Este é o caminho para trás que poderia então nos levar para frente através desta caminhada do pensamento, evitando os problemas e pressuposições ocultas encontradas em *Ser e tempo*.

A nova posição de Heidegger é difícil de compreender, e bastante poética. Nossa discussão sobre a hermenêutica não requer uma compreensão do pensamento posterior de Heidegger, mas uma noção de sua direção geral ajuda a compreender algumas das críticas da hermenêutica que discutiremos no capítulo 7. Por isso, esboçaremos esta nova posição em relação a *Ser e tempo*. Nesta nova situação, os seres ainda vêm a ser no aí (*da*) de *Dasein*, mas agora o aí é chamado de clareira da verdade do Ser. Em *Ser e tempo*, o aí e o aparecimento das coisas no mundo resultavam da própria autocompreensão de *Dasein*, como vimos, por exemplo, na discussão sobre coisas úteis. Agora, o que aparece na clareira vem a ser de forma diferente. Talvez possamos compreender que o problema com *Ser e tempo* é que ele examinou o vir a ser dos seres a partir da posição da autocompreensão de *Dasein*, e isto ainda está perto demais da metafísica da subjetividade. Na nova situação, as coisas vêm a ser através de uma interação entre o Ser e os seres humanos onde o Ser é mais ativo. O próprio Ser existe através do tempo e condiciona ativamente, apesar de não determinar completamente o que virá a ser em momentos diferentes na história. Este condicionamento estabelece o que Heidegger chama de épocas na história do Ser. O Ser não determina completamente o que vem a ser porque ele precisa de seres humanos para responder a seu condicionamento, o que Heidegger chama de envio ou chamado do Ser. Como os seres humanos respondem ao chamado do Ser influencia que coisas vêm a ser numa época particular.

Heidegger usa a palavra *Ereignis* para nomear o evento ou acontecimento por meio do qual os seres vêm a ser. Em alemão, *Ereignis* significa evento, ocorrência ou acontecimento. Entretanto, Heidegger afirma que para ele *Ereignis* é um termo técnico que nomeia sua nova posição original onde os seres vêm a ser através de seus próprios modos e têm seu próprio mundo dependendo da interação entre o Ser e os seres humanos. Heidegger pretende que a relação entre "próprio" (*Eigen*) e *Ereignis* seja pensada, mas perdemos esta relação na tradução. Nas traduções citadas aqui, "*Ereignis*" foi traduzido como o neologismo "propriação", como o sentido de apropriação sem a conotação de um sujeito ativo. Eu utilizarei ambos os termos.

Podemos obter uma indicação da nova posição de Heidegger examinando rapidamente algumas passagens de "Sobre o humanismo". A linguagem agora tem um papel central em como os seres humanos respondem ao chamado do Ser no *Ereignis*: "A linguagem é a casa do ser. Nesta habitação do ser mora o homem" [SH: 347]. De alguma forma, que logo examinaremos com mais atenção, a interação do Ser e dos seres humanos ocorre na linguagem, e os seres humanos atingem seu ser essencial na fala. Em *Ser e tempo*, a linguagem e o discurso eram existenciais de *Dasein*, ou seja, condições necessárias para a autocompreensão de *Dasein* ao revelar o aí de *Dasein*. Agora a linguagem é mais central. A linguagem é chamada de casa do ser porque funciona como o meio em que o Ser e os seres humanos interagem para trazer os seres para a presença. O pensar, que ocorre na linguagem, "deixa-se requisitar pelo ser para dizer a verdade do ser" [SH: 347]. Portanto, o pensar é agora o pensar do Ser em dois sentidos de "do". Primeiro, "o pensar, propriado pelo ser, pertence ao ser", o que significa que o Ser é o "sujeito" e envia ou chama o pensar para uma forma particular do pensar. Segundo, "o pensar é do Ser" ao escutar o ser [SH: 348]. Aqui os seres humanos respondem ao chamado do Ser ao pensarem, e assim participam do vir a ser dos seres. Antes, o significado e a verdade eram revelados dentro da situação pragmática. Agora *Dasein* é chamado pelo Ser para escutar o Ser para descobrir e preservar a verdade do Ser na clareira de aí [*da*]. *Dasein* participa na revelação da verdade. A discussão do eles em *Ser e tempo* demonstrou o estado da linguagem como a linguagem da metafísica. "A linguagem, sob o domínio da metafísica moderna da subjetividade, extravia-se, quase invencivelmente, de seu elemento. A linguagem recusa-nos ainda sua essência: isto é, que ela é a casa da verdade do ser" [SH: 350]. *Dasein* deve agora revelar a verdade do Ser na casa da linguagem. O ser humano realiza sua essência verdadeira ao participar da linguagem na *Ereignis* do Ser e seres humanos. Agora o homem é arremessado na clareira do Ser para que ele "guarde a verdade do Ser, para que na luz do Ser o ser se manifeste como o ser que efetivamente é. [...] Não decide o homem. O advento do ser repousa no destino do Ser" [SH: 356]. Ao guardar a verdade do Ser "o homem não é o senhor do ser. O homem é o pastor do Ser" [SH: 361]. Em *Ser e tempo*, o homem não era arremessado pelo Ser, e sim, por assim dizer, apenas se encontrava no caráter cotidiano. Particularmente, o vir a ser dos seres e seu significado ocorria na situação pragmática, mas agora eles vêm a ser como resultado do chamado historicamente variável do Ser, que Heidegger chama de destino do Ser. "O Ser enquanto destino que destina verdade permanece oculto. Mas o destino do mundo se anuncia na poesia, sem que ainda se torne manifesto como a história do Ser" [SH: 360]. O Ser e o significado do Ser ainda estão ocultos na *Ereignis*. A poesia oferece um novo acesso pelo qual podemos pensar sobre a *Ereignis* e o destino do mundo. O segundo Heidegger se volta mais para a poesia do que para a descrição fenomenológica para obter uma nova compreensão do advento do Ser.

> **Ponto-chave**
>
> *Ser e tempo* foi longe demais cedo demais, já que usou a linguagem da metafísica e não incorporou a história do Ser. Heidegger se voltou a uma nova forma de pensar ao retornar a uma situação mais original onde os seres chegam à presença em *Ereignis*. Nesta situação mais original, a linguagem, enquanto meio, é a casa do Ser onde os seres humanos respondem ao chamado do Ser. O Ser arremessa *Dasein* em seu envio do destino para a clareira da verdade do Ser, e *Dasein*, ao responder, é o pastor do Ser.

A "hermenêutica" desaparece

Com o giro de Heidegger, vemos que a ontologia fundamental, e assim a hermenêutica de *Dasein*, foram substituídos por um pensar mais primordial sobre a verdade do Ser e da linguagem. Em "De uma conversa sobre a linguagem entre um japonês e um pensador", Heidegger, como o pensador, é perguntado sobre seu uso da hermenêutica. Depois de se referir à introdução de *Ser e tempo*, ele diz que encontrou "hermenêutica" pela primeira vez em seus estudos teológicos e depois em Dilthey, "na teoria das ciências históricas do espírito" [CLJP: 79]. Dilthey conheceu a hermenêutica a partir de seu trabalho sobre Schleiermacher. Heidegger cita então as primeiras linhas da introdução de *Hermenêutica e crítica* de Schleiermacher [HC: 3], que define a hermenêutica, a crítica e sua interdependência. Isto amplia o conceito filológico de hermenêutica, diz Heidegger, para incluir a interpretação das artes visuais. Em *Ser e tempo*, a hermenêutica é usada num sentido ainda mais amplo, e significa "a tentativa de se determinar a essência da interpretação a partir do hermenêutico" [CLJP: 80]. Mas então Heidegger diz que "em minhas publicações posteriores não emprego mais as palavras 'hermenêutica' e 'hermenêutico'" [CLJP: 80].

O que aconteceu com a hermenêutica? Será que o sentido técnico da hermenêutica em *Ser e tempo* como a análise da existencialidade da existência não é mais discutido porque Heidegger se voltou a uma situação mais original? Isto certamente é o caso. Entretanto, precisamos perguntar até que ponto a hermenêutica enquanto compreensão interpretativa ainda está presente no segundo Heidegger, mesmo que o termo não seja mencionado.

Mais à frente na conversa, Heidegger volta ao tópico da hermenêutica no contexto da discussão da linguagem como a casa do Ser. Mais uma vez, ele volta para a palavra grega e para a passagem de Platão que diz que os poetas são os intérpretes dos deuses. Desta vez, ele nota que a referência etimológica a Hermes é "um jogo de pensamento mais atraente do que a precisão científica" [CLJP: 96]. Mais uma vez, a questão é mostrar que a hermenêutica significa mais do que a interpretação; mais originalmente, ela significa "trazer mensagem e dar notícia" [CLJP: 97]. Este era o sentido que ela tinha em *Ser e tempo*. Entretanto, "tratava-se e ainda se trata de fazer aparecer o Ser dos seres. Mas, sem dúvida alguma já não de acordo com a metafísica e sim de maneira a deixar aparecer o próprio Ser. O próprio Ser significa: a presença de seres presentes" [CLJP: 97]. Como notamos, parte do problema de *Ser e tempo* era seu tom metafísico e seu fracasso em examinar o envio do Ser. Agora, o Ser brilha e "faz sua reivindicação sobre o homem, chamando-o para seu ser essencial" [CLJP: 97]. Isto ocorre na linguagem como a casa do Ser. "A linguagem define a relação hermenêutica" [CLJP: 97]. Há uma relação hermenêutica entre o homem e a presença de seres presentes. "A 'relação' quer dizer que o homem, em seu próprio ser, está em demanda, é necessário, que ele, como o ser que é, pertence a uma necessidade que o reivindica" [CLJP: 99]. Como notamos, o modo como os seres humanos respondem ao envio do Ser traz os seres para a clareira da verdade do Ser, ou seja, dentro do ser. Isto ocorre na linguagem como a casa do Ser. Por isso pareceria que há uma relação hermenêutica na *Ereignis*.

No final da conversa, Heidegger nota que falar *sobre* a linguagem é transformá-la num objeto. Em vez disso, deveríamos falar "*a partir* da linguagem", e isto só pode ser uma conversa. Entretanto, "é uma conversa a partir da essência da linguagem" [CLJP: 116]. "Já chamei esta curiosa conjuntura de círculo hermenêutico" [CLJP: 116]. Em *Ser e tempo* vimos que o círculo não deve ser evitado, e sim que devemos entrar nele da forma certa. "No entanto, este reconhecimento necessário do círculo hermenêutico não significa que a simples representação do círculo já tenha feito a experiência originária da referência hermenêutica" [CLJP: 117]. O problema parece ser que o termo "círculo hermenêutico" envolve várias conotações enganosas. Por isso, Heidegger não usa mais o termo, já que "falar de um círculo sempre permanece superficial" [CLJP: 117]. O uso de "hermenêutica" e do "círculo hermenêutico" não revela a posição mais original dos seres humanos na *Ereignis*. Precisamos partir para um exame da linguagem para descobrir em que sentido, se for possível, a hermenêutica ainda poderia ser uma parte do pensamento de Heidegger, mesmo que o termo não seja usado.

> ### Ponto-chave
> Depois que Heidegger se volta para *Ereignis*, ele não usa mais o termo "hermenêutica". A hermenêutica enquanto análise da existencialidade da existência, central a *Ser e tempo*, sofre claramente dos mesmos problemas dessa obra. Heidegger diz que é superficial mesmo falar da relação hermenêutica na linguagem entre seres humanos e o Ser ou do círculo hermenêutico na própria linguagem.

O caminho para a linguagem

Heidegger publicou "O caminho para a linguagem" em 1959. Como ocorre em muitos dos seus últimos ensaios, ele traça um caminho do pensamento a partir daquilo que parece ser a resposta contemporânea ao assunto discutido, normalmente através de uma crítica da história desse conceito, até a essência verdadeira do tópico que aparece no centro do pensamento posterior de Heidegger. E, também tipicamente, ele cautela o leitor a pensar cuidadosamente "a experiência do caminho para a linguagem a partir do que acontece com o caminho quando nele caminhamos" [CL: 191] já que o caminho do pensar nos levará a um modo mais original de pensar. O objetivo deste ensaio é compreender a linguagem, o que significa *"trazer a linguagem como linguagem para a linguagem"* [CL: 192]. Heidegger nos diz que a linguagem é usada aqui em três sentidos diferentes, mas que precisamos descobrir como estes três sentidos se juntam.

Na primeira seção deste ensaio, Heidegger começa com a ideia contemporânea de linguagem. A linguagem é fala, uma capacidade que os seres humanos normalmente têm. Na fala usamos nossos "órgãos da fala" [CL: 194]. Este sentido técnico da linguagem é o mais claro deles, mas é o que menos revela sobre a linguagem. Ele volta para *Sobre a interpretação*, de Aristóteles, onde este disse que a voz mostra as afeições da alma e a escrita mostra os sons da voz. Aristóteles também afirma que, apesar dos seres humanos falarem e escreverem em linguagens diferentes, as afeições da alma e os assuntos que elas apresentam são os mesmos em todas as pessoas. Heidegger enfatiza o sentido de mostrar em Aristóteles, onde mostrar significa "deixar aparecer, o que, por sua vez, encontra-se no âmbito do desencobrimento (*alētheia*)" [CL: 194]. Como vimos, a linguagem é a casa do Ser e devemos pensar a partir da verdade do Ser. Notamos antes que *alētheia* significa descoberto, e é o conceito de verdade de Heidegger. Aristóteles indicou um sentido apropriado da linguagem. Entretanto, com os estoicos, e na Grécia helenística, esta relação entre mostrar e o que é mostrado na linguagem se corrompeu, "o signo surge [...] como instrumento para designar" [CL: 195]. A verdade se torna correspondência. Este sentido errado da linguagem é seguido na tradição ocidental e culmina na discussão sobre a linguagem de Wilhelm von Humboldt. Humboldt compreende a linguagem como uma atividade humana, um "trabalho do espírito" [citado em CL: 197]. Entretanto, continua Heidegger, este trabalho do espírito é um posicionamento. "Ao se conceber o espírito como sujeito e ao representá-lo segundo o esquema sujeito/objeto, o posicionar-se (*thesis*) deve ser a síntese entre o sujeito e seu objeto" [CL: 198]. Humboldt revela a linguagem apenas de uma forma, como uma série de asserções. Isto é "a linguagem da metafísica de seu tempo" [CL: 198]. Por isso, a concepção da linguagem de Humboldt não alcança a essência da linguagem.

Na segunda seção, Heidegger volta a perguntar como a linguagem se mostra independentemente da compreensão tradicional da linguagem, "o caminho para a linguagem deve permitir a experiência da linguagem como a linguagem" [CL: 199]. Mais uma vez, o caminho para a linguagem começa com a fala, mas agora precisamos prestar mais atenção à situação da fala. Ao falar, os oradores estão presentes, mas não como a causa da fala como antes, e sim "na fala os que falam se presenciam" [CL: 200]. "Presenciam" se refere à situação em que ao falar nos descobrimos entre outras pessoas, e com as coisas enquanto elas importam para nós. *Dasein* ao falar com outros vem a ser o que é, a saber, aquele ser com linguagem (*logos*). Na fala, aquilo sobre que se fala também vem à presença. "O que se fala surge, de vários modos, do que não se fala, entendido tanto como o que ainda não se falou como o que deve continuar sem ser falado" [CL: 200]. Ou seja, ao falar os seres humanos descobrem ou revelam e por isso trazem à presença aquilo sobre que se fala, de sua posição escondida. Com tudo aquilo que surge na fala há uma unidade que Heidegger chama de "rasgadura" (*der Aufriss*). "A rasgadura é o todo dos rasgos daquele riscado que articula o entreaberto e o livre da linguagem" [CL: 201]. A totalidade dos rasgos se refere a todos os tipos diferentes de distinções que a linguagem nos permite compreender. Linguagens diferentes parecem ter rasgaduras diferentes. Em outras palavras, cada linguagem tem sua própria matriz conceitual. Ao falar, uma estrutura particular ou "riscado" é trazida à presença na ligação destes rasgos. "A rasgadura é o riscado da presença da linguagem, a articulação de um mostrar" [CL: 201]. Ao falar, nós dizemos alguma coisa para alguém e revelamos mutuamente a matriz conceitual incorporada nessa linguagem. "Chamamos de *Sage, saga do dizer*, a essência da linguagem como um todo" [CL: 202]. O mostrar na saga do dizer não é primariamente uma atividade humana, e sim "está sempre precedido de um deixar-se mostrar [de uma coisa]" [CL: 203]. Num certo sentido, a coisa já deve ter vindo a ser em seu presenciar para que possamos falar dela. De fato, Heidegger afirma que temos que escutar a saga do dizer silenciosa da linguagem. Nós falamos usando a linguagem que aprendemos, o que nos faz já estarmos em casa nessa linguagem. Portanto, "a linguagem fala dizendo, ou seja, mostrando" [CL: 203]. Mas a linguagem também requer a fala humana. Precisamos "nos abandonar à saga do dizer" [CL: 204]. Nós entramos na linguagem como a casa do Ser. A linguagem fala silenciosamente ao evocar a saga do dizer, à qual os seres humanos respondem trazendo a saga do dizer para a linguagem falada.

Para explicar estes últimos resultados, Heidegger volta para a situação original dos seres humanos na terceira seção. Como "a saga do dizer é mostrar", ela "deixa aparecer toda a presença e [...] tira do brilho toda ausência" [CL: 206]. Isto ocorre na clareira, no "aí" de *Dasein*. Sua ocorrência é a situação mais original do giro de Heidegger, o *Ereignis*. Neste texto, Heidegger nos diz que "a propriação [*Ereignis*], entrevista no mostrar da saga do dizer, não se deixa representar nem como processo [*Vorkommnis*] e nem como um evento [*Geschehen*], podendo somente ser experienciada no mostrar do dizer como propriação" [CL: 207]. Ela não é nenhum dos dois porque "processo" ou "evento" podem indicar que este evento foi o resultado ou desenlace de um evento anterior. Mas isto não é o que ocorre com *Ereignis*. Além disso, "processo" ou "evento" podem indicar que o evento poderia ser explicado por alguma outra coisa, mas isto também não é o que ocorre com *Ereignis*. A *Ereignis* é a situação mais original. Heidegger afirma que não há nada mais original de onde ela tenha vindo e que poderia ser uma explicação para ela. "É a con-cessão, cujo alcance de doação propicia algo como um 'isso se dá', de que o 'ser' ainda necessita para alcançar a presença de seu próprio" [CL: 207]. Heidegger diz que "o mostrar da saga do dizer é um tornar próprio" [CL: 208] no sentido que as coisas se mostram por suas *próprias* formas e são em seus *próprios* modos, contanto que os seres humanos tragam corretamente a saga do dizer para a linguagem.

Na *Ereignis* a estrutura organizada da saga do dizer (algo como a matriz conceitual na linguagem) se desenrola e permite ao que se mostra se mostrar. "Aos mortais a propriação confere uma morada em sua essência, para que eles possam ser os que falam" [CL: 208]. A essência dos seres humanos é falar, e falar escutando a linguagem, que ocorre na *Ereignis*. A linguagem é a casa do Ser onde os seres humanos residem apropriadamente. Os seres humanos, como oradores, são necessários na *Ereignis* "para trazer o sem som da saga do dizer para a verbalização da linguagem" [CL: 209]. O automostrar das coisas na *Ereignis* é a rasgadura da linguagem em sua fala silenciosa, por isso é preciso que os seres humanos, como oradores, tragam a estrutura do mostrar para a linguagem falada. "A propriação é então o movimento desbravador de caminhos da saga do dizer na direção da linguagem" [CL: 209]. O que é mostrado na *Ereignis* dentro da clareira da saga do dizer se move para encontrar expressão completa nos seres humanos. Portanto, para voltar ao enunciado no início do ensaio, "o encaminhamento traz a linguagem (a presença da linguagem) como linguagem (saga do dizer) para a linguagem (para a palavra verbalizada)" [CL: 210]. A linguagem, como notamos, é a casa do Ser, "porque, como a saga do dizer, ela é o modo da propriação" [CL: 211]. "O modo da propriação" de ser significa a forma pela qual *Ereignis* ocorre ou acontece. Ela acontece de formas diferentes através do tempo, por isso a própria linguagem é histórica. Na história do Ser, o Ser se envia de formas diferentes que constituem as épocas do Ser. Os seres humanos "permanecem dentro da essência da linguagem à qual nos foi permitido entrar" [CL: 214] como seres falantes.

Precisamos perguntar se a hermenêutica enquanto compreensão interpretativa está contida nesta caracterização da *Ereignis* e da linguagem. Nós vemos que os seres humanos são necessários na *Ereignis* para tomar o dizer silencioso da linguagem que é enviado pelo Ser e colocá-lo em palavras ressonantes, ou seja, na linguagem falada. O Ser envia o movimento desbravador de caminhos da saga do dizer e os seres humanos precisam responder. Hoje, o Ser se envia como a essência da tecnologia, que Heidegger chama de "armação". "Dispondo, ou seja, provocando o homem a encomendar tudo o que está presente para a disponibilidade técnica, a armação vigora no modo de propriação. E isso de tal forma que imediatamente perverte a propriação" [CL: 211]. Hoje os seres humanos respondem ao envio do Ser no modo da tecnologia moderna. A fala se torna informação e as coisas vêm a ser apenas como inventário técnico. Entretanto, ao responder desta forma ao envio do Ser na *Ereignis*, os seres humanos também a distorcem. A questão é qual é a folga interpretativa que os seres humanos têm para responder ao dizer do Ser. Por um lado, a história do Ser como o destino do homem que desencadeia a saga do dizer da linguagem pareceria determinar como os seres humanos respondem à saga do dizer. "Porque referida ao homem pelo encaminhamento da saga do dizer, toda linguagem própria é envio, e, assim, destino" [CL: 213]. Parece haver pouco espaço para a compreensão interpretativa. Por outro lado, se os seres humanos quiserem ter qualquer liberdade na determinação de seu futuro, pareceria que eles precisam ser capazes de responder interpretativamente à saga do dizer do Ser enviada a eles. De alguma forma, diz Heidegger, somos capazes de aprender sobre a linguagem como a casa do Ser ao seguir cuidadosamente o caminho para a linguagem. "Talvez possamos nos preparar um pouco para a transformação de nossa referência à linguagem. [...] todo pensamento do sentido é poesia e toda poesia é, porém, pensamento" [CL: 215-216]. Talvez ao pensar sobre *Ereignis*, a linguagem como a casa do Ser, e nosso papel ao responder, possamos compreender interpretativamente e nos preparar para uma transformação em nossa resposta. Nesta pequena chance, talvez a hermenêutica enquanto compreensão interpretativa tenha um papel a desempenhar no pensamento do segundo Heidegger, especialmente ao escutar o que a poesia tem a dizer.

> ### Ponto-chave
> A linguagem, como diz Aristóteles, tem a ver com um mostrar e deixar as coisas aparecer descobertas. Entretanto, este sentido original da linguagem foi corrompido pela compreensão da linguagem como um sistema de signos para designar objetos já conhecidos. A linguagem, compreendida apropriadamente, contém uma totalidade de características que são unificadas na saga do dizer. A essência da linguagem é a saga do dizer. Os seres humanos recebem permissão de entrar na linguagem, na casa do Ser, para trazer o dizer silencioso da linguagem para a fala ressoante. Esta tarefa é a essência do ser humano. Na *Ereignis* os seres humanos respondem ao dizer da linguagem e assim permitem o presenciar dos seres de acordo com o envio do Ser.

A práxis hermenêutica de Heidegger

Escutando os poetas, podemos descobrir algo sobre o Ser. Examinaremos a práxis hermenêutica de Heidegger em seu ensaio "A palavra" (1959). Nossa afirmação é que Heidegger basicamente segue um método hermenêutico tradicional como o desenvolvido a partir de Schleiermacher, com duas grandes exceções. Heidegger não se baseia na interpretação puramente psicológica, que busca descobrir a ideia seminal do poeta. Esta também era a crítica de Dilthey a Schleiermacher. E Heidegger também não afirma que a compreensão ocorre quando podemos recriar o ato criativo, algo que Dilthey até certo ponto continuou a defender. Em vez disto, Heidegger tenta escutar o dizer das palavras.

Depois de anunciar o tema de sua leitura – "de onde surge a palavra poética?" – Heidegger se volta ao poema "A palavra" (*Das Wort*), de Stefan George. Ele nota que o poema foi publicado em 1919, e depois incluído no último volume de poesia de George, publicado em 1928. Na "primeira escuta e leitura do poema" [P: 175], percebemos que ele é composto por sete estrofes de dois versos. Heidegger começa com uma leitura inicial na tradição hermenêutica. Nós seremos, diz ele, encantados pelas experiências do poeta nas primeiras seis estrofes, mas a última é diferente, e parece opressora: "Triste assim eu aprendi a renunciar: / Nenhuma coisa que seja onde a palavra faltar" [P: 174]. Mas a última estrofe é importante porque conclui o poema e contém seu título. "É a partir dessa estrofe que escutamos o que, de acordo com o título, constitui o sentido poético de todo o poema: a palavra" [P: 175]. Devemos perceber que Heidegger fala da intenção poética do poema, e não da intenção do autor. Por isso o verso final é importante, mas "chegamos a transformar o verso final num enunciado com o conteúdo: nenhuma coisa que seja onde a palavra faltar" [P: 175]. É por isso que a leitura inicial localizou o poema em seu contexto de linguagem e ofereceu uma interpretação inicial ao assumir que o último verso é um enunciado e sua intenção poética. Esta interpretação inicial também é confirmada pelas partes do poema. Os dois pontos no penúltimo verso geram "a expectativa de que algo será enunciado" [P: 175], o que também ocorre na quinta estrofe e é confirmado pelas aspas. Ela diz: "Depois de longa procura, ela me dá a notícia: / 'Assim aqui nada repousa sobre razão profunda'" [P: 174]. Aqui, a interpretação gramatical ajuda a confirmar a leitura proposta.

Heidegger começa sua segunda leitura percebendo que, apesar de estruturalmente similares, há uma diferença entre os dois enunciados. Usando o método da comparação, a quinta estrofe é vista como um anúncio, enquanto a última é uma renúncia. Ao ligar a palavra "renunciar" a termos gregos e latinos, Heidegger consegue compreender "renunciar" na "antiga palavra alemã *Sagan*, a saga do dizer" [P: 176]. A estrofe então significa que o poeta aprendeu a renúncia através de uma jornada. Isto liga a estrofe final às jornadas das seis primeiras. Além disso, segundo Heidegger, "outrora", na quarta estrofe, está sendo usada "no antigo sentido de: naquela hora" [P: 177]. Isto permite que ele agrupe as seis primeiras estrofes em duas tríades. A primeira representa as outras jornadas, e a segunda representa esta jornada em particular. Assim, ao tratar de significados possíveis de uma parte, uma palavra, ele consegue desenvolver um todo unificado. Depois de outras interpretações, Heidegger conclui sua segunda leitura. Muito rapidamente, afirma-se que "minha terra" se refere à poesia, e poetas precisam de palavras. Assim, a primeira tríade apresenta as jornadas costumeiras do poeta para encontrar as palavras que busca, e onde ele é bem-sucedido. Entretanto, a jornada particular da segunda tríade reconta a época em que a deusa do destino, que é como Heidegger interpreta a "cinzenta norna", é incapaz de dar ao poeta a palavra que ele procurava. A sexta estrofe diz: "Nisso de minhas mãos escapou / E minha terra nunca um tesouro encontrou..." [P: 174]. Como "a palavra é o que confere presença, ou seja, Ser, em algo que aparece como ser" [P: 180], sem a palavra o tesouro desaparece. É isto que o poeta aprendeu.

Entretanto, "nesse poema muito permanece obscuro" [P: 180]. Assim, a unidade entre parte e todo que foi obtida ainda precisa de mais interpretação. Heidegger liga então este poema ao todo maior de seu lugar no volume final dos poemas de George em que foi incluído. O poema aparece numa seção chamada "A canção". "Cantar é recolher na canção um dizer" [P: 181]. A última estrofe reflete a compreensão do poeta "de que somente a palavra deixa uma coisa ser coisa" [P: 181]. Esta ideia é corroborada por outro poema dessa seção do livro de George. Este poema adiciona a sugestão de que dizer é "ressonância, quase velada, extasiante e cancioneira de um dizer indizível" [P: 183]. Por isso agora a última estrofe significa que "uma coisa só é e existe onde a palavra está garantida" [P: 184]. A renúncia se torna uma afirmação do mistério da palavra. "Renunciar é um dever graças a [...] Renúncia é agradecimento" [P: 184]. Esta interpretação é apoiada por outro poema de George que Heidegger interpreta. Finalmente, compreendemos que a última estrofe significa que *a joia delicada e rica* é a presença velada da palavra, que, de maneira imperceptível e mesmo indizível, nos propicia a coisa como coisa" [P: 188]. Isto nos leva, conclui Heidegger, a ponderar o pertencimento mútuo original entre "dizer e Ser, palavra e coisa" [P: 188]. Isto completaria a interpretação de Heidegger do poema; entretanto, no final ele sugere que esqueçamos o que ele disse e simplesmente "escutemos [o poema]" [P: 189]. Pensaríamos então melhor e perceberíamos que "quanto maior a simplicidade com que canta o poema no modo de uma canção, mas facilmente podemos, ao escutá-lo, errar e perder a escuta" [P: 189].

Através deste exemplo, podemos ver que Heidegger basicamente segue o método hermenêutico tradicional para interpretar poemas. Ele começa com uma leitura inicial, localizando o poema em seu contexto e área linguística, percebendo sua forma. Através de métodos gramaticais e comparativos ele conclui sua primeira interpretação. Entretanto, como as partes não se encaixam muito bem, ele começa outra interpretação, que unifica as partes em um todo de forma mais satisfatória. Mas ainda há algumas obscuridades, por isso ele amplia o contexto de interpretação localizando este poema em seu lugar no volume de George e obtém apoio de outros poemas de George. Isto resulta numa interpretação final onde o poema aponta para a relação entre dizer e Ser que está no coração da filosofia de Heidegger. A abordagem de Heidegger é diferente da hermenêutica tradicional porque ele não usa uma versão da interpretação psicológica de Schleiermacher para descobrir a intenção do autor ou a forma pela qual ele construiu o poema. Ele também não afirma ter reconstruído o ato criativo do autor. Em vez disso, ele escuta o dizer do próprio poema.

Em nossa discussão sobre a hermenêutica e a linguagem no pensamento do segundo Heidegger, vimos que ele não fala mais de hermenêutica nem do círculo hermenêutico. *Ser e tempo* foi uma estação no caminho de seu pensamento, e ele precisou voltar para a situação mais original da *Ereignis* para continuar a pensar sobre o significado do Ser. Portanto, a hermenêutica enquanto análise da existencialidade da existência não é mais discutida. No máximo, *Ser e tempo* é um estágio do pensamento que poderia ser necessário para conseguirmos pensar com o segundo Heidegger. A linguagem, entretanto, torna-se mais central para seu pensamento. A linguagem é agora a casa do Ser, onde a essência da linguagem é o dizer silencioso do envio do Ser. Os seres humanos são necessários para responder ao dizer, trazendo-o para a fala. Isto permite que *Ereignis* ocorra onde os seres vêm à presença. Heidegger não esclarece se poderia haver um sentido da hermenêutica enquanto compreensão interpretativa na resposta humana ao dizer da linguagem. Se a hermenêutica tiver um papel no segundo Heidegger, seria principalmente como um método de interpretação, especialmente poética, excluindo qualquer interpretação psicológica. Se o aluno de Heidegger, Hans-Georg Gadamer, não tivesse colocado a hermenêutica no centro de sua filosofia, o termo "hermenêutica" poderia muito bem ter desaparecido da discussão filosófica.

Pontos-chave

1) Heidegger não terminou *Ser e tempo* porque considerou que ele estava próximo demais da linguagem da metafísica.

2) Heidegger girou em seu pensamento, voltando a uma situação mais original, a *Ereignis*, onde os seres humanos e o Ser precisam uns do outro para trazer os seres à presença.

3) Neste segundo momento, Heidegger não fala mais de hermenêutica.

4) A linguagem é a casa do Ser, onde os seres humanos são necessários para responder ao dizer silencioso do envio do Ser, falando para que os seres possam vir à presença.

5) A práxis interpretativa de Heidegger segue a hermenêutica tradicional, substituindo a interpretação psicológica pela escuta do dizer do texto.

5

A teoria da experiência hermenêutica de Gadamer

Hans-Georg Gadamer

1900: nasce dia 11 de fevereiro em Marburg, Alemanha.

1902: os Gadamers voltam para Breslau, Silésia (atual Polônia).

1918: entra na Universidade de Breslau.

1919: transfere-se para a Universidade de Marburg depois de seu pai assumir a cadeira de química farmacológica nessa universidade.

1922: recebe o doutorado em filosofia por "A natureza do prazer de acordo com os Diálogos de Platão", contrai pólio e lê "A indicação da situação hermenêutica" de Heidegger.

1923: casa-se com Frida Kratz, muda-se para Freiburg para estudar com Heidegger e acompanha Heidegger de volta a Marburg.

1927: é aprovado no exame do estado em filologia clássica.

1928: recebe uma habilitação (qualificação para ensino) em filosofia por "Interpretação do *Filebo* de Platão", orientada por Heidegger, publicada em 1931 como *A ética dialética de Platão*.

1939: torna-se professor-titular e catedrático em filosofia na Universidade de Leipzig depois de vários cargos temporários em Kiel e Marburg.

1946: torna-se reitor da Universidade de Leipzig.

1947: aceita um cargo de professor na Universidade de Frankfurt.

1949: assume a cadeira de filosofia de Karl Jaspers na Universidade de Heidelberg.

1950: casa-se com Kate Lekebusch.

1960: publica *Verdade e método*.

1968: aposenta-se oficialmente, mas continua lecionando até 1970.

1970-1990: viaja bastante para palestras na América do Norte e na Europa.

1985: começa a publicação de suas *Obras reunidas*.

2002: morre dia 13 de março em Heidelberg.

Hans-Georg Gadamer formula sua teoria hermenêutica, a hermenêutica filosófica, em *Verdade e método* (1960). O título original deveria ter sido "Os fundamentos de uma hermenêutica filosófica", mas o editor achou que "hermenêutica" era obscuro demais. Com o sucesso de *Verdade e método*, a hermenêutica filosófica se tornou um ramo respeitado da filosofia continental contemporânea. O objetivo declarado de *Verdade e método* é oferecer uma justificação filosófica para "a experiência da verdade que transcende o domínio do método científico" [VM: xxii]. Tais experiências da verdade, afirma Gadamer, ocorrem na arte, na filosofia e nas ciências humanas. *Verdade e método* é dividido em três partes, que tratam da experiência da verdade na arte, a experiência da verdade na compreensão das ciências humanas e a fundamentação ontológica da hermenêutica na linguagem. Nossa discussão se concentrará nas estruturas fundamentais da experiência hermenêutica e sua base na linguagem que constituem a segunda metade do livro.

A história da hermenêutica

Depois de argumentar que uma experiência da verdade ocorre na compreensão de uma obra de arte que não se baseia no método, Gadamer aplica isto à hermenêutica no final da primeira parte de *Verdade e método*. Ele descobre duas tarefas hermenêuticas diferentes, a reconstrução e a integração, associadas respectivamente com Schleiermacher e Hegel. Ele interpreta a história da hermenêutica moderna seguindo "Hegel em vez de Schleiermacher" [VM: 173]. Apesar de Gadamer admitir que sua apresentação é direcionada, ele ainda assim defende suas principais afirmações críticas. Nós esboçaremos rapidamente a análise de Gadamer, que ele opõe à de Dilthey, que por sua vez seguira o ideal de reconstrução de Schleiermacher.

A hermenêutica moderna se desenvolveu na interpretação bíblica e nas investigações filológicas dos clássicos. Para Espinosa e Johann Martin Chladenius (1710-1759), a hermenêutica, enquanto técnica para interpretação, só é necessária quando o significado do texto não está claro. O objetivo da hermenêutica é compreender a verdade que o texto contém. A tarefa da hermenêutica é integrar essa verdade em nossa vida. A compreensão significa chegar a um acordo em relação a algum assunto. Gadamer afirma que a hermenêutica de Schleiermacher propõe uma mudança radical na tarefa da compreensão. Em vez de trabalhar para um acordo sobre a verdade de um texto, a tarefa central do intérprete é recriar o processo criativo do autor para compreender o significado intencionado pelo autor. A tarefa da hermenêutica muda para a reconstrução. O objetivo da hermenêutica de Schleiermacher é compreender "não apenas as palavras exatas e seu significado objetivo, mas também a individualidade do orador ou autor" [VM: 186], o que implica numa "recriação do ato criativo" [VM: 187]. Apesar de Gadamer reconhecer os "comentários brilhantes sobre a interpretação gramatical" [VM: 186] de Schleiermacher, sua crítica se centra na interpretação psicológica dele, que "dominou gradualmente o desenvolvimento deste pensamento" [VM: 187]. Para recriar o pensamento do autor, o intérprete precisa descobrir a decisão seminal do autor. Para Gadamer, esta ênfase na interpretação psicológica implica que o assunto é ignorado na compreensão de um texto, substituído por uma reconstrução estética da individualidade do autor. A interpretação divinatória do ato criativo pressupõe a congenialidade, "a saber, que toda individualidade é uma manifestação da vida universal" [VM: 189]. Gadamer afirma que é apenas esta pressuposição que dá ao intérprete acesso ao pensamento do autor. Schleiermacher aplica o círculo hermenêutico entre a parte e o todo ao autor de forma que seus pensamentos individuais precisam ser compreendidos "como um elemento no contexto total da vida de um homem" [VM: 190]. Como veremos, Gadamer considera que este ato divinatório de recriação é impossível. Schleiermacher afirma que o intérprete pode compreender um autor melhor do que o autor se compreende porque, na reconstrução do pensamento do autor, o intérprete terá consciência de influências que o autor não tinha. De acordo com Gadamer, isto apenas demonstra que "Schleiermacher está aplicando sua estética do gênio à sua hermenêutica universal" [VM: 192]. Gadamer insiste que a melhor compreensão deve se referir a uma melhor compreensão do assunto em discussão.

Gadamer esboça a influência da teoria romântica da compreensão de Schleiermacher no desenvolvimento da escola histórica de pensamento para criticar Dilthey, "que conscientemente toma a hermenêutica romântica e a expande para um método histórico – até uma epistemologia das ciências humanas" [VM: 198]. Dilthey é especialmente importante porque ele afirma que a compreensão nas ciências humanas é essencialmente diferente da compreensão nas ciências naturais. O projeto de Dilthey é justificar filosoficamente reivindicações de conhecimento nas ciências humanas. Ele reconhece que o historiador, que deve compreender a história, é ele próprio um ser histórico vivendo numa tradição particular. Como o historiador não pode obter um ponto de vista objetivo, o que é possível nas ciências naturais, o conhecimento válido deve ser derivado de experiências vividas. Dilthey afirma que a validade é possível porque numa experiência "a identidade entre a consciência e o objeto [...] ainda é realidade demonstrável" [VM: 222]. Em outras palavras, o significado válido é criado "a partir da realidade histórica da vida" [VM: 223]. De acordo com Gadamer, o problema que Dilthey encara é mover-se do conhecimento válido no nível individual para o conhecimento válido de estruturas significativas dentro da própria história. Para realizar isto, ele precisa introduzir "'sujeitos lógicos' em vez de 'sujeitos reais'" [VM: 224]. Estes sujeitos são grupos coletivos de indivíduos que criam estruturas históricas significativas. Dilthey diz que a vida individual é capaz de compreender a vida em geral e a consciência histórica pode compreender a tradição, pois ambas estão fundamentadas na vida. Devido a uma semelhança básica nos seres humanos, podemos reviver o mundo histórico através de um tipo de "simpatia universal" [VM: 233]. Além disso, esse "laço intuitivo congenial" [VM: 233] produz conhecimento válido usando o método científico de estudos comparativos. Neste ponto do argumento, Gadamer afirma que Dilthey erroneamente transcende a historicidade e finidade da compreensão humana como experiência vivida (identificadas corretamente) e adota o ponto de vista a-histórico do pensamento científico. Isto demonstra "o cartesianismo não resolvido do qual ele [Dilthey] começa" [VM: 237]. "O fato de que é necessário adotar o 'ponto de vista da reflexão e da dúvida' e que é isto que acontece 'em todas as formas da reflexão científica' (e não em outros lugares) é simplesmente incompatível com a filosofia da vida de Dilthey" [VM: 238]. A crítica de Gadamer é que se o historiador está incrustado na história, e isto significa dentro do círculo hermenêutico da compreensão, ele não pode escapar deste círculo para obter um ponto de vista de reflexão que permitiria um conhecimento justificado metodologicamente. O uso de Dilthey do conceito de Schleiermacher de compreensão congenial e interpretação divinatória para escapar do círculo hermenêutico, de acordo com Gadamer, repete as mesmas pressuposições falsas de Schleiermacher.

A partir da descrição fenomenológica de Husserl, Heidegger é o primeiro capaz de libertar o conceito de vida da ideia da justificação metodológica, que era central para Dilthey e Husserl. Também não há qualquer diferença original entre a compreensão das ciências naturais e a humanística como há em Dilthey, nem a descoberta de uma metodologia verdadeira da compreensão através da reflexão transcendental de Husserl. Heidegger revela a compreensão como "a *forma original da realização de* Dasein, que é ser-no-mundo" [VM: 259]. Na compreensão, *Dasein* projeta possibilidades de seu próprio ser. Ao ser-no-mundo, *Dasein* é arremessado, descobrindo-se sempre e já dentro de um contexto histórico, portanto, tendo um passado. Por isso, a "estrutura de *Dasein* é a projeção arremessada"

[VM: 264]. A base de qualquer compreensão projetiva já foi condicionada pela facticidade do ser, por *Dasein* ter sido arremessado no mundo, e portanto pela tradição histórica em que *Dasein* vive. Por isso, qualquer compreensão ou reivindicação de verdade depende do horizonte temporal em que *Dasein* vive e de sua interpretação projetiva de suas possibilidades de ser. "Tudo que possibilita e limita a projeção de *Dasein* inelutavelmente a precede" [VM: 264]. Isto também precisa ser o caso para a compreensão hermenêutica da tradição histórica, e isto, de acordo com Gadamer, significa que a tarefa da hermenêutica é devolvida à integração.

Ponto-chave

No começo da hermenêutica moderna, a tarefa da hermenêutica tratava da integração da verdade do assunto do texto. Apesar de Schleiermacher desenvolver uma teoria universal, ele muda a tarefa da hermenêutica para a reconstrução ao enfatizar a interpretação psicológica. Dilthey expande a tarefa hermenêutica da reconstrução para incluir a compreensão nas ciências humanas, mas os requerimentos epistemológicos para a validade no conhecimento histórico necessitavam de um sujeito cartesiano incompatível com sua filosofia da vida. Heidegger devolve a tarefa da hermenêutica à integração ao demonstrar que a compreensão é a realização de *Dasein*.

Preconceitos e a autoridade da tradição

Gadamer aceita a exatidão da descrição ontológica de Heidegger da compreensão como a base para desenvolver sua própria hermenêutica filosófica. Como vimos, Heidegger revela que a compreensão é uma estrutura ontológica fundamental do ser humano. Isto significa que sempre estamos compreendendo, de uma forma ou de outra. A compreensão é projeção arremessada. Enquanto projeção, a compreensão trata das possibilidades futuras do ser humano e culmina na autocompreensão. Para Gadamer, como veremos, isto significa que mesmo compreender um texto do passado culmina numa autocompreensão com referência a futuras possibilidades de ser. O caráter arremessado significa que sempre já compreendemos de alguma forma, e portanto que qualquer ato de compreensão começa com as estruturas prévias da compreensão e interpreta estas últimas como alguma coisa. Portanto, o intérprete não pode escapar do círculo hermenêutico e obter um conhecimento direto. "Heidegger deriva a estrutura circular da compreensão da temporalidade de *Dasein*" [VM: 266]. De acordo com Gadamer, o caráter arremessado da compreensão significa que a tradição herdada forma o ponto de partida inicial para todos os atos de compreensão. Gadamer começa sua análise da compreensão citando a afirmação de Heidegger de que a possibilidade produtiva do círculo hermenêutico ocorre quando percebemos que nossa tarefa constante não é "deixar que a posição, visão e concepção prévias sejam apresentadas a nós por ideias ao acaso e concepções populares, e sim garantir o tema científico ao desenvolvê-las nos termos das coisas em si" [SZ: 153, apud VM: 266]. A tarefa de Gadamer na hermenêutica filosófica é demonstrar como se pode obter a compreensão correta fundamentando as estruturas prévias da compreensão nas coisas em si. Enquanto Heidegger revela a compreensão como uma estrutura ontológica do ser humano, Gadamer examina a compreensão epistemologicamente. Ele descreverá a experiência da verdade, ou como alcançar a compreensão correta. Como estamos interessados em compreender corretamente, esta descrição implica em prescrições para a compreensão correta.

Gadamer emprega a palavra "preconceitos" (*Vorurteile*) para designar coletivamente as estruturas prévias da compreensão de Heidegger. Em alemão, "*vor-*" significa "pré-" e "*Urteil*" significa "juízo", portanto, em referência às estruturas prévias de Heidegger "*Vorurteil*" significaria pré-juízos. Entretanto, no uso corrente alemão, "*Vorurteil*" significa preconceito. A escolha deste termo por Gadamer é provocativa, porque ele afirma que a conotação negativa atual de preconceito só aparece no Iluminismo. Como o Iluminismo valorizava o uso de nossa própria razão contra a aceitação de uma autoridade, a autoridade era considerada um preconceito ne-

146 Pensamento Moderno

gativo. A reação romântica, que valorizava o passado contra o presente, simplesmente inverteu a avaliação do preconceito. "A sabedoria primeva é apenas a imagem contrária da 'estupidez primeva'" [VM: 274]. Nenhum deles compreendia o significado original de preconceito, empregado por Gadamer: um preconceito, assim como um pré-juízo, não é nem positivo nem negativo até termos o juízo definitivo. Como "preconceito" tem um papel central na hermenêutica filosófica, é preciso que o leitor tenha em mente sua conotação neutra intencionada.

Em qualquer momento particular, nossos preconceitos, como nossas estruturas prévias da compreensão herdadas, incluem tudo que sabemos consciente ou inconscientemente. Eles incluem o significado de palavras, nossas preferências, os fatos que aceitamos, nossos valores e juízos estéticos, nossos juízos sobre a natureza humana e o divino, e assim por diante. Na maior parte do tempo, não percebemos a maioria de nossos preconceitos, apesar de podermos trazer alguns deles para a percepção consciente. Por exemplo, ao ler a primeira sentença do parágrafo anterior, seus preconceitos em relação à sintaxe e semântica do português estavam todos operando num nível que você não percebia. Você provavelmente compreendeu "preconceito" em sua conotação negativa normal. Talvez, no final da sentença, você tenha se perguntado como nossas estruturas prévias poderiam ser preconceitos. Talvez você tenha deixado uma nota mental para si mesmo, ou mesma, para voltar a esta passagem se o texto seguinte não a esclarecesse. Agora, com sorte, você já adotou um novo preconceito em relação ao significado da palavra "preconceito", pelo menos para o uso de Gadamer.

Toda compreensão parte de nossos preconceitos. O caráter arremessado da compreensão implica que todos os nossos preconceitos são herdados de nosso passado no processo da aculturação. Ao aprender uma linguagem, em sua educação, você adquiriu seu conjunto de preconceitos a partir do qual qualquer caso de compreensão prossegue. E só alguns deles foram testados conscientemente.

Hermenêutica **147**

"É por isso que são os preconceitos do indivíduo, muito mais do que seus juízos, que constituem a realidade histórica do seu ser" [VM: 276-277]. Como os preconceitos podem ser ou legítimos, baseados nas coisas em si, ou ilegítimos, baseados em ideias ao acaso e concepções populares, Gadamer pode agora "formular a pergunta epistemológica fundamental para uma hermenêutica verdadeiramente histórica do seguinte modo: qual é a base para a legitimidade de preconceitos? O que diferencia preconceitos legítimos daqueles vários outros cuja superação é a tarefa indubitável da razão crítica?" [TM: 277]. A partir daquilo que Heidegger disse e Gadamer citou, sabemos que os preconceitos serão legitimados quando forem baseados nas coisas em si. O resto de *Verdade e método* demonstrará como este processo de legitimação e a tarefa crítica de rejeitar preconceitos ilegítimos ocorre na compreensão.

A primeira tarefa de Gadamer é reabilitar a autoridade da tradição para provar que podemos encontrar nela preconceitos legítimos. Ao examinar como se ganha e perde autoridade, Gadamer contra-ataca a oposição iluminista entre razão e autoridade. Nós reconhecemos a autoridade de outras pessoas porque consideramos "que o outro é superior a nós mesmos em juízo e percepção, e por essa razão o juízo dele tem precedência" [VM: 279]. Desta forma, o reconhecimento de uma autoridade é um ato de razão. Nós aceitamos a previsão do tempo porque os meteorologistas têm mais informação e habilidade do que nós. Nós podemos obedecer cegamente alguém que tenha mais poder; entretanto, isto não é um reconhecimento de autoridade, apenas de poder. As tradições legam juízos e costumes de uma geração a outra. O aluno aceita a autoridade do professor de transmitir informações corretas até chegar à maioridade, que significa que ele é capaz de fazer seus próprios juízos razoáveis. Uma pessoa perde sua autoridade quando temos uma base razoável para suspeitar dela. Seria racional, por exemplo, questionar um boletim "científico" apoiando um medicamento que tenha sido escrito por alguém financiado indiretamente pela companhia farmacêutica.

Gadamer também rejeita a antítese iluminista entre razão e tradição. Ele afirma que uma tradição "precisa ser afirmada, acolhida, cultivada. Ela é, essencialmente, preservação [...] A preservação é um ato de razão, ainda que inconspícuo" [VM: 281]. O fato de alguma coisa ter sobrevivido numa tradição implica que ela provavelmente foi considerada digna por aqueles que a acolheram. A autoridade da tradição não é absoluta, como pensavam os românticos; nem tudo numa tradição é verdadeiro, mas ela é uma fonte possível de preconceitos legítimos. A razão de estudarmos o passado é que pensamos que podemos aprender alguma coisa com ele.

Gadamer discute o exemplo dos clássicos para demonstrar a autoridade da tradição. Apesar de Gadamer poder aceitar os clássicos alemães como tendo autoridade para ele, o "clássico" pretende indicar um modo de ser histórico: "o processo histórico de preservação que, através de seu teste constante, permite que algo verdadeiro venha a ser" [VM: 287]. Julgamos que um texto pertence aos clássicos porque achamos repetidamente que ele contenha preconceitos verdadeiros ou legítimos. Isto não significa que o futuro fará este mesmo juízo. Assim como uma pessoa pode perder sua autoridade, um texto pode perder seu estatuto de clássico. A temporalidade da compreensão descoberta nas estruturas prévias da compreensão implica que todos os nossos preconceitos vieram do passado. Estamos sempre dentro de uma tradição (ou tradições). A tarefa da compreensão hermenêutica é diferenciar os preconceitos legítimos de todos os ilegítimos que precisam ser criticados e abandonados. A compreensão precisa começar de nossos preconceitos herdados, e trata apenas de alguns poucos deles, enquanto o resto constitui o pano de fundo não questionado da compreensão. *Devemos pensar a compreensão não como um ato subjetivo, e sim como a participação num evento de tradição*, um processo de transmissão em que o passado e o presente são mediados constantemente" [VM: 290].

> **Ponto-chave**
>
> Gadamer desenvolve sua teoria da compreensão baseado na descrição ontológica de Heidegger das estruturas prévias da compreensão, que Gadamer provocativamente chama de preconceitos. Os preconceitos podem ser ou legítimos, que levam à compreensão, ou ilegítimos, que não levam. A tarefa epistemológica de *Verdade e método* é explicar como justificamos nossos preconceitos no evento da compreensão. Gadamer começa afirmando a autoridade da tradição, já que é racional esperar que preconceitos legítimos estejam contidos na tradição, como no caso dos clássicos.

O círculo hermenêutico e a história efetiva

A compreensão acontece dentro do círculo hermenêutico. Ao interpretar um texto, o intérprete se move de um significado projetado do todo para as partes, e então volta para o todo. "A harmonia de todos os detalhes com o todo é o critério da compreensão correta" [VM: 291]. Este processo de compreensão é "a interação entre o movimento da tradição e o movimento do intérprete" [VM: 293]. Um exemplo do movimento da tradição são as formas diferentes pelas quais a *República* de Platão teria algo esclarecedor a dizer no decorrer de sua preservação na tradição. O movimento do intérprete inclui não apenas a leitura do texto original, mas também um exame dessa leitura à luz de outras interpretações de Platão com o objetivo de estabelecer uma unidade de significado para o texto. A tradição, enquanto linguagem herdada, oferece a antecipação do significado, enquanto o intérprete, através de seu juízo crítico, continua a formar a tradição. Gadamer identifica uma outra implicação da descrição ontológica de Heidegger do círculo hermenêutico: "a 'concepção prévia da completude'" [VM: 293-294]. Ela afirma que o intérprete precisa *inicialmente* pressupor que o texto tem tanto uma "unidade imanente de significado" [VM: 294], ou seja, que ele é coerente, quanto que aquilo que ele diz é verdade. Esta pressuposição é análoga ao princípio da caridade em outras teorias da interpretação. É apenas quando esta pressuposição não pode ser mantida na leitura do texto que o intérprete procura uma outra explicação psicológica ou histórica.

Esta pressuposição de completude também é necessária logicamente para questionar um de nossos preconceitos em oposição a um preconceito diferente contido no texto. "É impossível termos consciência de um preconceito enquanto ele opera constantemente sem ser percebido – esta percepção só ocorre quando ele é, por assim dizer, provocado" [VM: 299]. A pressuposição inicial de coerência e verdade permite que o preconceito do texto questione o nosso próprio preconceito. Imagine ler a alegoria da caverna de Platão, numa tradução portuguesa, para um jovem do século XXI. Compreendendo aquilo que é lido usando seus significados contemporâneos, ou seja, seus preconceitos herdados, ele poderia reclamar da inconsistência de ser acorrentado, mas ainda assim incapaz de olhar ao redor para o fogo. Ou, se ele compreendesse que estamos na posição daqueles acorrentados na caverna, ele poderia afirmar que a coisa toda é bobagem, já que ele claramente não está acorrentado numa caverna. Seria necessário um certo trabalho para fazer com que ele, com efeito, use a concepção prévia da completude para se perguntar que pressuposições devem ser feitas para compreender este texto como coerente e buscando a verdade. Quando ele fizer isto, terá questionado seu preconceito de uma leitura literal em oposição à leitura alegórica, e seu preconceito que favorece a veracidade das sensações. É claro que isto é apenas o passo inicial, e não determina como o texto será julgado na análise definitiva. "O lócus da hermenêutica é este 'entre'" [VM: 295], entre aquilo que é familiar ou compartilhado e aquilo que é estranho no texto. O valor daquilo que é estranho em um texto permite que o intérprete questione aquilo que é familiar e normalmente aceito sem perguntas.

A distância temporal entre um intérprete e o texto não é um golfo a ser atravessado, e sim "uma condição positiva e produtiva que permite a compreensão" [VM: 297]. O objetivo da interpretação, de acordo com Gadamer, não é fazer uma ponte temporal e reconstruir a situação original do texto, mas descobrir o que o texto tem a dizer para nós. A produtividade da distância temporal deriva daquilo que dissemos sobre a preservação na tradição. Um texto ou preconceito que foi preservado na tradição provavelmente será valioso ou verdadeiro por duas razões. Primeiro, "certas fontes de erros são excluídas automaticamente" [VM: 298] no sentido de que um preconceito falso não será preservado. É claro que isto não é necessariamente o caso, porque preconceitos ilegítimos foram preservados por muito tempo numa tradição antes de descobrirmos que eles eram ilegítimos. De qualquer forma, um texto que foi julgado e considerado valioso por toda uma tradição, um texto clássico, sugere que também consideramos seu valor possível. Segundo, "novas fontes de compreensão emergem continuamente revelando elementos de significado insuspeitos" [VM: 298]. Por exemplo, mudanças em nossa compreensão do mundo podem permitir que a *Ética a Nicômaco* de Aristóteles seja lida com um discernimento maior hoje em dia do que na Idade Média. Gadamer modifica sua afirmação inicial de que "apenas a distância temporal pode resolver" para "muitas vezes a distância temporal pode resolver" [VM: 298] a questão crítica de distinguir preconceitos verdadeiros de falsos. Na nota de rodapé que explica esta mudança, Gadamer enfatiza que é a própria distância (e eu diria que a própria diferença) que importa para resolver a pergunta. Ela é importante porque só podemos questionar nossos preconceitos através do confronto com outros preconceitos diferentes. Quanto maior for a distância entre intérprete e texto, mais provável que ela leve a preconceitos diferentes. O reconhecimento inicial destes preconceitos diferentes questiona nossos próprios preconceitos. "A essência da questão é abrir possibilidades" [VM: 299] de aprendizado e autocompreensão. Quando estas possibilidades conflitantes emergem, o processo de adjudicação e compreensão pode prosseguir.

Como percebemos, o passado influencia a compreensão de duas formas. Primeiro, através da aculturação e do aprendizado de uma linguagem herdamos nosso conjunto de preconceitos que inicialmente guia a compreensão. Segundo, a tradição preserva uma série de interpretações de textos significativos que herdamos. Ao compreender e avaliar elementos na tradição, nós os transmitimos para o futuro. Gadamer emprega o conceito de história efetiva (*Wirkungsgeschichte*) para indicar estes efeitos da história na compreensão. *"A compreensão é, essencialmente, um evento efetuado historicamente"* [VM: 300]. Nossa consciência é, assim, uma consciência efetuada historicamente no sentido amplo que significa que, tenhamos consciência disso ou não, nossos preconceitos herdados sempre constituem o pano de fundo e a base a partir da qual compreendemos. A consciência histórica efetiva no sentido mais estreito significa que percebemos reflexivamente ter uma consciência efetuada historicamente. Isto implica que o intérprete percebe que está no círculo hermenêutico da compreensão e que sua situação hermenêutica foi afetada pela tradição através de seus preconceitos herdados.

O termo "horizonte" indica nossa situação hermenêutica, ou seja, nosso conjunto herdado de preconceitos. Estes preconceitos "constituem, então, o horizonte de um presente particular, pois eles representam aquilo além do que é impossível ver" [VM: 306]. O conceito de horizonte também indica que nosso próprio horizonte pode mudar através da adoção de outros preconceitos, pode se expandir através da inclusão de mais preconceitos, ou pode diminuir através da exclusão de alguns preconceitos. Ao tentar compreender um texto herdado, *parece* que devemos nos transpor para o horizonte histórico daquele autor ou de um leitor original. Entretanto, Gadamer afirma que esta transposição empática é uma ficção romântica que não é nem desejável nem possível. Ela não é desejável porque mesmo se o intérprete pudesse ignorar completamente sua própria posição e adotar apenas a posição, o horizonte, do outro, então "a pessoa compreendendo teria, por assim dizer, parado de tentar alcançar um acordo" [VM: 303] e teria simplesmente adotado a posição do outro. Entretanto, como Gadamer afirmou, o propósito da compreensão interpretativa é descobrir a verdade sobre o assunto apresentado no texto. Ao adotar o horizonte passado, "desistimos da reivindicação de encontrar no passado qualquer verdade que seja válida e inteligível para nós mesmos" [VM: 303]. Se pudéssemos ignorar todos os nossos preconceitos e simplesmente adotar os preconceitos do autor, então poderíamos apenas compreender do modo, talvez enviesado, que o próprio autor compreendia, e tornaríamos "nosso próprio ponto de vista seguramente inatingível" [VM: 303]. Além disso, não é sequer possível ignorar todos os nossos próprios preconceitos porque nossos preconceitos precisam ser provocados, como vimos, para que possamos questioná-los. Portanto, a maioria de nossos preconceitos continuaria a funcionar de forma inconsciente. A consciência não é capaz de simplesmente esquecer tudo que sabe. Certamente, para compreender um texto, precisamos projetar seu horizonte histórico. "Mas não é o caso que adquirimos este horizonte através de nossa transposição para uma situação histórica. Pelo contrário, nós sempre já precisamos ter um horizonte para podermos nos transpor para uma situação" [VM: 305]. A transposição significa "que precisamos imaginar a outra situação. Mas a ela devemos trazer, precisamente, nós mesmos" [VM: 305]. Em outras palavras, usando a concepção prévia da completude, expandimos nosso horizonte presente através da inclusão de preconceitos diferentes e opostos do texto enquanto questionamos nossos próprios preconceitos.

O horizonte denota tanto os limites momentâneos estabelecidos pelo horizonte quanto a ideia de que nosso horizonte se transformará enquanto nos movemos. Na situação hermenêutica, o seu horizonte é determinado por seus preconceitos, que estabelecem sua esfera de significado possível. Ao chegar a uma nova compreensão através do encontro com um texto, aquilo que você compreende muda, e portanto seu horizonte de significado muda. Um horizonte realmente fechado e estático é impossível porque "o movimento histórico da vida humana consiste no fato que ela nunca está absolutamente ligada a qualquer ponto de vista em particular" [VM: 304]. A vida de uma tradição é ela mesma o movimento de um grande horizonte dentro do qual meu próprio horizonte pode ser diferenciado de um horizonte passado como estágios no movimento contínuo da tradição. "Nosso próprio passado e aquele outro passado para o qual nossa consciência histórica se direciona ajudam a moldar este horizonte em movimento no qual a vida humana sempre vive e que a determina enquanto herança e tradição" [VM: 304]. Como acabamos de ver, ao compreender um texto projetamos o horizonte do texto dentro de nosso próprio horizonte. Portanto, *a compreensão sempre é a fusão destes horizontes que supostamente existem por si mesmos* [VM: 306]. A adjudicação dos preconceitos em conflito do meu horizonte e o do texto, que é a descoberta de preconceitos legítimos, ocorrerá dentro deste horizonte de significado expandido. Antes, entretanto, Gadamer discute o "problema central da hermenêutica" [VM: 307]: o problema da aplicação, que é essencial para projetar um horizonte histórico como uma fase no processo da compreensão.

Ponto-chave

A compreensão ocorre dentro do círculo hermenêutico. Este círculo requer que o intérprete pressuponha inicialmente que o texto ao mesmo tempo é coerente e busca afirmar a verdade, a concepção prévia da completude, para reconhecer preconceitos em conflito no texto e assim questionar seus próprios preconceitos. A distância temporal entre o intérprete e o texto é produtiva ao eliminar erros e abrir novas possibilidades de significado. A consciência efetuada historicamente no sentido mais estreito significa que percebemos o efeito da história ao herdar nossos preconceitos. A compreensão é a fusão de horizontes onde o horizonte do intérprete é expandido para incluir o horizonte projetado do passado.

Aplicação e experiência hermenêutica

Heidegger demonstrou que toda compreensão é interpretativa por causa do círculo hermenêutico. Gadamer agora afirmará que toda compreensão interpretativa requer aplicação para projetar o significado do texto. A aplicação é "uma parte tão integral do processo hermenêutico quanto a compreensão e interpretação" [VM: 308]. No começo, precisamos enfatizar que a aplicação não significa que primeiro compreendemos o texto e depois o aplicamos a nossa própria situação. Em vez disso, a aplicação é uma parte integral da própria compreensão. No final de sua discussão, Gadamer afirma claramente: "A aplicação não significa primeiro compreender um dado universal por si mesmo e então depois aplicá-lo a um caso concreto. Ela é a compreensão do próprio universal – o texto" [VM: 341]. A aplicação é um processo integral dentro da projeção do significado do texto no horizonte expandido do intérprete.

Para explicar o processo de aplicação, Gadamer utiliza a *Ética a Nicômaco* de Aristóteles como "um modelo dos problemas da hermenêutica" [VM: 324]. Aristóteles afirma que a realização da norma ética numa situação concreta particular exige deliberação para determinar como esse universal pode ser instanciado nesta situação particular: em outras palavras, como ele deve ser aplicado e realizado. A deliberação ética de Aristóteles é um modelo da aplicação por duas razões. Primeiro, ela demonstra como podemos aplicar logicamente um universal, o texto, a uma situação particular, a do intérprete, sem subsumir dedutivamente o indivíduo a uma lei universal. Segundo, ela demonstra como aquele que está envolvido com a compreensão pode obter autoconhecimento sem pressupor uma perspectiva objetiva. Gadamer identifica três aspectos da discussão de Aristóteles relevantes à aplicação hermenêutica.

Primeiro, as normas éticas universais, como a coragem, são "imagens orientadoras" [VM: 317] e não generalizações universais, e por isso sua realização requer uma consideração da situação concreta. Além disso, como a discussão sobre a equidade demonstra [*Ética a Nicômaco*: 1.137 a 31], a realização ou aplicação de uma lei a uma circunstância particular pode envolver a modificação da letra da lei para realizar seu verdadeiro significado. Da mesma forma, a projeção ou aplicação do preconceito do texto pode envolver uma modificação de seu significado para torná-lo inteligível no horizonte do intérprete, mas esta modificação é uma realização de seu significado verdadeiro. Por exemplo, ao projetar o significado daquilo que Aristóteles pretende na discussão sobre a equidade, o intérprete contemporâneo incluiria o funcionamento de precedentes na teoria legal da *Common Law*, apesar de Aristóteles não ter como considerar esta possibilidade. O intérprete projeta o significado de Aristóteles ao aplicar aquilo que ele disse à situação legal contemporânea.

Segundo, a aplicação de uma norma ética a uma situação concreta não é determinada antes do tempo, como se pudéssemos deduzir sua aplicação – ela é incerta e requer deliberação. A deliberação termina ao "vermos o que deve ser feito imediatamente" [VM: 322]. Talvez vários atos possíveis sejam considerados, e então descubramos qual ato é o meio para esse ator. Aristóteles compara este sentido de ver o que deve ser feito com a forma pela qual vemos que o triângulo é a figura plana mais simples. Voltando ao exemplo da interpretação de Aristóteles, o que Aristóteles quer dizer com equidade não está estabelecido firmemente antes do tempo, como se Aristóteles pudesse estabelecer um significado determinado porque conhecia todos os contextos interpretativos possíveis. Em vez disso, o intérprete deve considerar aquilo que Aristóteles teria dito hoje no contexto da teoria legal dos precedentes; em outras palavras, ele deve aplicar ou traduzir o que ele realmente disse ao contexto contemporâneo. O próprio Aristóteles afirmou que aquele que obtém a equidade deve considerar como o legislador original teria aplicado sua lei ao caso atual, que era desconhecido no momento que a lei foi escrita.

Terceiro, a "compreensão simpática" [VM: 322] está associada ao conhecimento moral no sentido em que Aristóteles diz que apenas amigos podem oferecer conselhos. A aplicação do texto, ou seja, a projeção de seu horizonte, requer que o intérprete aborde o texto simpaticamente, fortalecendo o que ele tem a dizer, como notamos formalmente na concepção prévia da completude.

Gadamer usa o exemplo da hermenêutica legal para demonstrar como a aplicação funciona. Ele considera dois casos de compreender uma lei: o juiz que precisa compreender como a lei se aplica a um caso particular e o historiador legal que "busca determinar o significado da lei ao considerar o conjunto completo de suas aplicações" [VM: 325]. No direito dos precedentes, o caso do juiz é mais óbvio. Seguindo aquilo que Aristóteles disse sobre a equidade, o juiz não está preso à letra da lei, e deve considerar como os legisladores originais teriam considerado esta lei em referência ao caso atual concreto. "Ele precisa levar em conta a mudança de circunstâncias e a partir daí redefinir a função normativa da lei" [VM: 327]. Já que as circunstâncias deste caso particular podem não ter sido levadas em consideração pelo legislador, o juiz pode estabelecer um novo caso precedente que realiza corretamente o significado da lei. Em outras palavras, ele aplica o significado verdadeiro da lei a este caso particular.

No caso do historiador legal, pode parecer que a tarefa dele é descobrir o significado da lei considerando apenas sua aplicação quando a lei foi criada. Entretanto, Gadamer afirma que o historiador legal, que está interessado em explicar o significado completo ou verdadeiro da lei, precisa incluir os casos posteriores em que a lei foi usada. No direito da *Common Law*, o historiador legal precisa levar em consideração a história dos casos precedentes que concernem a esta lei se ele quiser discutir o significado da lei, e não apenas o que foi decidido originalmente, já que estes precedentes são considerados parte do próprio significado original, ou espírito, da lei.

"Ao tentar compreender a lei em termos de sua origem histórica, o historiador não pode desconsiderar seu efeito contínuo" [VM: 328].

Depois de fazer o mesmo argumento quanto ao significado de passagens das Escrituras na hermenêutica teológica, Gadamer passa à compreensão histórica e literária. O crítico literário, como o juiz, deve considerar o que o texto tem a dizer para nós hoje em dia, ou seja, o que o autor teria escrito se soubesse o que sabemos. O filólogo, como o historiador legal, pareceria estar interessado apenas naquilo que os leitores originais compreendiam. Entretanto, isto não seria o significado completo do texto. Para descobrir o significado completo de um texto o filólogo deve levar em consideração a história efetiva do texto, ou seja, os significados deste texto que foram afirmados como parte do significado do texto durante sua tradição. Por isso, o filólogo também deve aplicar o texto à situação atual.

Depois de afirmar que a compreensão interpretativa envolve necessariamente a aplicação na projeção do horizonte do texto, e que a compreensão é a fusão destes horizontes supostamente separados, Gadamer volta a uma consideração da consciência efetuada historicamente. Nós percebemos que a história afeta a consciência do intérprete ao estabelecer seu horizonte de significado ou conjunto de preconceitos herdados. Na compreensão ingênua, ele simplesmente segue estes preconceitos sem perceber seu efeito. Entretanto, a consciência histórica efetiva no sentido estreito percebe este condicionamento histórico, pode refletir sobre ele, e pode adjudicar entre seu próprio horizonte e o do texto na fusão de horizontes. Como ela se percebe reflexivamente, Gadamer pergunta se isto implica que a consciência histórica efetiva é apenas um estágio na dialética da consciência de Hegel. Para descobrir como a consciência hermenêutica difere da versão de Hegel da dialética da consciência, Gadamer examina o conceito de experiência.

De acordo com Gadamer, o problema com o conceito contemporâneo de experiência, incluindo o de Dilthey, é que ele é modelado na ciência e "não leva em conta a historicidade interna da experiência" [VM: 346]. Francis Bacon é importante para compreender a experiência não por causa de sua ênfase em experimentos, mas porque ele examina "os preconceitos que mantêm a mente humana em cativeiro" [VM: 349], ou seja, os ídolos da mente. Por exemplo, o ídolo da tribo diz que tendemos a lembrar daquilo com que concordamos e esquecer daquilo que discorda de nossa opinião. Também geralmente é o caso que uma experiência é considerada válida até que seja contradita por outra experiência. Gadamer utiliza a imagem de Aristóteles de um exército em retirada que interrompe a fuga e se prepara para lutar novamente para explicar o processo da experiência. A imagem apresenta primeiro um soldado que se volta, pronto para lutar novamente, depois mais um, e mais outro. Depois que um número indeterminado de soldados se volta, pode-se dizer que o exército está pronto para lutar. Cada soldado que se volta é análogo a uma experiência; o exército pronto para lutar novamente representa o conhecimento do universal. O ponto é que "o nascimento da experiência [ocorre] como um evento sobre o qual ninguém tem controle e que não é sequer determinado pelo peso particular desta ou daquela observação" [VM: 352]. Hegel é importante porque ele demonstra que o sentido primário da experiência é negativo; ter uma experiência, neste sentido, significa descobrir que aquilo que pensávamos que era o caso não é, realmente, o caso. Portanto, "falando estritamente, não podemos ter a mesma experiência duas vezes" [VM: 353]. O erro de Hegel é pensar que esta experiência negativa leva a uma síntese dialética e, no fim das contas, ao conhecimento absoluto. Gadamer afirma que em vez disto a negatividade da experiência leva a uma abertura para experiências futuras. A fórmula de Ésquilo, "aprender através do sofrimento" [citada em VM: 356] atesta a esta abertura para experiências futuras porque ela não apenas se refere à experiência negativa de aprender o que não sabíamos, mas também à finitude do conhecimento humano de modo geral. Portanto, "a verdade da experiência sempre implica numa orientação para novas experiências" [VM: 355]. Por isso, a reflexividade da experiência não leva ao conhecimento absoluto, e sim à verdade da própria experiência.

Ponto-chave

A projeção do significado do texto sempre requer aplicação. A aplicação não significa que o intérprete primeiro compreende o texto e depois o aplica à sua situação. A aplicação, em vez disso, é parte de simplesmente compreender o que o texto tem a dizer. Da mesma forma que a análise de Aristóteles da deliberação ética, a aplicação realiza o significado do texto para a situação concreta do intérprete. Usando o exemplo de um historiador legal, Gadamer afirma que sua compreensão de uma lei não pode ser limitada a seu uso inicial, devendo incluir como ela foi interpretada desde então porque estes casos precedentes são considerados partes do significado total da lei. A verdade da experiência da consciência autorreflexiva efetuada historicamente é que estamos fundamentalmente abertos a experiências futuras que corrijam o que achávamos que sabíamos.

A dialética da pergunta e da resposta

Na experiência hermenêutica de compreender um texto, a aplicação do texto significa fazer o texto falar novamente no horizonte expandido do intérprete. É como ter um Tu falando com o intérprete. Gadamer relata três relações Eu/Tu possíveis a três formas diferentes de se relacionar com um texto. Na primeira relação Eu/Tu, o Eu trata o outro como um objeto, onde o comportamento do Tu é subsumido em três categorias de comportamento típico para torná-lo previsível. Correlacionada a esta relação está a relação hermenêutica em que o intérprete acredita ingenuamente "no método e na objetividade que pode ser atingida através dele" [VM: 358]. O texto é lido como uma instanciação de leis gerais. O intérprete assume a posição de um observador ideal e busca estar lendo apenas o que o texto diz. A segunda relação Eu/Tu reconhece o outro como uma pessoa, mas afirma conhecer o outro a partir do ponto de vista dele e, de fato, ser capaz de conhecê-lo melhor do que ele próprio se conhece. "Ao afirmar conhecê-lo, roubamos as reivindicações dele de sua legitimidade" [VM: 360]. A relação hermenêutica associada é aquela tradicional de Schleiermacher e Dilthey. "Na alteridade do passado ela busca não a instanciação de uma lei geral, mas algo historicamente único" [VM: 360]. O intérprete transcende seu próprio condicionamento histórico e afirma ser capaz de compreender o autor melhor do que ele se compreendia. A terceira relação Eu/Tu experimenta "o Tu realmente como um Tu – ou seja, sem ignorar a reivindicação dele, deixando-o realmente dizer algo para nós" [VM: 361]. O Eu escuta o outro e está aberto a suas reivindicações. Isto não significa que Eu concorda cegamente com o outro, mas que Eu "preciso aceitar algumas coisas que estão contra mim, mesmo que ninguém mais me force a fazê-lo" [VM: 361]. Isto está correlacionado com a relação hermenêutica apropriada com um texto. O intérprete deve escutar o que o texto, enquanto parte da tradição, tem a dizer. Reconhecendo a verdade da experiência, o intérprete está aberto a ter uma nova experiência, ou seja, está "aberto à reivindicação de verdade encontrada nela [a tradição]" [VM: 362].

O modelo de Gadamer para a compreensão é um diálogo sobre um tópico onde o objetivo é chegar a um acordo sobre esse tópico. Como acabamos de ver, a relação hermenêutica apropriada a um texto é como a terceira relação Eu/Tu. A forma lógica de abertura à experiência é a pergunta. Toda pergunta aponta na direção daquilo que é perguntado. "Uma pergunta coloca aquilo que é perguntado numa perspectiva particular" [VM: 362]. Uma pergunta precisa pressupor alguma coisa para expor aquilo que é perguntado. Assim, cada pergunta tem um horizonte, e para fazer a pergunta corretamente ela deve ser formulada no horizonte correto, para que a indeterminação daquilo que está sendo perguntado seja exposta. Uma pergunta enviesada pressupõe um horizonte incorreto, por isso ela não pode ser respondida: perguntar sobre a cor do número dois é enviesado porque ela pressupõe que números têm cores; "Quando foi que você parou de bater na sua mulher?" pressupõe, com sorte incorretamente, que você já bateu nela no passado. Perguntar o que o autor intencionava, em vez de o que o texto significa, seria para Gadamer uma pergunta enviesada porque pressupõe o critério de significado errado. Portanto, fazer a pergunta certa não é fácil. "Não existe um método de aprendizado para fazer perguntas, para aprender a ver o que é perguntável" [VM: 365]. Apesar de falarmos de descobrirmos repentinamente a solução de um problema, Gadamer sugere que talvez isto seja mais algo como "uma pergunta que nos ocorre e é exposta, permitindo assim que uma resposta seja possível" [VM: 365].

Fazer e responder perguntas forma um diálogo. Num diálogo inautêntico, "entramos num diálogo apenas para provar [que estamos] [...] certos e não para aprender" [VM: 363]. Num diálogo autêntico, ambos estão abertos para o que o outro tem a dizer.

> O que decide uma pergunta é a preponderância de razão para uma possibilidade, e contra a outra. Mas isto ainda não é conhecimento total. A coisa em si só é conhecida quando as instâncias contrárias são dissolvidas, apenas quando vemos que os contra-argumentos são incorretos [VM: 364].

Ao interpretar um texto, o intérprete deve fazer com que o texto fale como outra pessoa em diálogo consigo. Este é o trabalho da aplicação. Usando a concepção prévia da completude, o intérprete desenvolve os argumentos do texto, que podem questionar sua própria posição. As posições ou preconceitos em conflito existem dentro do horizonte expandido onde acontece a fusão de horizontes. Dentro deste horizonte expandido, a pergunta que trata do assunto sob discussão será decidida através do descobrimento dos preconceitos legítimos.

Ao pensar sobre a interpretação de textos como um diálogo entre pergunta e resposta, Gadamer descobre duas perguntas que são feitas; mas como estas perguntas se misturam, só há uma resposta. A primeira pergunta é colocada ao intérprete pelo texto histórico. Alguma coisa do passado revela uma pergunta para mim e é por isso que estou interessado em compreender o que o texto tem a dizer. "A voz que nos fala do passado – seja um texto, uma obra, um traço – coloca ela mesma uma pergunta e expõe o nosso significado" [VM: 374]. Voltando ao exemplo da analogia da caverna de Platão, a pergunta que motiva um exame do texto pode ser uma pergunta sobre o valor das sensações para determinar nosso conhecimento. O texto será interpretado a partir do horizonte da pergunta colocada pela tradição. Para responder esta primeira pergunta, "precisamos tentar reconstruir a pergunta à qual o texto tradicional é a resposta" [VM: 374]. Podemos propor que Platão se perguntou por que os filósofos, que deveriam ser reconhecidos como aqueles que sabem a verdade, eram desprezados pela opinião pública. Entretanto, continua Gadamer, ao reconstruir esta segunda pergunta ainda estamos operando dentro do horizonte da primeira pergunta. Portanto, "uma pergunta reconstruída nunca pode ficar dentro de seu horizonte original" [VM: 374]. O intérprete precisa ir além do horizonte histórico da pergunta à qual o texto era uma resposta porque ele não pode ignorar o que ele sabe e o autor não sabia. Ao reconstruir a pergunta de Platão, precisamos perguntá-la em termos de toda a tradição do problema da justificação do conhecimento. Esta reconstrução é o aspecto central da hermenêutica discutido acima como aplicação. A pergunta reconstruída "se mistura com a pergunta que a tradição é para nós" [VM: 374], ou seja, a primeira pergunta feita ao intérprete pela tradição. Gadamer afirma que esta mistura das perguntas é aquilo a que ele se referia como a fusão dos horizontes. Projetar o horizonte do texto significa "que recuperamos os conceitos de um passado histórico de forma que eles também incluam nossa própria compreensão deles" [VM: 374]. Consequentemente, interpretar um texto é mais do que recriar a intenção. Também buscamos uma resposta à pergunta misturada sobre um certo assunto.

Gadamer desenvolve a hermenêutica filosófica a partir da descrição ontológica da compreensão de Heidegger, onde as estruturas prévias da compreensão são chamadas de preconceitos. A pergunta epistemológica que a hermenêutica filosófica responderá é a seguinte: Como podemos diferenciar os preconceitos legítimos através dos quais compreendemos corretamente dos preconceitos ilegítimos? Ele reabilita os conceitos de autoridade e tradição para demonstrar que a tradição é uma fonte possível de preconceitos legítimos, ou seja, que podemos aprender alguma coisa interpretando textos tradicionais. O intérprete está inserido na história efetiva e deve ser capaz de perceber sua situação hermenêutica. Ao interpretar um texto, o intérprete precisa usar a concepção prévia da completude para questionar seus próprios preconceitos e projetar o horizonte de significado do texto. Para projetar o horizonte do texto, o intérprete deve aplicar ou traduzir o texto para seu próprio horizonte de significado, agora expandido. Assim, a compreensão interpretativa sempre requer aplicação. Ao fazer um texto falar, o intérprete entra num diálogo com o texto como se ele fosse outra pessoa. A fusão de horizontes, que é a compreensão, ocorre dentro deste diálogo. Entretanto, o leitor perceptivo terá notado que, apesar de Gadamer discutir os elementos básicos da experiência hermenêutica, ele não resolveu a questão de como descobrimos que os preconceitos são legítimos dentro da fusão de horizontes. Ele apenas nos disse que os preconceitos legítimos são baseados nas coisas em si, que a compreensão correta ocorre quando as partes e o todo formam uma unidade de significado, que a distância, temporal ou não, ajudará este processo, e que a compreensão ocorre como a fusão de horizontes. "A fusão de horizontes que ocorre na compreensão é na verdade a realização da linguagem" [VM: 378]. Portanto, precisamos examinar o conceito de linguagem antes de podermos explicar como a fusão de horizontes resulta na compreensão correta.

> **Ponto-chave**
>
> Para compreender um texto, o intérprete deve fazer com que o texto fale com ele em seu horizonte de significado expandido. A relação entre o intérprete e o texto que fala é como a relação Eu-Tu. Na relação Eu-Tu apropriada o Eu precisa reconhecer o outro como uma pessoa, escutar suas reivindicações, e permitir que elas valham. Do mesmo modo, e usando a concepção prévia da completude, o intérprete deve permitir que o texto apresente suas próprias reivindicações e questione os preconceitos dele. A tradição, ou texto, primeiro questiona o intérprete sobre algum assunto estabelecendo assim o horizonte da pergunta dentro da qual o texto será interpretado. Para interpretar o texto, a pergunta da qual o texto é uma resposta deve ser reconstruída. Esta reconstrução leva o texto a falar com o intérprete, ela é a fusão de horizontes.

Pontos-chave

1) A compreensão é um diálogo de pergunta e resposta, cujo propósito é estabelecer um acordo quanto ao assunto sob discussão.

2) Por causa do círculo hermenêutico e do efeito da história na compreensão, a tarefa epistemológica da hermenêutica filosófica é identificar os preconceitos legítimos através dos quais compreendemos.

3) A autoridade da tradição é uma fonte justificada de preconceitos legítimos. Portanto, um texto pode ter algo verdadeiro a nos dizer.

4) A compreensão interpretativa requer que o intérprete aplique o texto à sua situação para compreender o que o texto tem a dizer.

5) O evento da compreensão ocorre na fusão dos horizontes do intérprete e do texto, que erroneamente pensamos que existem independentemente.

6

O giro ontológico de Gadamer para a linguagem

A experiência hermenêutica começa quando o intérprete é questionado pela tradição sobre alguma coisa e busca encontrar uma resposta examinando um texto. O intérprete está inserido na tradição, já que ele herdou um conjunto de preconceitos que constitui seu horizonte de compreensão. A compreensão correta ocorre quando ele consegue legitimar seus preconceitos fundamentando-os nas coisas em si. O círculo hermenêutico da compreensão implica que um intérprete não pode fugir do efeito da história para um ponto de vista objetivo. Portanto, ele deve fazer com que um texto fale expandindo seu horizonte de significado, ou seja, escutando o que o texto tem a dizer. A concepção prévia da completude permite que o intérprete questione seus próprios preconceitos ao contrastá-los com os do texto. Toda compreensão inclui a aplicação do texto ao horizonte do intérprete através da projeção do horizonte do texto para seu próprio horizonte, agora expandido. A compreensão é o evento da fusão destes dois horizontes onde os preconceitos são legitimados e descobrimos uma resposta à pergunta original. Entretanto, Gadamer não indicou como a resolução entre preconceitos em conflito ocorre durante o processo interpretativo. Para fazer isto, Gadamer precisa primeiro examinar a linguagem.

A linguagem e a experiência hermenêutica

A linguagem é o meio no qual as conversas ocorrem. Como discutimos, as conversas são um modelo para a compreensão de textos porque o intérprete deve fazer com que o texto fale. Cada orador deve escutar o outro, se quiser que a conversa termine num acordo. Os oradores não sabem como a conversa se desenrolará, e num certo sentido ela é guiada pelo assunto em discussão. "A compreensão, ou o fracasso dela, é como um evento que acontece para nós" [VM: 383]. Quando os interlocutores falam linguagens diferentes, é preciso um tradutor. O tradutor deve tomar o significado de um orador e traduzi-lo no contexto linguístico do outro orador. Ele deve aplicar o significado daquilo que foi dito em uma linguagem para a outra linguagem. Ao fazer isto, algumas conotações ou relações na linguagem original são perdidas. Ele precisa, num certo sentido, interpretar o que foi dito. Este tipo de conversa demonstra que a interpretação e a aplicação são parte do processo de chegar a um acordo em qualquer conversa. É claro que numa conversa normal estes aspectos quase desaparecem devido ao caráter comum da linguagem compartilhada. Entretanto, às vezes nós perguntamos para a outra pessoa se ao dizer isto ela quis dizer aquilo; nós reformulamos o que foi dito para conferir se interpretamos e aplicamos corretamente o que foi dito.

A linguagem também é o meio pelo qual compreendemos textos. Aqui também o exemplo de traduzir um texto de uma linguagem para outra ilustra o papel da interpretação e da aplicação na compreensão de textos. "A tarefa de recriação do tradutor difere apenas em grau, e não em tipo, da tarefa hermenêutica geral que qualquer texto representa" [VM: 387]. Quanto mais perto estiver a linguagem do texto da linguagem do intérprete, menos perceptíveis e mais automáticas serão as tarefas de interpretação e aplicação. Diferente de uma conversa, o intérprete deve fazer com que o texto fale. "O texto traz um assunto para a linguagem, mas o fato disto acontecer é no fim das contas a realização do intérprete" [VM: 388]. Portanto, compreender um texto não é recriar como ele surgiu, mas compreender o que o texto tem a dizer. "Mas isto significa que os próprios pensamentos do intérprete foram usados para redespertar o significado do texto" [VM: 388]. Este é o processo de aplicação. Gadamer conclui: "o caráter linguístico da compreensão é a concretização da consciência efetuada historicamente" [VM: 389]. O caráter linguístico significa que a compreensão ocorre no meio da linguagem. Nossa consciência, que sempre é efetuada pelo passado, é concretamente (ou seja, realmente) aquilo que compreendemos através da linguagem, através da fusão de horizontes. Para Gadamer, como para Heidegger, a linguagem é a revelação do mundo.

A linguagem também é o objeto da experiência hermenêutica. Há muitos objetos não linguísticos, como obras de arte, monumentos, estruturas arquitetônicas e instituições sociais que foram preservados na atividade humana passada. Entretanto, para investigar, interpretar e pensar sobre eles, precisamos usar a linguagem. "A linguagem é a linguagem da própria razão" [VM: 401]. Entretanto, "a tradição linguística é tradição no sentido próprio da palavra – ou seja, algo legado" [VM: 389]. O que foi escrito ou preservado numa tradição oral se destaca do tempo e do local de sua origem e entra na esfera do significado. "A idealidade da palavra é aquilo que leva tudo que é linguístico para além da finitude e transitoriedade que caracteriza os outros resquícios da existência passada" [VM: 390]. A continuidade da memória preserva a idealidade da palavra na tradição. No texto escrito existe a autoalienação, uma vontade de permanência e uma relação com o assunto discutido, de forma que ao ler um texto participamos "daquilo que o texto compartilha conosco" [VM: 391]. O intérprete deve fazer com que o texto escrito fale. "Toda escrita afirma que pode ser despertada para a linguagem falada" [VM: 394]. A idealidade da palavra ou a autonomia do significado permite que o leitor experimente o que o texto tem a dizer para ele.

A finalização da atividade hermenêutica de interpretação ocorre na linguagem. Compreender o que um texto tem a dizer, como vimos, sempre envolve interpretação e aplicação, o que significa que "temos que traduzi-lo para nossa própria linguagem" [VM: 396]. A fusão de horizontes, ou a dialética da pergunta e da resposta que usamos para caracterizar a experiência hermenêutica, ocorre através do meio da linguagem. De fato, os próprios preconceitos são linguísticos. "Interpretar significa precisamente colocar nossos próprios preconceitos em jogo para que o significado do texto realmente possa falar conosco" [VM: 397]. Como a fusão de horizontes envolve o horizonte expandido do intérprete, e como intérpretes diferentes em tempos históricos diferentes terão horizontes expandidos diferentes, a compreensão correta do que o texto tem a dizer será afirmada diferentemente em situações hermenêuticas diferentes. "Portanto, não pode haver nenhuma interpretação particular que seja correta 'por si mesma'" [VM: 397]. Isto não significa que as interpretações se tornam subjetivas, nem implica que não possamos interpretar erradamente. Pelo contrário, "o caráter explícito verbal que a compreensão obtém através da interpretação não cria um segundo sentido diferente daquele que é compreendido e interpretado" [VM: 398]. Para compreender como podemos chegar a um acordo na conversa entre o intérprete e o texto, Gadamer examina o desenvolvimento do conceito de linguagem no Ocidente.

Ponto-chave

A linguagem constitui tanto o meio quanto o objeto da experiência hermenêutica. Ao fazer com que um texto fale, o intérprete entra numa conversa com o texto que ocorre no meio da linguagem. Como o exemplo da tradução demonstra, a tarefa do intérprete de fazer o texto falar envolve tanto interpretação quanto aplicação. A idealidade da palavra e a continuidade da memória constituem o objeto da experiência hermenêutica, de forma que a palavra escrita transcende as circunstâncias de seu uso.

O desenvolvimento do conceito de linguagem

Gadamer começa sua discussão sobre a linguagem com o *Crátilo* de Platão, onde duas teorias sobre a relação entre a palavra e a coisa nomeada são examinadas. Na teoria convencionalista uma palavra é um sinal que concordamos em usar para representar um objeto já conhecido. O fato de ser difícil mudar os significados das palavras numa linguagem viva indica uma fraqueza desta teoria. Na teoria da semelhança diz-se que a palavra é uma cópia daquilo que nomeia. O problema aqui é que não podemos criticar uma palavra por ser uma representação ruim do objeto. Entretanto, ambas as teorias pressupõem falsamente que podemos conhecer o objeto a ser nomeado sem usar a linguagem. Gadamer, seguindo Heidegger, mantém que a palavra correta "traz a coisa para a apresentação" [VM: 410] e que não há nenhuma lacuna entre a palavra e seu significado. *Crátilo* termina demonstrando que a palavra não é uma cópia, e por isso "a única alternativa parece ser que ela é um sinal" [VM: 413]. Mas isto nos leva na direção errada, porque então pensamos a linguagem como um sistema de sinais. Seguindo a análise de Heidegger do significado e da experiência, que discutimos no exemplo do atril, Gadamer contesta: "A linguagem e o pensar sobre as coisas estão tão unidos que é uma abstração conceber o sistema de verdades como um sistema pré-dado de possibilidades de ser para o qual o sujeito significante seleciona sinais correspondentes" [VM: 417]. A experiência não ocorre fora e antes da linguagem, mas dentro dela. "Nós procuramos a palavra correta – ou seja, a palavra que realmente pertence à coisa – para que nela a coisa venha para a linguagem" [VM: 417].

Este sentido da palavra como o evento da revelação do mundo é exemplificado no conceito cristão de encarnação, onde a palavra é pensada como um verbo. A palavra divina traz o ser nomeado para a existência. O que interessa a Gadamer são as três distinções que Tomás de Aquino estabelece entre a palavra divina e as palavras humanas. Primeiro, enquanto a palavra divina é realidade pura, a palavra humana precisa se mover da potencialidade para a realidade. O pensamento humano começa com palavras de nossa memória e só então considera como expressar seu pensar com precisão. Quando a palavra correta é encontrada, "a coisa está então presente nela" [VM: 425]. A compreensão começa com nossos preconceitos, nossa linguagem herdada, e então através da interpretação encontra as palavras corretas para trazer o assunto para a compreensão explícita. Entretanto, em segundo lugar, a palavra humana é essencialmente incompleta, enquanto a divina é completa. A palavra humana não é incompleta porque não é capaz de refletir nosso pensar com precisão, mas porque "nosso intelecto é imperfeito" [VM: 425]. Enquanto uma consciência efetuada historicamente, nossa compreensão não pode alcançar um ponto de vista objetivo ou uma verdade absoluta. Finalmente, enquanto a palavra divina expressa a essência da coisa completamente, a palavra humana só pode fazer isso incompletamente. Apesar das palavras humanas trazerem o assunto para a presença, a finitude humana e nossa abertura para experiências futuras implicam que o assunto nunca está totalmente presente. Estas distinções demonstram que o pensar e o falar formam uma unidade interna. O pensar ocorre na linguagem. Elas também demonstram que as palavras humanas, por serem incompletas, podem ser desenvolvidas no evento da formação de conceitos.

A discussão da formação de conceitos entra num estágio novo com Nicolau de Cusa (1401-1464), que enfatizou o elemento criativo na formação de conceitos. Para ele, "é a mente humana que ao mesmo tempo complica e explica" [VM: 435]. As linguagens humanas diferentes ilustram a complicação criativa da linguagem onde as diferentes comunidades linguísticas desenvolveram seus conceitos em relação a seu próprio modo de vida. O exemplo de Gadamer é a palavra "camelo". O alemão e o português só têm uma palavra, mas uma linguagem do norte da África tem muitas palavras que denotam relações diferentes e importantes entre seres humanos e camelos. Por outro lado, estes conceitos ainda se referem "à palavra interna – ou seja, 'natural'" [VM: 437]. Isto significa que ainda há um assunto sendo revelado de formas diferentes em linguagens diferentes. Portanto, uma expressão numa linguagem pode ser melhor ou mais apropriada do que uma expressão em outra linguagem. A teoria da linguagem de Cusa propõe um ponto intermediário entre o nominalismo e o essencialismo. Ela é nominalista porque pressupõe não uma ordem das coisas preestabelecida da qual o conhecimento se aproxima, mas sim "que esta ordem é criada através da diferenciação e combinação a partir da natureza dada das coisas" [VM: 438]. Ela é essencialista porque as muitas expressões diferentes para um assunto "não impedem todas as expressões de serem um reflexo da coisa em si" [VM: 438].

Para esclarecer a relação entre as várias linguagens humanas e os assuntos que elas revelam de formas diferentes, Gadamer emprega a teoria da linguagem de Humboldt. De acordo com Humboldt, "toda linguagem deve ser vista como uma visão particular do mundo" [VM: 440]. Ele investiga como diferenças em várias linguagens emergem da estrutura interna da faculdade linguística humana. Gadamer inverte o conceito abstrato de linguagem de Humboldt. A forma verbal está ligada ao conteúdo da tradição. A linguagem apresenta uma visão de mundo não por causa de sua estrutura formal, mas "por causa daquilo que é dito ou legado nesta linguagem" [VM: 441]. A ideia central em Humboldt que Gadamer apropria é que "uma visão de linguagem é uma visão de mundo" [VM: 442]. Apesar de todos os seres vivos existirem num ambiente que os afeta, apenas os seres humanos têm a liberdade de refletir sobre seu ambiente e compreendê-lo na linguagem. O fato de tradições culturais diferentes terem desenvolvido conceitos diferentes ao refletir sobre o ambiente levou às diferenças nas linguagens particulares. Portanto, falar uma linguagem particular traz a visão de mundo associada incorporada nesta linguagem para a percepção reflexiva. "A linguagem só tem seu ser verdadeiro no diálogo, no chegar a uma compreensão" [VM: 446]. Portanto, uma tradição linguística indica sobre quais assuntos e questões fatuais essa comunidade linguística chegou a um acordo. Como toda linguagem é uma linguagem humana, ela pode se expandir para incluir qualquer percepção possível contida em outra linguagem. Entretanto, não há uma linguagem perfeita em que o mundo em si apareça. "A perfectibilidade infinita da experiência humana do mundo significa que, não importa que linguagem utilizemos, nunca somos capazes de ver nada além de um aspecto cada vez mais estendido, uma 'visão' do mundo" [VM: 447].

Para esclarecer a ideia de uma visão da linguagem Gadamer se refere à discussão de Husserl sobre as perspectivas de percepção de uma coisa em si, e implicitamente à forma pela qual a intencionalidade da consciência é capaz de intencionar o objeto inteiro. Husserl afirma que quando andamos ao redor de uma mesa, por exemplo, experimentamos perspectivas diferentes e distintas da mesa. Nenhuma perspectiva de percepção particular revela a mesa inteira. A consciência intencional unifica estas perspectivas de percepção através de um ato intencional que apresenta a mesa inteira para a consciência. Há, entretanto, duas diferenças importantes entre a teoria de Husserl das perspectivas de percepção e o conceito de Gadamer de "sombreados da linguagem", ou as perspectivas particulares de cada visão da linguagem. Primeiro, cada sombreado ou perspectiva de percepção é diferente de todos os outros, enquanto os sombreados linguísticos estão abertos à inclusão de outras perspectivas. Na discussão sobre o conceito de horizonte, descobrimos que o horizonte do intérprete não é estático, sendo capaz de se expandir para incluir outros horizontes. Segundo, todos os sombreados de percepção distintos coconstituem a coisa em si. Entretanto, como acabamos de ver, o mundo em si não pode ser revelado pela expansão dos sombreados linguísticos. Não há uma linguagem perfeita que revelaria o mundo em si. Isto também implica que as perspectivas linguísticas "do mundo não são relativas no sentido de podermos opô-las ao 'mundo em si'" [VM: 447]. Diferente da consciência intencional, que pode constituir o objeto intencional em si, a consciência efetuada historicamente não consegue alcançar uma posição objetiva a partir da qual o assunto total possa ser compreendido. Gadamer afirma que não podemos objetar que sua afirmação incondicional da natureza condicional da compreensão é autocontraditória porque estas reivindicações não estão no mesmo nível lógico. "A consciência de ser condicionado não suplanta nosso caráter condicionado" [VM: 448]. A descrição ontológica da linguagem demonstra que não há uma linguagem perfeita, e que toda visão da linguagem é apenas uma visão limitada do mundo.

Ponto-chave

Tanto a teoria da linguagem convencionalista quanto a da semelhança pressupõem falsamente que primeiro conhecemos alguma coisa antes de designar uma palavra para ela. A relação correta é que, quando a palavra correta é encontrada, a coisa é revelada para nós. Como as linguagens humanas são imperfeitas em relação à linguagem divina, o que aparece na linguagem humana é incompleto. Por esta razão, podemos desenvolver conceitos para expressar melhor nossa experiência do mundo. Cada linguagem humana particular, uma visão da linguagem, apresenta apenas uma visão de mundo particular. Apesar de cada visão da linguagem ou horizonte de significado poder ser expandido para incluir qualquer outro, não pode haver uma linguagem perfeita na qual o mundo em si seria revelado.

A universalidade da hermenêutica

Depois de esclarecer a relação entre a linguagem e o mundo que ela revela, Gadamer pode definir com maior precisão o sentido em que o intérprete pertence à tradição. O fato de uma pergunta da tradição se endereçar primeiro ao intérprete, que então responde com sua interpretação, prova que a experiência hermenêutica é um evento na linguagem. O evento revelador que a linguagem é pode ser visto da perspectiva do intérprete e da perspectiva do assunto que vem a ser expresso. Da perspectiva do intérprete, o evento da linguagem implica que a "palavra que desceu para nós como tradição e que devemos escutar realmente nos encontra" [VM: 461]. Não é o caso que a mente do intérprete controla aquilo que se endereça a ele da tradição. O intérprete experiente está aberto a novas experiências. Como já discutimos, o intérprete é questionado pela tradição e interpreta a resposta do texto ao assunto sob discussão.

Da perspectiva do suposto objeto, a palavra da tradição, o evento da linguagem significa "o vir brincar, a brincadeira do conteúdo da tradição em suas possibilidades cada vez mais amplas de significância e ressonância" [VM: 462]. Ao se dirigir ao intérprete, a tradição transfere aquilo que tem a dizer para o pensamento do intérprete. A interpretação traz algo novo para a linguagem ao escutar o que a tradição tem a dizer. Desta forma, o intérprete preserva a tradição e aumenta seu efeito. Gadamer enfatiza que na nova apropriação da tradição surge algo que não estava lá antes, mas "não há nenhum ser-em-si que é cada vez mais revelado" [VM: 462]. Como descobrimos na discussão da visão da linguagem que apresenta uma visão de mundo, não há nenhum mundo em si que possa ser revelado numa linguagem perfeita e que poderia funcionar como um critério para medir as visões da linguagem diferentes. Num sentido semelhante, não há nenhuma coisa em si que poderia funcionar como um critério para sua revelação progressiva em linguagens diferentes. Como o modo de ser da tradição é a linguagem, e ela fala conosco, "é literalmente mais correto dizer que a linguagem nos fala, em vez de que nós a falamos" [VM: 463]. Nós herdamos nossos preconceitos da tradição, e eles constituem nosso horizonte linguístico de significado possível. Como a compreensão deve começar com esta linguagem herdada e seu esquema conceitual, podemos dizer que a linguagem nos fala. Ao interpretar um texto do passado, o intérprete entra no evento da tradição e da linguagem. Portanto, "realmente é verdade dizer que este evento não é nossa ação sobre a coisa, mas o próprio ato da coisa" [VM: 463].

Este evento hermenêutico da interpretação é especulativo num sentido similar ao conceito de Hegel, mas também diferente. Ele é similar ao conceito de Hegel porque o evento especulativo é um espelhamento onde há uma "duplicação que ainda é apenas uma coisa" [VM: 466]. Como vimos na discussão do significado de uma lei, os casos precedentes diferentes não estabeleceram uma nova lei, e sim realizaram o significado da lei em si. Nas interpretações historicamente diferentes de um texto, é o próprio texto que acaba falando no horizonte do intérprete. "A relação hermenêutica é uma relação especulativa" [VM: 471]. O conceito de Gadamer do evento especulativo difere do de Hegel em relação ao movimento especulativo na história. Em Hegel, a progressão teleológica da dialética é estabelecida quando a tese é expressa novamente na síntese. A relação hermenêutica especulativa na dialética da pergunta e da resposta "sempre é um movimento relativo e incompleto" [VM: 471], o que significa que ela não se aproxima teleologicamente do conhecimento absoluto. A consciência efetuada historicamente ao se conhecer a verdade da experiência "conhece o caráter aberto absoluto do evento do significado" [VM: 472].

De qualquer forma, para que as interpretações historicamente diferentes de um texto sejam eventos especulativos, os erros subjetivos de interpretação devem ser eliminados. Gadamer afirma que a consciência tem um padrão no evento hermenêutico para julgar o evento de significado: "o conteúdo da própria tradição é o único critério, e ele se expressa na linguagem" [VM: 472]. A tradição não pode ser o critério para a interpretação correta no sentido que a tradição sempre está correta em relação ao intérprete atual. Isto eliminaria a possibilidade de uma crítica da tradição que Gadamer afirma. Seria equivalente à posição dos românticos de que o passado sempre está correto, que Gadamer criticou. O conteúdo da tradição é o padrão no sentido que a nova interpretação correta do texto continua a tradição. Entretanto, Gadamer prossegue, não há uma consciência, como em Hegel, onde o assunto aparece "sob a luz da eternidade. Toda apropriação da tradição é historicamente diferente, mas isto não significa que cada uma representa apenas uma compreensão imperfeita dela. Em vez disso, cada uma é a experiência de um 'aspecto' da coisa em si" [VM: 473]. A mesma palavra alemã que aqui é traduzida como "aspecto" foi traduzida como "visão" na discussão da visão da linguagem sendo uma visão de mundo. Esta conexão é importante porque assim como uma linguagem particular só apresenta uma visão de mundo particular, cada interpretação correta também só apresenta uma visão ou aspecto da coisa em si. Assim como não há uma linguagem perfeita que apresenta o mundo em si, não há uma interpretação perfeita que apresenta a coisa em si, que também poderia ser traduzida como o assunto, em sua totalidade. Ambos os casos indicam a finitude fundamental da compreensão humana. Interpretações diferentes, mas corretas, de um texto em horizontes históricos diferentes são especulativas no sentido que esta multiplicidade de aspectos trata do mesmo assunto expresso no texto. "Ser a mesma, mas, ao mesmo tempo, diferente, prova que toda interpretação é, de fato, especulativa" [VM: 473]. A discussão de Gadamer do evento especulativo da compreensão se concentra no caso em que a tradição é julgada correta, enquanto o caso em que o intérprete está correto, mas a tradição errada, não é discutido, apesar de ser sugerido. Entretanto, nesse caso o intérprete não teria uma experiência nova no sentido estrito, porque ele não teria aprendido algo novo. De qualquer forma, Gadamer poderia ter percebido um caso em que no diálogo algo novo é revelado que não estava nem no horizonte do intérprete nem no do texto.

Como um exemplo do evento especulativo da compreensão, pense numa apresentação bem-sucedida de *Hamlet*. Mesmo que você afirme que esta apresentação seja a interpretação mais apropriada, ou seja, mais correta, de *Hamlet* para esta situação histórica, eu não acho que você diria que ela é a única interpretação correta possível para toda a história. Se alguém afirmasse isto, estaria implicado que nenhuma apresentação futura deveria ser sequer tentada porque ela fracassaria por definição. Na realidade, cada apresentação desta produção em particular é levemente diferente; será que isto significa que apenas uma apresentação é a correta? Pense agora em várias apresentações bem-sucedidas de *Hamlet* no passado. Se não há nenhuma apresentação perfeita, pareceria razoável supor que houve várias apresentações bem-sucedidas desde que Shakespeare apresentou *Hamlet* pela primeira vez. Se tentássemos argumentar contra Gadamer, dizendo que é o autor que determina o significado correto, então teríamos que escolher ou criar uma hipótese de que apenas uma apresentação de *Hamlet* que Shakespeare dirigiu e na qual participou seria a interpretação correta. Todas as outras apresentações seriam então erros de interpretação. Se isto fosse o caso, seria razoável perguntar por que alguém se daria ao trabalho de produzir *Hamlet* se o projeto certamente fracassará. Se afirmássemos que é preciso tentar reconstruir o original, então isto parece uma tarefa impossível. Não sabemos exatamente como Shakespeare dirigiu a peça. Seria ainda mais problemático encontrar atores que pensassem e se sentissem exatamente como os atores de Shakespeare. Quem poderia afirmar ser o próprio Shakespeare? A proposta de Gadamer parece ser mais razoável. Existem, e continuarão a existir, interpretações bem-sucedidas e corretas de *Hamlet*. Não há uma única apresentação perfeita, e sim uma série de apresentações bem-sucedidas de *Hamlet* que trazem o assunto da peça para o palco. Cada apresentação bem-sucedida, ainda que diferente, encena um "aspecto" ou perspectiva do assunto único de *Hamlet*. Ela é um evento especulativo por ser diferente, mas ao mesmo tempo espelhar o mesmo assunto único.

Gadamer demonstrou que a linguagem é ao mesmo tempo o meio e o objeto da compreensão, e que ela é o modo de ser da tradição.

No evento hermenêutico da compreensão, a coisa em si, enquanto o assunto de um texto, se endereça ao intérprete. Na interpretação bem-sucedida o evento especulativo de uma perspectiva do assunto chega ao horizonte de linguagem do intérprete. Ser especulativo significa que o mesmo assunto chega à linguagem em interpretações diferentes, mas corretas. Estes resultados descobrem uma realidade ontológica universal: "O ser que pode ser compreendido é a linguagem" [VM: 474]. A universalidade da hermenêutica é confirmada pelo fato de que qualquer compreensão do ser sobre a qual os intérpretes chegam a concordar ocorre na linguagem, e a compreensão da linguagem requer interpretação e aplicação, ou seja, a hermenêutica. Esta afirmação não significa que o ser é a linguagem, ou que a linguagem determina o ser. Em vez disso, como vimos, o mundo revelado é a parte do ambiente que os seres humanos compreendem reflexivamente, pensam e interpretam em seu horizonte de linguagem. Uma linguagem particular, uma visão da linguagem, apresenta uma visão de mundo. Portanto, aquilo que pode ser compreendido ou mal compreendido sempre é realizado usando a linguagem. Como a compreensão ocorre dentro do círculo hermenêutico e não podemos escapar deste círculo para um ponto de vista objetivo, toda compreensão começa com nossos preconceitos herdados. Como o modo de ser da tradição é a linguagem, nossos próprios preconceitos são linguísticos. Portanto, a compreensão ocorre dentro da linguagem. Mesmo perceber reflexivamente um suposto dado bruto dos sentidos significa trazê-lo para a matriz conceitual da linguagem. O próprio pensar ocorre como um diálogo interno na linguagem. Portanto, o ser que pode ser compreendido, o que significa que podemos pensar sobre ele e compreendê-lo interpretativamente, ocorre dentro da linguagem e é limitado por ela. A linguagem não é um sistema de sinais usado para designar seres já conhecidos. A própria linguagem traz os seres para a presença dentro da consciência efetuada historicamente.

Gadamer se refere à metafísica do belo de Platão para desenvolver dois pontos sobre a compreensão hermenêutica. Em Platão, o belo está ligado ao bom e também ao verdadeiro. Entretanto, o belo tem uma vantagem sobre o bom e o verdadeiro, já que o belo brilha por si mesmo e se faz imediatamente evidente ou esclarecedor no evento de sua apreensão. O primeiro ponto de Gadamer é que "o aparecimento do belo e o modo de ser da compreensão têm o caráter de um evento" [VM: 485]. Nós vimos que a experiência hermenêutica de chegar a compreender é uma experiência no sentido primário de reconhecer que aquilo que achávamos que era o caso estava errado e que alguma outra coisa é o caso. Ao discutir a natureza especulativa do conhecimento, vimos que o assunto ou coisa em si estava ativo primariamente no sentido de se jogar no movimento da tradição. No horizonte expandido do intérprete onde ocorre a adjudicação de preconceitos, são consideradas várias respostas à pergunta colocada pela tradição e pelo texto. Como é o caso com o próprio belo, a resposta belamente enunciada brilha e é evidente, fazendo assim com que os interlocutores concordem. Gadamer escreve:

> Este conceito de caráter evidente pertence à tradição da retórica. O *eikos*, o verossímil, o "provável" (*Wahr-Schein-liche*: "brilho verdadeiro"), o "evidente" [*Einleuchtende*: esclarecedor], pertencem a uma série de coisas que defendem sua correção contra a verdade e certeza daquilo que é provado e conhecido" [VM: 485].

A tradição retórica reconhece que nem tudo que é verdadeiro pode ser provado cientificamente. Aquilo que não pode ser provado, mas é bem dito ou lindamente dito, pode ser reconhecido como verdadeiro. Estes termos da tradição retórica significam que algo pode ser aceito como evidente ou esclarecedor, mesmo que não tenha sido provado cientificamente como verdadeiro. De fato, aquilo que é bem dito é capaz de "se afirmar pela razão de seu próprio mérito" [VM: 485]. No diálogo entre pergunta e resposta, aquilo que é esclarecedor brilha e convence os interlocutores. "Aquilo que é evidente sempre é algo que é dito – uma proposta, um plano, uma conjetura, um argumento, ou algo desse tipo" [VM: 485]. O que nos convence por seu caráter evidente "sempre também é algo surpreendente, como uma nova luz sendo acesa" [VM: 486]. Quando algo nos fala a partir da tradição, ele faz uma afirmação para nós e é evidente, mesmo que não seja decidido em todos os detalhes.

O segundo ponto que Gadamer deriva da discussão do belo é que a experiência hermenêutica compartilha um sentido de imediação que também está na experiência do belo e em "toda evidência da *verdade*" [VM: 485]. O belo, em seu brilho, apresenta-se imediatamente como belo e como bom e verdadeiro. No evento hermenêutico da verdade, aquilo que aparece como evidente, brilha e é imediatamente convincente como o belo é imediatamente belo. "Se começarmos com a visão ontológica básica de que o ser é *linguagem – ou seja, autoapresentação* – como a experiência hermenêutica do ser nos revela" [VM: 487], então a verdade do ser se apresenta imediatamente na palavra correta ou naquilo que é bem-dito, como o belo se apresenta. A verdade da experiência é que o intérprete está aberto à possibilidade de uma experiência genuína. Nós não pressupomos já saber a verdade. Ao interpretar um texto, "aquilo que encontramos na tradição nos diz alguma coisa" [VM: 489]. Como intérpretes, precisamos expandir nosso horizonte para incluir o que o texto tem a dizer. Se o texto tem algo verdadeiro a dizer sobre o assunto em discussão e o intérprete escuta e aceita isso, então ele é uma experiência genuína, "um encontro com algo que se afirma como verdade" [VM: 489].

Juntando estes dois pontos, Gadamer finalmente, mas implicitamente, responde a pergunta epistemológica inicial sobre os preconceitos legítimos. No diálogo entre interlocutores, ou entre o intérprete e o texto, várias interpretações possíveis, ou seja, preconceitos possíveis, são levados em consideração. Em algum momento, de uma forma que não pode ser prevista (lembre-se da imagem do exército de Aristóteles) uma interpretação ou preconceito (ou mais de uma) brilha como a interpretação evidente ou correta e convence os interlocutores de sua veracidade. Este é o evento hermenêutico da verdade. Este evento ocorre quando o intérprete, ao levar em consideração vários significados das partes e do todo, experimenta sua unidade de significado coerente. É como se tudo se encaixasse repentinamente, e a fusão de horizontes termina com a descoberta dos preconceitos verdadeiros e a rejeição dos ilegítimos. Como notamos no começo desta seção, Gadamer afirma que no evento da linguagem é mais correto dizer que linguagem nos fala, e que este evento é mais um ato da própria coisa do que nosso ato subjetivo. Podemos agora esclarecer estas afirmações com referência ao evento hermenêutico da verdade. O fato de aquilo que é dito bem ou belamente brilhar e convencer o intérprete é mais um ato do próprio assunto. Ao revelar a interpretação correta ou preconceito legítimo, é a linguagem reveladora daquilo que é dito belamente que nos informa.

Se concordarmos mais ou menos com aquilo que Heidegger disse sobre a linguagem como a casa do Ser, como Gadamer concorda, então esta solução para a pergunta da descoberta de preconceitos legítimos que permitem a compreensão correta é bastante razoável e convincente. Podemos colocar mais algumas coisas para o leitor mais cético. Se considerarmos que os movimentos do intérprete entre o todo e as partes são como resolver um quebra-cabeças, poderíamos concordar que normalmente a solução do quebra-cabeças aparece de repente e tudo, por assim dizer, se encaixa. Lembre-se da frase de *Hamlet*. "Não, responda-me. Pare e desdobre-se." Assim que compreendemos que "desdobrar-se" pode significar revelar, seja consultando um dicionário ou apenas nos lembrando, a sentença repentinamente faz sentido. Num certo sentido, aquilo que faz a sentença fazer sentido e nos convence de sua unidade de significado é o poder da linguagem de formar uma unidade de significado. Como

Hermenêutica **183**

outro exemplo, pense no surgimento de uma nova metáfora. Não há lógica alguma que possa prever quando uma nova justaposição de conceitos funcionará e será aceita. Em vez disso, ao lê-la ou escutá -la esta justaposição simplesmente faz sentido; ela, por assim dizer, brilha e nos convence. Se isto não acontecesse, ela fracassaria. Da mesma forma, um poema belo, ou seja, bom, é capaz de dizer algo de forma a nos convencer de seu poder de apresentar seu tópico. Seu uso da linguagem revela seu tema para nós numa forma mais precisa ou verdadeira do que seríamos capazes de fazer. O poema não prova sua verdade, mas ao ser bem-dito ele nos convence de sua verdade. Talvez o maior impedimento para reconhecer o que Gadamer propõe é nosso preconceito em favor do método científico e seu conceito de verdade, que Heidegger questionara e Gadamer também questiona. Sob este paradigma, poderíamos concordar que aquilo que Gadamer disse poderia se aplicar à descoberta de uma hipótese, mas não à sua confirmação onde a verdade científica é revelada. Não podemos entrar neste debate aqui, mas eu lembro o leitor daquilo que Gadamer disse sobre o verdadeiro sentido da experiência e seus comentários introdutórios sobre as experiências da verdade que são diferentes das científicas.

Voltando à discussão de Gadamer sobre o evento hermenêutico da verdade, precisamos notar que nesta discussão ele também se concentra no caso em que a tradição tem algo verossímil a nos dizer. Temos uma experiência genuína quando descobrimos que aquilo que achávamos que era verdade não é o caso. Aprendemos alguma coisa com a tradição. Infelizmente, Gadamer não discute o caso em que descobrimos que o texto não tem nada a dizer e a posição do intérprete continua correta. Ele diz que é errado que o intérprete pressuponha ter "conhecimento superior sobre o assunto" [VM: 489]. Mas isso não é o bastante. Talvez Gadamer não discuta o caso onde o intérprete está correto porque tal caso não seria uma experiência genuína da verdade, já que não aprendemos que estávamos errados.

Entretanto, como vimos, quando Gadamer defende a reabilitação da autoridade da tradição em oposição à crítica do Iluminismo, ele afirma claramente que não podemos pensar que a tradição esteja sempre correta. Até porque isto seria exatamente a posição dos românticos que ele critica. Mas Gadamer não trata explicitamente do caso possível onde no diálogo entre pergunta e resposta poderia emergir da discussão uma nova verdade que nem o texto nem o intérprete conheciam antes. Talvez Gadamer reconheça implicitamente esta possibilidade quando ele se refere à sua discussão anterior do conceito de brincar na análise da obra de arte e escreve: "o brincar da própria linguagem, que se endereça a nós, propõe e retira, pergunta e se preenche na resposta" [VM: 490]. No diálogo entre pergunta e resposta as implicações daquilo que é dito na linguagem podem tomar a liderança e uma nova posição verdadeira pode se desenvolver.

Levando em conta esta situação, quando Gadamer diz: "alguém que compreende sempre já é trazido para um evento através do qual o significado se afirma" [VM: 490], isto não precisa significar exclusivamente que é apenas o significado do texto que se afirma. Não importa se a verdade vem do texto, do intérprete ou de seu diálogo, sempre é o caso que a compreensão hermenêutica é um evento da verdade. "Na compreensão, somos trazidos para um evento da verdade e chegamos, por assim dizer, tarde demais, se quisermos saber no que deveríamos acreditar" [VM: 490]. Gadamer diz que chegamos tarde demais se quisermos saber o que é correto porque o evento da verdade implica que experimentamos a verdade. Se ainda nos questionamos e queremos saber o que é correto, então não houve um evento da verdade. Isto claramente não significa que em algum encontro futuro com o assunto uma nova pergunta e processo de compreensão não possa ser iniciado, pois a verdade da experiência é exatamente estar aberto a tais possibilidades. Gadamer termina *Verdade e método* afirmando que apesar de não haver compreensão "livre de todos os preconceitos" [VM: 490], de qualquer forma "aquilo que a ferramenta do método não realiza deve – e realmente pode – ser realizado por uma disciplina de perguntar e investigar, uma disciplina que garante a verdade" [VM: 491]. Já que necessariamente temos uma consciência efetuada historicamente, apenas alguns de nossos preconceitos podem ser questionados no encontro com o texto ou com outra pessoa. A compreensão sempre ocorre dentro do círculo hermenêutico, de onde não podemos fugir para uma posição objetiva. A impossibilidade de um observador imparcial, ou seja, que não seja efetuado pela história e livre de preconceitos negativos, demonstra os limites dos métodos que pressupõem a imparcialidade. De qualquer forma, o diálogo hermenêutico entre pergunta e resposta pode levar a um evento da verdade onde os interlocutores conseguem chegar a um acordo sobre o caráter evidente da verdade que eles experimentaram.

Incrementando a descrição ontológica da compreensão de Heidegger, Gadamer propõe sua hermenêutica filosófica. Ele renomeia as estruturas prévias da compreensão como "preconceitos" e coloca a pergunta central para a hermenêutica: como podemos identificar os preconceitos legítimos a partir dos quais compreendemos corretamente? Depois de reabilitar a autoridade da tradição como uma fonte possível de preconceitos legítimos, Gadamer descreve os elementos da experiência hermenêutica da verdade. O intérprete deve inicialmente pressupor a coerência e aspiração à verdade do texto, a concepção prévia da completude, para poder questionar seus próprios preconceitos. O horizonte de significado do intérprete precisa ser expandido para incluir o horizonte do texto; a compreensão é a fusão destes horizontes supostamente separados. Para projetar o horizonte do texto, o intérprete precisa aplicar ou "traduzir" aquilo que o texto diz para seu próprio contexto. Este processo de aplicação não cria um segundo significado novo, por ser a realização do significado do texto no horizonte agora expandido do intérprete, assim como um caso precedente realiza o significado verdadeiro de uma lei. O intérprete que reconhece a verdade da experiência está aberto para aprender algo novo e percebe o efeito da história em sua compreensão. Ao fazer com que o texto fale por si mesmo o intérprete entra num diálogo com ele. A tradição faz uma pergunta para o intérprete e ele busca descobrir as perguntas que o texto responde para compreender o que o texto diz sobre o assunto sob investigação. Apesar de Gadamer ter localizado o processo da compreensão na fusão de horizontes e na dialética entre pergunta e resposta, ele ainda não explicou como os preconceitos legítimos são descobertos. Para fazer isto, ele começa examinando o conceito de linguagem. Como a linguagem é o meio e o objeto da experiência hermenêutica, ela é a base ontológica da compreensão. Esta história do conceito de linguagem demonstra que a linguagem humana, por ser imperfeita, revela apenas um aspecto do assunto. Por outro lado, as diferentes interpretações históricas corretas de um texto são especulativas porque cada uma delas apresenta o significado do próprio texto. A hermenêutica é universal porque "o Ser que pode ser compreendido é linguagem". No evento hermenêutico da verdade, a interpretação correta de um texto, ou seja, o preconceito legítimo (ou preconceitos), brilha no caráter aberto da dialética entre pergunta e resposta, convencendo os interlocutores. É por isso que a disciplina hermenêutica do questionamento e da investigação podem garantir a verdade sem se basear no método científico.

Com a publicação de *Verdade e método*, a hermenêutica filosófica de Gadamer dominou o estudo da hermenêutica na filosofia continental. No capítulo 7, discutiremos quatro posições que criticam a hermenêutica de Gadamer. Um grupo de críticos afirma que é a intenção do autor que determina o significado de um texto e que a discussão da aplicação de Gadamer na verdade trata da importância do significado do texto, que precisa ser determinado previamente. Outros críticos afirmam que Gadamer não analisou adequadamente a possibilidade de criticar a tradição e que ele subestima o poder da razão para criticar aquilo que é herdado através da tradição. Um terceiro grupo de críticos propõe reintroduzir a metodologia na hermenêutica filosófica para assegurar os resultados da compreensão. Finalmente, passaremos aos desconstrutivistas, que afirmam que a hermenêutica filosófica permanece aprisionada no pensamento metafísico e ainda tem a esperança falsa de encontrar a resposta para a pergunta sobre o significado correto de um texto.

Ponto-chave

Como nossos preconceitos e nossa tradição são linguísticos, e a compreensão começa a partir de nossos preconceitos herdados, é mais correto dizer que a linguagem nos fala em vez de nós a falarmos. A relação entre um texto e sua história efetiva de interpretações diferentes, mas corretas, é especulativa porque cada interpretação apresenta um aspecto daquilo que o texto diz, ou seja, não há um segundo texto sendo criado na interpretação correta. A hermenêutica é universal porque o "Ser que pode ser compreendido é linguagem". No evento hermenêutico da verdade, a interpretação correta de um texto, ou seja, o preconceito legítimo (ou preconceitos), brilha no caráter aberto da dialética entre pergunta e resposta, convencendo os interlocutores. É por isso que a disciplina hermenêutica do questionamento e da investigação pode garantir a verdade sem se basear no método científico.

Pontos-chave

1) A base ontológica para a experiência hermenêutica é a linguagem, já que ela é o meio e o objeto da compreensão.

2) A linguagem não é um sistema de sinais que são designados para objetos já conhecidos; pelo contrário, a expressão correta traz o objeto para a presença pela primeira vez.

3) Cada linguagem humana particular, uma visão da linguagem, apresenta apenas uma visão de mundo particular.

4) A hermenêutica é universal porque o ser que pode ser compreendido é linguagem.

5) No evento hermenêutico da verdade, a interpretação correta brilha e convence os intérpretes.

7

Controvérsias hermenêuticas

Com a publicação de *Verdade e método*, a hermenêutica filosófica de Gadamer se juntou à conversa da filosofia continental. É claro que o uso de Heidegger da hermenêutica em *Ser e tempo* continuou a ser discutido, mas a hermenêutica não era o foco central dos estudos sobre Heidegger. Por isso, quando a hermenêutica era debatida, a discussão normalmente tratava da hermenêutica filosófica de Gadamer.

Neste capítulo final investigaremos quatro críticas gerais à hermenêutica filosófica através do exame de um filósofo de cada posição, antes de avaliar o futuro da hermenêutica:

• E.D. Hirsch representa a posição tradicional da interpretação literária e da filologia, que se desenvolveu a partir da hermenêutica de Schleiermacher. A posição tradicional afirma que o significado de um texto é determinado pela intenção do autor.

• Jürgen Habermas afirma que a hermenêutica filosófica é incapaz de criticar a tradição porque Gadamer subestima o poder da reflexão. A hermenêutica de Gadamer deve ser modificada para incluir uma crítica da ideologia.

• Paul Ricoeur propõe que a hermenêutica precisa incluir tanto uma teoria da interpretação nas linhas da teoria de Gadamer quanto uma teoria da explicação para poder validar a interpretação. Por não ter uma teoria da explicação, a hermenêutica de Gadamer resulta no relativismo.

• O breve debate de Jacques Derrida com Gadamer representa a crítica geral dos desconstrutivistas que a hermenêutica filosófica de Gadamer continua presa à metafísica e por isso não é radical o bastante.

Nós concluiremos que enquanto houver textos que sejam lidos e discutidos, a hermenêutica continuará a ser um tópico essencial na conversa filosófica. Como a hermenêutica de Gadamer enuncia uma das posições hermenêuticas fundamentais, ela continuará a ser necessária para compreender sua abordagem da hermenêutica.

E.D. Hirsch Jr.

Hirsch (1928-) afirma, em *A validade na interpretação* (1967), que o significado verbal de um texto é determinado pela intenção do autor. Depois de examinar rapidamente sua teoria da interpretação, discutiremos suas críticas específicas à hermenêutica de Gadamer, que aparecem em "Apêndice II: A teoria da interpretação de Gadamer", publicado originalmente em *Review of Metaphysics* (março 1965). Hirsch formula quatro teses centrais:

• O princípio individual universal é que a vontade do autor determina o significado de uma elocução.

• O princípio social universal é que o gênero determina o tipo do significado completo de uma elocução.

• O significado [*meaning*], aquilo que o autor intencionava, é distinto da significância [*significance*], qualquer outra relevância que o significado possa ter para o intérprete.

• A compreensão do significado verbal expresso num texto pode ser validada através de argumentos probabilísticos.

Hirsch afirma que o significado do autor é o único conceito normativo para uma interpretação que seja "convincente universalmente e passível de compartilhamento de modo geral" [VI: 25]. Ele utiliza a teoria do significado de Husserl para afirmar que o significado só pode ser criado pela consciência. Husserl diz, como já mencionei, que a consciência sempre é consciência de alguma coisa. O alguma coisa da consciência é o objeto intencional, e o ato da consciência é sua intenção. Atos intencionais diferentes podem ter o mesmo objeto intencional. Você pode ver um objeto físico de pontos de vista diferentes, os atos intencionais diferentes, e estar consciente de, ou seja, intencionar, o objeto inteiro, o objeto intencional. Na área da linguagem, o significado verbal é o objeto intencional que o autor deseja. "O significado verbal é o que quer que alguém tenha desejado transmitir através de uma sequência particular de sinais linguísticos e que possa ser transmitido (compartilhado) através desses sinais linguísticos" [VI: 31].

O significado verbal precisa ser reproduzível, porque senão eu não conseguiria me lembrar, ou afirmar que queria dizer a mesma coisa em momentos diferentes, e isto implicaria que a linguagem seria impossível. A objeção psicologista de que cada evento mental é único ignora a afirmação de Husserl de que atos intencionais diferentes, eventos mentais diferentes, podem ter o mesmo objeto intencional. A objeção historicista de que o significado passado é intrinsecamente estranho ignora o fato de que posso voltar para o meu significado passado. Apesar disto demonstrar a reprodutibilidade para nós mesmos, o verdadeiro problema na interpretação trata da reprodutibilidade do mesmo significado em outras pessoas.

O significado verbal também precisa ser determinante e imutável, porque senão eu não poderia reproduzir o mesmo significado em mim mesmo. Novamente, a posição de Husserl demonstra que o mesmo objeto intencional, ou seja, determinado, pode ser intencionado por atos intencionais diferentes. É importante perceber que Hirsch afirma que a determinação significa autoidentidade, e não precisão, ou um caráter definitivo. Isto significa que aquilo que é desejado é um tipo, e não um indivíduo único. Um tipo é um conceito de classe que contém mais de um indivíduo e é limitado, ou seja, podemos determinar se um indivíduo, uma característica, é um membro do tipo ou não. Isto significa que duas expressões linguísticas diferentes podem ter o mesmo significado. "Agora o significado verbal pode ser definido mais particularmente como um *tipo desejado* que um autor expressa através de símbolos linguísticos e que pode ser compreendido por outra pessoa através desses símbolos" [VI: 49].

O problema na interpretação é se podemos compreender, ou seja, reproduzir, o significado verbal que o autor desejava. Hirsch segue as ideias de Schleiermacher e Dilthey neste ponto. Ele admite que não podemos saber com certeza o que o autor realmente desejava, e que precisamos reconstruir este significado com base em sinais linguísticos e outras evidências. O intérprete precisa reconstruir "a postura subjetiva do autor" [VI: 238]. "O intérprete precisa adotar simpaticamente a postura do autor (sua disposição em se engajar em tipos particulares de atos intencionais) para que ele possa 'intencionar' com algum grau de probabilidade os mesmos objetos intencionais do autor" [VI: 238]. Hirsch desenvolve a teoria de Dilthey com a ajuda de Husserl ao defender "a reconstrução imaginativa do sujeito falante" [VI: 242] que, ele nota, não significa a pessoa histórica real, mas apenas a parte dele que determina o significado verbal. A consciência, afirma Hirsch, é capaz de reconstruir imaginariamente a postura do autor ao separar seus próprios pensamentos em uma parte da consciência e reconstruir os pensamentos do autor em outra parte, numa duplicação da consciência, por assim dizer. "Um intérprete deve sempre adotar uma postura diferente da sua" [VI: 243]. Gadamer, como vimos em sua discussão da aplicação, discorda desta possibilidade.

Falar envolve duas funções inter-relacionadas: o desejo do autor de um significado determinante e a expressão desse significado em sinais linguísticos.

> O grande problema paradoxal que deve ser enfrentado ao tratarmos dos dois lados da fala é que as normas gerais da linguagem são elásticas e variáveis, enquanto as normas que valem para uma elocução particular precisam ser definitivas e determinadas se quisermos comunicar o significado determinado da elocução [VI: 69].

A tarefa do intérprete é descobrir o uso específico que o autor fez das normas gerais. O intérprete, portanto, precisa conhecer a linguagem como ela existia quando o autor escreveu. O conceito de um tipo compartilhado "pode unir a particularidade do significado com a socialidade da interpretação" [VI: 71]. Ou seja, toda expressão linguística é um tipo compartilhado que pode expressar um significado determinado. "Será conveniente chamar esse tipo que engloba o significado inteiro de uma elocução pelo nome tradicional de 'gênero'" [VI: 71]. Hirsch define o gênero intrínseco como *"aquele sentido do todo através do qual um intérprete pode compreender corretamente qualquer parte em seu caráter determinado"* [VI: 86]. O gênero intrínseco, como um tipo compartilhado, é necessário tanto para o orador compartilhar seu significado quanto para o intérprete determinar o sentido do todo. A partir do gênero, o intérprete deve então descobrir o significado particular que o autor intencionava através do modo particular pelo qual ele determinou o gênero através de seu uso de símbolos linguísticos.

Para evitar confusões na discussão da interpretação, Hirsch afirma que é necessário distinguir entre significado e significância. O significado, ou seja, o significado verbal, é o tipo desejado e compartilhado ou "aquilo que o autor quis dizer com seu uso de uma sequência particular de sinais" [VI: 8]. A significância é "uma relação entre esse significado e uma pessoa, ou uma concepção, ou uma situação, ou na verdade qualquer coisa imaginável" [VI: 8]. Infelizmente, nós usamos "interpretação" tanto para discussões sobre o significado de um texto quanto para sua significância. Ignorar esta distinção, que é o que ele acusa Gadamer de fazer, leva a uma confusão e uma mistura das práticas distintas da compreensão, explicação e crítica. A compreensão na interpretação deve se limitar à construção do significado verbal de um texto. A explicação é a apresentação do significado compreendido para uma plateia particular e muitas vezes usa categorias e concepções que não estão na área linguística do texto original. "Uma explicação tenta apontar para o significado em termos novos" [VI: 136]. Portanto, um intérprete precisa primeiro compreender um texto antes de poder explicá-lo. Hirsch concorda que toda época precisa de novas explicações do significado determinado dos textos porque "os dados históricos com os quais um intérprete deve lidar – a linguagem e as preocupações de sua plateia – variam de época para época" [VI: 137]. O juízo e a crítica se referem a uma discussão do intérprete sobre a significância do significado de um texto, ou seja, a relação do significado do texto com alguma outra coisa.

Uma interpretação que enuncia o significado verbal de um texto não pode reivindicar certeza e precisa ser validada. A interpretação começa com uma conjetura sobre o gênero intrínseco ao qual o texto pertence. Esta conjetura é a hipótese interpretativa. A validação de uma hipótese interpretativa procede através de argumentos probabilísticos baseados no que se sabe até então. "Uma validação precisa mostrar não apenas que uma interpretação é plausível, mas também que ela é a interpretação mais plausível disponível" [VI: 171]. A validação precisa demonstrar que a leitura faz sentido a partir do contexto do autor. É por isso que é essencial, na validação, reconstruir "a postura subjetiva do autor enquanto ela for relevante para o texto em questão" [VI: 238]. O uso de Hirsch de argumentos probabilísticos segue o padrão desta argumentação no método científico. Em referência aos conceitos de Schleiermacher dos métodos divinatório e comparativo, Hirsch sugere que o divinatório "é a conjetura ou hipótese produtiva" [VI: 204] e o comparativo é o crítico, porque "conjeturas sempre são testadas através de comparações" [VI: 205].

> **Ponto-chave**
>
> Hirsch afirma que apenas a intenção do autor pode determinar o significado de um enunciado. Ele aceita a teoria do significado de Husserl, onde atos intencionais diferentes podem ter o mesmo objeto intencional ou significado. O significado verbal é um tipo desejado e compartilhado que o autor consegue comunicar usando as convenções da linguagem e do gênero. O intérprete, também usando estas convenções, desenvolve uma hipótese interpretativa sobre o gênero intrínseco. Através da leitura do texto e do exame de outras informações relevantes, o intérprete propõe sua compreensão do significado intencionado do autor. Esta compreensão é validada por argumentos probabilísticos.

Entre as várias críticas possíveis que Hirsch afirma poder evitar está aquela que mencionamos sobre intenções fracassadas, por exemplo, um trabalho de estudante que não diz o que o aluno intencionava. Este caso parece demonstrar que o significado do texto está na expressão escrita, e não na intenção do autor. Hirsch questiona esta conclusão ao diferenciar entre a dimensão da comunicação e o significado desejado do autor. "Se o autor foi descuidado a ponto de seus enunciados serem lidos da forma errada, então é bem feito para ele que as pessoas não o compreendam" [VI: 233-234]. O significado verbal é definido como o tipo desejado de significado estabelecido pelo autor; entretanto, "o único critério para o significado verbal é a comunicabilidade" [VI: 234]. A comunicabilidade é o critério que julga se o autor conseguiu representar com sucesso seu tipo desejado de significado verbal com os sinais linguísticos escolhidos. O exemplo de Hirsch do uso novo e criativo de "imemorial" por Edgar Allan Poe demonstra que podemos usar palavras de forma não convencional que podem comunicar quando o intérprete descobriu a intenção do autor. Por outro lado, o trabalho do estudante apresenta "sequências de palavras incomunicáveis" [VI: 235] e portanto "não representa nenhum significado verbal determinado" [VI: 234]. Hirsch conclui que também a ironia demonstra que é a intenção do autor e não a

Hermenêutica **195**

autonomia semântica, ou seja, a ideia de Gadamer da idealidade da palavra, que determina o significado de um texto.

Hirsch critica especificamente a hermenêutica filosófica de Gadamer em seu apêndice. Ele reconhece que Gadamer, seguindo Heidegger, argumenta contra o método devido à historicidade da compreensão. Entretanto, ao se opor ao método filológico, Hirsch afirma que a teoria de Gadamer "contém conflitos internos e inconsistências" [VI: 247]. Hirsch analisa três tentativas fracassadas de Gadamer de salvar a ideia da interpretação correta do relativismo implicado pela historicidade: "a tradição, a quase-repetição e a fusão de horizontes" [VI: 254]. Para demonstrar que Gadamer rejeita o relativismo, Hirsch cita sua afirmação de que se "não houver nenhum critério para a validade" então somos levados a "um niilismo hermenêutico insustentável" [VM: 91, apud VI: 251].

Sobre a tradição, Hirsch analisa corretamente a afirmação de Gadamer que o significado de um texto não é determinado pelo autor ou leitor, e sim trata do assunto do texto. O objetivo da interpretação, como vimos, é chegar a um acordo sobre a verdade do assunto. Hirsch rebate que quando "Gadamer identifica o significado com o assunto [...] [isto] é um repúdio não apenas do psicologismo, mas da própria consciência" [VI: 248]. Hirsch, como vimos, diz que Husserl identifica corretamente o significado com a intencionalidade da consciência. Gadamer, seguindo a crítica de Heidegger a Husserl, afirma que o significado sempre já está contido nas estruturas prévias da compreensão e é herdado em nossos preconceitos. Esta diferença filosófica básica representa grande parte da divergência. Sobre o significado de um texto, Hirsch apresenta com exatidão a posição de Gadamer que o significado de um texto escrito se separa da situação original do autor e leitor devido à idealidade da palavra. Hirsch, entretanto, afirma que se a linguagem fala "seu próprio significado, então qualquer coisa que a linguagem nos diga é o seu significado. Ela significa o que quer que assumamos que significa" [VI: 249]. Hirsch diz que um texto então não teria nenhum significado determinado, porque Gadamer afirma que a interpretação não é uma tarefa reprodutiva, e sim produtiva e infinita. Portanto, o significado precisa ser indeterminado, e por isso Gadamer é inconsistente quando rejeita o relativismo, mas aceita a idealidade da palavra e a produtividade resultante da interpretação.

Hirsch sugere que Gadamer pode tentar evitar esta indeterminação reivindicando "um significado variável historicamente [que] preserva a produtividade infinita da interpretação sem abandonar a ideia do significado determinado" [VI: 249]. Entretanto, Hirsch afirma que, se dois intérpretes contemporâneos tiverem interpretações divergentes, não haveria como comparar estas interpretações a outras interpretações na tradição, já que, segundo a hipótese, o significado muda com o tempo. Para evitar este problema, Hirsch sugere que Gadamer pode ter introduzido sua ideia da distância produtiva no tempo, ou distância temporal. Mas então Gadamer precisa afirmar que "o leitor que segue o caminho da tradição está certo, e o leitor que sai deste caminho está errado" [VI: 250]. Entretanto, como os significados mudam com o tempo, não há forma de decidirmos qual leitor está de fato seguindo a tradição. Portanto, a tradição não pode salvar Gadamer do relativismo.

O segundo ponto de Hirsch, a quase-repetição, trata do conceito do especulativo de Gadamer, ou seja, que o mesmo significado aparece em interpretações historicamente diferentes. De acordo com Hirsch, isto implica que Gadamer afirma que um texto tem um significado estável e repetível baseado em seus sinais escritos e no assunto, mas que sua compreensão sempre é diferente devido à necessidade de aplicar o texto ao horizonte do intérprete. Hirsch conclui que "isto parece dizer que o significado do texto tem identidade e é repetível e logo depois que a repetição não é realmente uma repetição e a identidade não é realmente uma identidade" [VI: 252]. Gadamer não pode dizer as duas coisas.

O terceiro ponto de Hirsch trata da fusão de horizontes e a afirmação de Gadamer que a compreensão sempre requer aplicação (ou seja, interpretação). Hirsch concebe que podemos expressar o significado de um autor com palavras diferentes, como quando o aluno reafirma o que o professor disse com suas próprias palavras. Entretanto, isto significa apenas que o mesmo significado é apresentado usando palavras diferentes, e não que compreendamos de forma diferente. Gadamer realmente afirma que o intérprete precisa encontrar as palavras certas para expressar o significado de um texto no processo de fundir os horizontes. Hirsch pergunta criticamente: "como pode um intérprete fundir duas perspectivas – a dele e a do texto – a não ser que ele tenha de alguma forma apropriado a perspectiva original e amalgamado-a com a sua?" [VI: 254] O que Hirsch quer dizer é que o intérprete precisa primeiro compreender o texto original, ou seja, a intenção do autor, antes de poder fundir este horizonte com o seu, ou seja, numa explicação ou interpretação. Estas duas atividades precisam ser mantidas separadas. Hirsch conclui que o conceito de Gadamer da fusão de horizontes pressupõe uma compreensão do texto que sua suposição de historicidade radical nega. Portanto, em todos os três casos Gadamer não consegue salvar a ideia da interpretação correta e é forçado a cair no relativismo.

"A distinção fundamental ignorada por Gadamer é aquela entre o significado de um texto e a significância desse significado para uma situação atual" [VI: 255]. Como discutimos, Hirsch afirma que a compreensão, explicação e significância devem ser separadas, e que Gadamer as mistura. Hirsch concordaria com Gadamer quanto à importância das compreensões vitais de um texto, das interpretações históricas diferentes e da fusão de horizontes apenas se Gadamer estivesse discutindo a significância do texto, e não seu significado. O que Hirsch nega é a afirmação de Gadamer do papel necessário da aplicação para compreender apenas o significado de um texto. Enquanto Gadamer mantém que não podemos ignorar o que sabemos para chegar à perspectiva do autor, Hirsch afirma que a consciência consegue se duplicar para que numa parte da consciência o intérprete possa reconstruir o significado do autor sem importar suas próprias crenças. Hirsch contende que Gadamer baseia seu argumento na doutrina da historicidade radical de Heidegger, que significa que "o ser do significado passado não pode se tornar o ser do significado presente" [VI: 256]. Hirsch afirma que é arbitrário, e portanto errado, separar o passado do presente, porque três minutos atrás é tão passado quanto três anos ou três séculos. Além disso, se a tese de Heidegger estivesse correta, então não poderia haver compreensão de textos escritos, já que todos eles são do passado. A historicidade radical, diz Hirsch, é ela mesma apenas "um dogma, uma ideia da razão, um ato de fé" porque ela não pode ser falseada [VI: 256-257]. Além disso, a doutrina é autocontraditória por afirmar que podemos compreender outra pessoa no mesmo tempo, mas não alguém do passado. Entretanto, as pessoas têm perspectivas distintas e diferentes ao mesmo tempo e ainda assim podem se compreender; portanto, a princípio podemos compreender alguém de outro período com sua perspectiva diferente. Para Hirsch, a doutrina da historicidade não pode ser mantida.

"A concepção mais firme, e a arma mais poderosa no ataque de Gadamer contra a objetividade da interpretação, não é a doutrina da historicidade, e sim a doutrina do preconceito" [VI: 258]. Hirsch aceita o círculo hermenêutico na compreensão. Isto significa que ele reconhece que as interpretações precisam começar com a apreensão prévia do todo e que isto afeta a compreensão das partes. Entretanto, alinhando-se a Dilthey, o círculo "não é vicioso porque uma dialética genuína sempre ocorre entre nossa ideia do todo e nossa percepção das partes que o constituem" [VI: 259]. Podemos escapar do círculo hermenêutico porque as normas linguísticas compartilhadas, o gênero, fornecem a base para hipóteses interpretativas que podem ser validadas. O problema é que Gadamer transforma "o conceito da apreensão prévia na palavra 'preconceito'" [VI: 259]. O conceito de preconceito significa "uma postura preferida ou habitual, fazendo a equação implicar que um intérprete não pode alterar suas atitudes habituais mesmo se quiser fazê-lo" [VI: 260]. Já que é um fato empírico que os intérpretes realmente mudam de atitudes, o uso de "preconceito" para apreensões prévias é ilegítimo. Apesar de Gadamer afirmar que não podemos escapar de nossos preconceitos, o propósito de *Verdade e método* é demonstrar como eles podem ser questionados e legitimados no evento hermenêutico da verdade. A diferença é que Gadamer se apoia no evento da verdade, enquanto Hirsch afirma que uma hipótese interpretativa precisa ser validada.

Hirsch conclui seu ensaio indicando como a ideia de pré-compreensão, entendida como constituída por apreensões prévias em vez de preconceitos, poderia ser incorporada positivamente à sua teoria da validade na interpretação. As apreensões prévias seriam o entendimento preliminar do significado na conjetura do intérprete, ou hipótese interpretativa. Estas apreensões prévias poderiam entrar em conflito com outras, ou seja, outras interpretações possíveis. O critério para apreensões prévias válidas seria o significado intencionado do autor. É possível oferecer argumentos probabilísticos para validar uma hipótese interpretativa, uma apreensão prévia, já que as normas culturais e convenções linguísticas, ou seja, o gênero, permitem que o intérprete faça uma boa conjetura sobre o significado intencionado do autor.

> **Ponto-chave**
>
> Hirsch e Gadamer diferem sobre a constituição do significado. Hirsch, seguindo Husserl, afirma que o significado verbal só pode ser intencionado pelo autor, enquanto Gadamer, seguindo Heidegger, afirma que o significado sempre já é dado e precisa ser interpretado. Hirsch argumenta que o significado e a significância precisam ser separados cuidadosamente, mas Gadamer os mistura. Como a consciência pode isolar parte de si mesma, o intérprete pode reconstruir o significado intencionado pelo autor sem incorporar suas próprias crenças. Gadamer discorda e afirma que sempre há um momento de aplicação já na compreensão de um significado. Gadamer propõe um evento hermenêutico da verdade, enquanto Hirsch afirma que uma hipótese interpretativa precisa ser validada com argumentos probabilísticos. Hirsch afirma que a historicidade da compreensão que Gadamer aceita leva ao relativismo e que o conceito de preconceito de Gadamer limita erroneamente a ideia correta da apreensão prévia como uma hipótese interpretativa.

Jürgen Habermas

Habermas (1929-) concorda com a crítica de Heidegger e Gadamer à autocompreensão objetivista, sua crítica do positivismo em relação às ciências sociais e sua afirmação de que toda compreensão começa com as estruturas prévias da compreensão que implicam na historicidade da compreensão. Entretanto, Habermas afirma que a hermenêutica filosófica precisa incluir uma compreensão autorreflexiva e crítica baseada no distanciamento metodológico do objeto da compreensão. Particularmente, Habermas acusa Gadamer de não reconhecer o poder da reflexão para criticar nossos preconceitos herdados. Finalmente, Habermas critica a reivindicação de Gadamer da universalidade da hermenêutica.

Em seu "Uma resenha de *Verdade e método* de Gadamer" [1967] Habermas afirma que a crítica correta de Gadamer à ciência objetiva não pode "levar a uma suspensão do distanciamento metodológico do objeto, que distingue uma compreensão autorreflexiva da experiência comunicativa cotidiana" [R: 235]. A oposição estrita entre verdade e método de Gadamer, assim como sua crítica da metodologia, vão longe demais. O fato do próprio objeto da compreensão ser parte da tradição humana, e não um objeto físico, realmente implica que o método das ciências naturais não pode ser aplicado. Entretanto, Habermas afirma que isto não significa que toda metodologia é suspeita. Na compreensão autorreflexiva, o intérprete pode adotar uma posição distanciada do objeto que permitiria a aplicação do método num sentido diferente daquele do método das ciências naturais. Sem controle metodológico, ou seja, a possibilidade de crítica, Gadamer "atende à desvalorização positivista da hermenêutica" [R: 234], que declara que a hermenêutica é relativista ou meramente subjetiva.

Gadamer está correto ao afirmar que o intérprete está incorporado à tradição através de seus preconceitos herdados, e que por isso a compreensão não pode sair da tradição para reivindicar uma compreensão objetiva. Entretanto, o erro fundamental de Gadamer é que ele "não percebe o poder da reflexão que se desenvolve na compreensão" [R: 236]. Habermas concorda que a reflexão não pode escapar da tradição em que se encontra, mas "ao entender a gênese da tradição da qual ela parte e sobre a qual ela se volta, a reflexão sacode o dogmatismo das práticas da vida" [R: 236]. Habermas afirma que a reconstrução reflexiva da tradição pode esclarecer as condições sob as quais um preconceito foi aceito. Se esta reconstrução expuser um processo que, através de relações de poder ou alguma outra autoridade dogmática, solidificou ilegitimamente um preconceito como parte da tradição, aquele que compreende é capaz, através do poder da autorreflexão, de rejeitar este preconceito e criticar a tradição.

A ausência de qualquer possibilidade crítica é exemplificada pela discussão de Gadamer da autoridade da tradição, especificamente no processo da educação. Habermas afirma que a compreensão de Gadamer da tradição é conservadora, já que ele "está convencido de que a autoridade verdadeira não precisa ser autoritária" [R: 236]. Habermas cita a proposição de Gadamer, que examinamos, de que o reconhecimento da autoridade não é uma questão de obediência, e sim de razão. Entretanto, Habermas contra-ataca dizendo que a aceitação de um preconceito no processo educacional não é uma questão meramente de reconhecimento e razão, incluindo também "a ameaça potencial de sanções" [R: 237]. Se na reconstrução da gênese de um preconceito particular descobrimos que sua autoridade se devia à força, e não à razão, poderíamos então questionar este preconceito e criticá-lo. "Uma estrutura da pré-compreensão ou de pré-julgamento que se tornou transparente não pode mais funcionar como um preconceito" [R: 237]. Habermas concorda com Gadamer que a compreensão precisa começar dentro da tradição do intérprete. Entretanto, numa reconsideração consciente de um preconceito herdado, a reflexão desenvolve um poder retroativo que pode tornar o preconceito transparente, ou seja, podemos entender por que ele foi aceito. Portanto, "o preconceito de Gadamer sobre o direito dos preconceitos certificados pela tradição nega o poder da reflexão" [R: 237].

Habermas trata da réplica de Gadamer que a crítica reflexiva "pede um sistema de referência que vai além do esquema da tradição enquanto tal" [R: 238]. Ele concorda que a linguagem é o modo de ser da tradição e que o intérprete não pode escapar do horizonte da linguagem. Entretanto, ele diz que Gadamer mais uma vez não compreende o poder da reflexão que trabalha dentro da linguagem para transcender a particularidade da linguagem herdada do intérprete. "A linguagem *também* é um meio de dominação e poder social; ela serve para legitimar relações de força organizada" [R: 239]. Portanto, "a linguagem *também* é ideológica" [R: 239]. Em outras palavras, a linguagem, enquanto o acontecimento da tradição, é não apenas constituída pela mediação dos intérpretes na consciência histórica efetiva, como Gadamer afirma, mas também é formada dentro do processo histórico por modos de produção e relações de poder social reais. "O acontecimento da tradição aparece como um poder absoluto apenas para uma hermenêutica autossuficiente; na verda-

Hermenêutica **203**

de, ele é relativo aos sistemas de trabalho e dominação" [R: 241]. Habermas quer dizer que o acontecimento da tradição não ocorre apenas no domínio da interpretação linguística, mas que as relações de trabalho e poder na sociedade também afetam o desenvolvimento da tradição. Estas relações podem ser examinadas através da reflexão para descobrirmos seus efeitos dentro das estruturas linguísticas herdadas, possibilitando assim a crítica das estruturas herdadas. Por exemplo, num sistema capitalista o preconceito herdado de que seu estatuto econômico é o resultado justificado do seu esforço não resulta da obtenção de um acordo, e sim do sistema de trabalho e dominação. Com a reflexão, poderíamos expor a gênese deste preconceito na ideologia da classe dominante e criticá-lo.

Gadamer responde às críticas de Habermas em "Sobre o alcance e função da reflexão hermenêutica" [1967], afirmando a universalidade da hermenêutica. De modo geral, Gadamer diz que o uso de Habermas do poder da reflexão para apoiar uma metodologia sociológica fracassa, já que "a experiência hermenêutica é anterior a toda alienação metodológica porque ela é a matriz de onde surgem as questões que ela então direciona para a ciência" [AF: 284]. Gadamer quer dizer que nossa matriz de preconceitos herdados estabelece previamente aquilo que é questionável. No exemplo acima, os preconceitos herdados do trabalhador normal muitas vezes impedem que ele sequer veja esse preconceito como questionável. Por outro lado, um membro treinado do Partido Comunista questionaria esse preconceito. Portanto, é a tradição, enquanto nossos preconceitos herdados, que determina aquilo que é questionável antes que a consciência reflexiva sequer perceba um preconceito herdado.

Gadamer afirma que ele não quis dizer que a verdade e o método são "mutuamente exclusivos" [AF: 284], mas que o uso de qualquer método deve pagar o preço da "simplificação e abstração" [AF: 295], que estreita os objetos sob investigação. Isto pode não ser um problema nas ciências naturais, mas nas ciências humanas isto leva a um estreitamento das relações sociais humanas, onde as ciências sociais acabam buscando "a ordenação e controle científicos da sociedade" [AF: 296]. Gadamer admite que Habermas não chega a este ponto, mas, ao defender o interesse de emancipação da reflexão no modelo da psicanálise, ele pressupõe o conhecimento e autoridade do terapeuta em relação ao paciente. Em outro texto, Habermas utilizara o exemplo da psicanálise para ilustrar o potencial de emancipação da reflexão. Gadamer contra-ataca dizendo que, quando esta relação é usada como um modelo para a compreensão e questionamento de preconceitos herdados, não podemos determinar qual grupo social receberá a autoridade do terapeuta. Na conversa hermenêutica, o terapeuta e o paciente estão no mesmo nível. Eles são parceiros no mesmo jogo linguístico e nenhum deles pode pressupor ter conhecimento superior. "Um parceiro de jogo que sempre enxerga seu companheiro 'pelas entrelinhas', que não leva a sério aquilo que eles representam, é um estraga-prazeres que enxotamos" [AF: 297]. Gadamer conclui que o uso da psicanálise como um modelo para compreensão na sociedade fracassa porque ele precisa dogmaticamente pressupor quem será o psicanalista com conhecimento superior.

Quanto à contenção de Habermas que a hermenêutica ignora o efeito real que o trabalho e a dominação têm para justificar preconceitos, Gadamer afirma que "é absurdo encarar os fatores concretos do trabalho e da política como fora do alcance da hermenêutica" [AF: 288]. A reflexão hermenêutica trata de tudo que pode ser compreendido usando a linguagem, e isto inclui aquilo que podemos compreender sobre o trabalho e a política. Apesar de alguns preconceitos poderem vir destes fatores na sociedade, assim que pensamos sobre eles, eles entraram no reino da linguagem e da hermenêutica. "A realidade não ocorre 'pelas costas' da linguagem, ela ocorre pelas costas daqueles que vivem na opinião subjetiva de que compreenderam 'o mundo' [...]; ou seja, a realidade ocorre precisamente dentro da linguagem" [AF: 292]. Como percebemos na discussão de Gadamer sobre a linguagem, a linguagem revela o mundo como uma visão de mundo, por isso não podemos entrar atrás dela. Afirmar que compreendemos o próprio mundo significa que pressupomos falsamente que podemos escapar do círculo hermenêutico para alcançar um ponto de vista objetivo. "Habermas enxerga a crítica da ideologia como o meio de desmascarar as 'trapaças da linguagem'. Mas esta crítica, obviamente, é ela própria um ato linguístico de reflexão" [AF: 287].

Gadamer afirma que Habermas está sendo dogmático ao pensar que a autoridade sempre está errada. A razão e a autoridade não são "antíteses abstratas" [AF: 290]. Ao aceitar esta antítese do Iluminismo, Habermas concede um falso poder à reflexão. Gadamer admite que há casos em que uma autoridade exerce poder dogmático, como na educação, nas forças armadas e através de forças políticas. Entretanto, a mera obediência à autoridade não indica se ela é legítima ou não. "Parece-me evidente que a *aceitação* ou o *reconhecimento* é a coisa decisiva para relações com a autoridade" [AF: 290]. Quando aqueles que não têm poder seguem os poderosos, isto não é aceitação, "não é obediência verdadeira e não se baseia na autoridade, mas na força" [AF: 290]. A perda de autoridade demonstra que a autoridade não se baseia em poder dogmático, mas em aceitação dogmática. A aceitação dogmática significa que "concedemos que a autoridade tem conhecimento e percepção superiores" [AF: 290]. De acordo com Gadamer, a verdadeira questão é se a reflexão, como Habermas afirma, "sempre dissolve aquilo que aceitávamos previamente" [AF: 291] ou se a reflexão, como Gadamer afirma, apenas apresenta uma alternativa àquilo que é aceito sem julgar o que é correto.

> A ideia que a tradição, enquanto tal, deve ser e deve permanecer a única base para a aceitação de pressuposições (uma opinião que Habermas atribui a mim) vai contra minha tese básica de que a autoridade está enraizada no discernimento como um processo hermenêutico [AF: 291].

Gadamer desafia Habermas ao notar que "uma reflexão de emancipação universalizada" buscaria rejeitar toda a autoridade, e então "a imagem orientadora definitiva da reflexão de emancipação nas ciências sociais teria que ser uma utopia anarquista" [AF: 298], o que, obviamente, não é o objetivo de Habermas.

Habermas responde à insistência de Gadamer quanto à universalidade da hermenêutica em "A reivindicação de universalidade da hermenêutica" [1970]. Habermas reconhece quatro formas pelas quais a hermenêutica pode ser útil para as ciências sociais. Primeiro, a hermenêutica "destrói a autocompreensão objetivista" de uma ciência social positivista. Segundo, ela lembra o cientista da "pré-estruturação simbólica do objeto das ciências sociais". Terceiro, ela corrige a "autocompreensão cientística nas ciências naturais", mas não afeta o método científico em si. Quarto, a hermenêutica é necessária para traduzir "informações científicas importantes para a linguagem do mundo da vida social" [RU: 250]. Habermas entende que este quarto aspecto é a base da reivindicação de universalidade da hermenêutica, que é, citando Gadamer, "a universalidade da linguisticalidade humana como um elemento por si só ilimitado e que apoia tudo, e não apenas objetos culturais transmitidos linguisticamente" [RU: 251].

Habermas identifica três formas possíveis para refutar a reivindicação de universalidade da hermenêutica. Uma forma seria usar a epistemologia genética de Jean Piaget, que "descobre as raízes não linguísticas do pensamento operativo" [RU: 251]. Se a teoria de Piaget fosse bem-sucedida, então poderíamos basear o pensamento operativo nestas estruturas pré-linguísticas e a hermenêutica encontraria seu "limite nos sistemas linguísticos da ciência e das teorias de escolha racional" [RU: 252]. Uma segunda forma seria a linguística gerativa: uma teoria geral das linguagens naturais. Se este projeto fosse completado, então sua teoria do significado baseada nas estruturas linguísticas substituiria a teoria hermenêutica do significado. A terceira forma de refutar a reivindicação de universalidade da hermenêutica emerge de uma análise da compreensão na psicanálise e de uma crítica da ideologia para fenômenos coletivos. Habermas elabora esta terceira possibilidade neste ensaio.

A psicanálise trata de expressões linguísticas cujas motivações o sujeito não compreende. Esta situação é um exemplo de "comunicação distorcida sistematicamente" [RU: 252]. Habermas concede que problemas patológicos individuais na fala de uma dada pessoa podem ser ignorados pela hermenêutica. "A autoconcepção da hermenêutica só pode ser estremecida quando se descobre que padrões de comunicação distorcida sistematicamente também estão em evidência na fala [...] 'normal'" [RU: 254]. A hermenêutica profunda ou crítica pressupõe a comunicação distorcida sistematicamente de forma que o autor não sabe o significado verdadeiro do que fala. A psicanálise demonstra a possibilidade da comunicação distorcida e sua solução possível. Sigmund Freud formulou as condições em que podemos esperar a comunicação distorcida. Alfred Lorenzer desenvolveu "uma decodificação da hermenêutica profunda do significado de objetificações especificamente incompreensíveis como uma compreensão de cenas análogas" [RU: 255]. Habermas identifica três pressuposições teóricas na análise de linguagem da hermenêutica profunda. O terapeuta é capaz de identificar a comunicação distorcida porque tem uma pré-concepção do que é a comunicação normal. Ele reconhece um estágio paleossimbólico anterior que depois gera a coordenação normal dos símbolos na linguagem, e estes próprios paleossímbolos são organizados. Finalmente, ele rejeita o modelo de tradução de uma pré-compreensão para a compreensão, e adota o modelo freudiano de ego, id e superego. O estágio paleossimbólico demonstra que a hermenêutica não é universal porque é este estágio anterior o responsável pela coordenação dos símbolos na linguagem.

Habermas afirma que se o sujeito cognoscitivo conseguisse se certificar que tem competência comunicativa através de uma reconstrução teórica, ele poderia quebrar a reivindicação de universalidade da hermenêutica. Gadamer tenta defender a reivindicação universal retrucando que qualquer identificação de um mal-entendido ou de comunicação distorcida "sempre tem que levar de volta a um consenso que já foi estabelecido confiavelmente através da tradição convergente" [RU: 265]. Isto significa que o acordo estabelecido na tradição forma a pré-compreensão ou pano de fundo que permite a própria identificação de um mal-entendido. Portanto, a tradição é anterior a qualquer postura crítica. Habermas responde que, apesar disto parecer plausível, não é o caso por causa da "percepção da hermenêutica profunda que um consenso atingido por meios aparentemente 'razoáveis' pode muito bem ser o resultado de pseudocomunicação" [RU: 266]. A pseudocomunicação inclui acordos alcançados através de compulsão ou distorção. Gadamer só estaria correto se pudéssemos saber que os acordos alcançados na tradição ocorreram sem compulsão ou distorção. Entretanto, a hermenêutica profunda e a crítica da ideologia expõem o papel possível da força em acordos tradicionais. "Uma hermenêutica esclarecida criticamente que distingue entre discernimento e ilusão incorpora a percepção meta-hermenêutica das condições de possibilidade de comunicação distorcida sistematicamente" [RU: 267]. Portanto, a crítica precisa pressupor um consenso ideal e por isso precisa seguir o princípio regulador do discurso racional.

Habermas conclui voltando ao conceito de Gadamer da autoridade da tradição e sua crítica à psicanálise. Habermas afirma que as reivindicações de verdade da tradição só podem ser reconhecidas legitimamente se o consenso alcançado na tradição fosse livre do uso da força. "A experiência da comunicação distorcida contradiz esta pressuposição" [RU: 269]. Como a autoridade significa uma força que foi legitimada e adquiriu "permanência apenas através da aparência objetiva de um acordo pseudocomunicativo não forçado" [RU: 269], a autoridade da tradição precisa entrar em conflito com a razão. Portanto, Gadamer não pode criticar a oposição do Iluminismo entre razão e autoridade. Habermas cita a afirmação de Gadamer de que a reflexão de emancipação do terapeuta precisa ser reconhecida, e, portanto, basear-se num consenso anterior na sociedade. Habermas reitera que este consenso na tradição poderia ser "um consenso forçado que resultou da pseudocomunicação" [RU: 270]. Gadamer está certo ao dizer que a crítica se baseia na tradição em que ela se posiciona. Entretanto, isto implica que "uma hermenêutica profunda que professe o princípio regulador do discurso racional" [RU: 270] precisa expor os preconceitos da tradição que foram justificados por uma pseudocomunicação forçada.

Gadamer responde a este ensaio em "Resposta a meus críticos" [1971]. Ele defende a reivindicação de universalidade da hermenêutica, já que a compreensão e o acordo comunicativo não estão limitados à interpretação de textos, incluindo todas as formas de vida social, porque somos uma comunidade de oradores. "Nada fica de fora desta comunidade de fala; absolutamente nenhuma experiência do mundo é excluída" [RC: 277]. Portanto, as ciências naturais, as formas de produção e a política estão incluídas. Gadamer admite que "seria absurdo afirmar que toda nossa experiência do mundo não é nada mais do que um processo linguístico" [RC: 278]. Entretanto, ele diz que a teoria de Piaget e outros meios não linguísticos de comunicação não afetam negativamente a universalidade da hermenêutica, já que "falar [...] é a existência comunicada. E é realmente na comunicabilidade da compreensão que está o tema da hermenêutica" [RC: 278]. Isto significa que apesar de algumas experiências poderem ser não linguísticas, a compreensão, comunicação e discussão destas experiências são linguísticas.

Gadamer novamente critica o uso de Habermas da psicanálise por pressupor e não discutir a analogia entre a relação do terapeuta e do paciente e a relação geral dos oradores na sociedade como um todo. Habermas pensa que já que podemos corrigir a compreensão distorcida no paciente, isto também é possível na sociedade através de uma hermenêutica profunda. Gadamer questiona esta possibilidade, como antes, porque a relação entre terapeuta e paciente é justificada por seus papéis sociais aceitos, enquanto numa conversa na vida social nenhum interlocutor pode afirmar ser o perito reconhecido. Todos precisam ouvir uns aos outros para produzir o caráter aberto de uma conversa apropriada. Numa conversa, esperamos que cada um dê suas razões. "A situação hermenêutica encontrada na relação de parceria social é muito diferente daquela evidente na relação de análise" [RC: 280].

Gadamer afirma que a reflexão hermenêutica pode ser crítica ao expor os preconceitos de uma ideologia. Toda compreensão interpretativa questiona preconceitos em conflito. Ao trazê-los à luz, a reflexão hermenêutica pode corrigir o preconceito que era dominante. "Buscamos entender o que está lá – na verdade, entender melhor através da percepção do preconceito de outra pessoa" [RC: 283]. O outro preconceito pode ser um preconceito de uma ideologia ou de comunicação distorcida. O fato de haver mais de uma interpretação correta na história efetiva desse assunto ou texto não implica no relativismo num sentido perigoso. "É apenas segundo o critério de um conhecimento absoluto, algo estranho para nós, que isto é um relativismo ameaçador" [RC: 283]. A reflexão hermenêutica abre possibilidades de compreensão que não ocorreriam sem ela, mas "em si mesma não é um critério de verdade" [RC: 284]. Ao entrar numa conversa, esperamos que as condições para tal conversa existam, ou seja, que a força não esteja envolvida. O propósito da hermenêutica é expor os preconceitos dos oradores e questioná-los. Habermas compreende erroneamente as afirmações de Gadamer sobre estabelecer uma conexão com a tradição: "isto não contém de forma alguma uma preferência pelo que é costumeiro, pelo que devemos seguir cegamente" [RC: 288]. O acordo alcançado na conversa não precisa ser nem conservador nem revolucionário. "É a própria ideia de razão que não consegue desistir da ideia de um acordo geral. Essa é a solidariedade que une a todos nós" [RC: 289]. Portanto, é Habermas que concede um falso poder à reflexão.

No primeiro volume de sua *A teoria da ação comunicativa* [1981], Habermas retorna brevemente à hermenêutica filosófica de Gadamer, argumentando que podemos afirmar compreender o significado de um texto apenas se o intérprete for capaz de reconstruir "as *razões* que permitem que os enunciados do autor apareçam como *racionais*" [TAC: 132]. Isto significa que o intérprete precisa ser capaz de apresentar o conhecimento comum pressuposto pelo autor e sua plateia que permitiria que o texto fizesse parte de uma atividade comunicativa. Se um intérprete não faz este esforço para descobrir o raciocínio do autor, "o intérprete não estaria levando seu sujeito a sério como um sujeito responsável" [TAC: 133]. Para Habermas, isto significa que o intérprete precisa pressupor a atitude performativa de um ator comunicativo mesmo na interpretação de um texto. Habermas reconhece que Gadamer inclui isto em sua discussão da pré-concepção da completude, que ele cita. Este processo de criar uma ponte entre a distância temporal entre intérprete e autor é o que Gadamer discute como a ampliação de nosso horizonte na fusão de horizontes. Entretanto, Habermas afirma que Gadamer "dá ao modelo interpretativo da *Verstehen* [compreensão] um *toque* peculiarmente *unilateral*" [TAC: 134]. Ele ainda acusa Gadamer de acreditar que "o conhecimento incorporado no texto é [...] fundamentalmente superior ao do intérprete" [TAC: 134]. Habermas justifica isto afirmando que Gadamer considerou a interpretação dos textos clássicos como paradigmática e cita a definição de Gadamer do clássico como aquilo que é capaz de suportar a crítica histórica. Gadamer, como vimos em sua resposta a Habermas sobre a autoridade da tradição, não concordaria, afirmando que reconhece que poderíamos descobrir que ou o preconceito do intérprete ou o do texto poderiam ser corretos. Além do mais, como vimos, o clássico é um modo de ser dentro da tradição. Um texto clássico foi considerado significativo, mas um texto pode perder sua posição, assim como uma autoridade pode perder a sua, quando o intérprete a considera menos significativa ou com menos conhecimento.

> **Ponto-chave**
>
> A divergência central entre Habermas e Gadamer trata do poder da razão e da justificação metodológica das interpretações. Habermas acusa Gadamer de aceitar acriticamente o significado tradicional porque ele negligencia o poder da razão de revelar a gênese dos preconceitos, e assim descobrir os preconceitos cuja autoridade é baseada na força, e não na razão. Gadamer retruca que nunca afirmou que o significado do texto, ou o tradicional, sempre é superior ao do intérprete. Ele afirma que o modelo para a crítica de Habermas – a psicanálise – fracassa porque precisa pressupor injustificavelmente que um dos interlocutores tem conhecimento superior, como o analista em relação ao paciente. Enquanto Habermas nega a universalidade da hermenêutica porque existem experiências pré-linguísticas do mundo, Gadamer afirma esta universalidade porque para compreender e comunicar estas experiências precisamos da linguagem, e, portanto, da análise hermenêutica. Habermas afirma que é preciso incorporar alguma metodologia crítica à compreensão hermenêutica se ela não quiser sucumbir a um relativismo perigoso. Gadamer diz que no evento da verdade o preconceito legítimo brilha e convence os parceiros do diálogo, e este evento não se baseia na metodologia, ou seja, pedir uma justificativa metodológica é chegar tarde demais.

Paul Ricoeur

Ricoeur (1913-2005) diz que a hermenêutica chegou a um impasse porque não tem um procedimento crítico. O problema epistemológico da interpretação correta precisa ser tratado, e isto pode ser resolvido através da reintrodução da explicação na hermenêutica. A compreensão correta de um texto, portanto, requer uma dialética entre explicação e compreensão. Além disso, Marx, Nietzsche e Freud demonstraram que o significado de superfície daquilo que é dito pode esconder um significado mais profundo e diferente. Para desmascarar este significado mais profundo, Ricoeur propõe que uma hermenêutica da desconfiança deve ser incorporada à hermenêutica filosófica. Dos muitos temas da filosofia de Ricoeur, nos preocuparemos apenas com sua análise do impasse na hermenêutica e sua proposta de solução.

Em "A tarefa da hermenêutica" [1973], Ricoeur revê a história da hermenêutica moderna para demonstrar uma aporia ou impasse interno que demanda uma reorientação da hermenêutica atual. Schleiermacher começa o processo de excluir um procedimento crítico na compreensão quando incorpora à sua teoria a ideia romântica de que "a mente é o inconsciente coletivo trabalhando em indivíduos talentosos" [TH: 56]. Ricoeur reconhece o potencial crítico da interpretação gramatical de Schleiermacher, mas afirma que "seu valor crítico foca apenas em erros no significado de palavras" [TH: 57]. Além disso, Ricoeur diz que em suas obras posteriores Schleiermacher privilegia a interpretação divinatória e não a gramatical, pois é aqui "que a tarefa apropriada da hermenêutica é realizada" [TH: 57], onde podemos compreender o autor melhor do que ele se compreendia. Apesar de Ricoeur reconhecer que a interpretação divinatória envolve tanto a comparação, que tem um elemento crítico, quanto uma "afinidade com o autor" [TH: 57], a ênfase de Schleiermacher no puramente psicológico enfraquece qualquer elemento crítico. Ricoeur conclui que estes problemas só podem ser resolvidos "mudando a ênfase interpretativa das investigações empáticas de subjetividades ocultas para o sentido e referência da própria obra" [TH: 58].

Dilthey é responsável pela separação entre explicação e compreensão, uma jogada "desastrosa" para a hermenêutica na opinião de Ricoeur [TH: 53]. A hermenêutica "é assim cortada da explicação naturalista e arremessada de volta à esfera da intuição psicológica" [TH: 59]. De acordo com Ricoeur, Dilthey disse que as ciências humanas pressupõem "uma capacidade primordial de nos transpormos para a vida mental de outras pessoas" [TH: 59]. A chave para demonstrar como isto é possível é o conceito de interconectividade (nexo) onde a vida se externaliza em manifestações que podem ser decifradas por outras pessoas na compreensão. A pergunta que Ricoeur faz é: "Como os conceitos devem ser formados na esfera da vida, na esfera da experiência flutuante que aparentemente é oposta à regularidade natural?" [TH: 60]. Depois de 1900, Dilthey foi capaz de usar a teoria do significado de Husserl e seu conceito de intencionalidade para derivar conceitos estáveis do fluxo da vida. Dilthey muda sua reivindicação de poder se transpor imediatamente para o outro para a ideia da reprodução "através da interpretação de sinais objetificados" [TH: 61]. Entretanto, "este Dilthey posterior tentou generalizar o conceito da hermenêutica, ancorando-o de forma cada vez mais profunda na teleologia da vida" num espírito objetivo hegeliano [TH: 62]. Ricoeur concorda com a avaliação que Gadamer faz de Dilthey, que estaria preso "entre uma filosofia da vida, com seu irracionalismo profundo, e uma filosofia do significado, que tem as mesmas pretensões da filosofia hegeliana do espírito objetivo" [TH: 62]. Ricoeur dá a Dilthey o crédito de compreender a cruz do problema, ou seja, que podemos compreender outras pessoas apenas através de "unidades de significado que se erguem acima do fluxo histórico" [TH: 63]. Entretanto, para que a crítica seja possível, Dilthey precisa abandonar a noção psicológica de transferência e interpretar o texto a partir de seu próprio significado.

Heidegger gira a hermenêutica para a ontologia, e a afasta da questão crucial da epistemologia nas ciências humanas. Heidegger inverte a tarefa da hermenêutica de duas formas. Primeiro, ele parte da pergunta epistemológica de como compreendemos para a pergunta ontológica do significado do ser, e especificamente o significado do ser de *Dasein*. Segundo, a hermenêutica não trata da compreensão de outras pessoas em comunicação conosco, e sim que "a compreensão, em seu sentido primordial, está implicada na relação com minha situação, na compreensão fundamental da minha posição dentro do ser" [TH: 65]. Ao transformar a compreensão numa estrutura fundamental do ser de *Dasein*, Heidegger realmente despsicologiza a compreensão. A compreensão não significa mais a recriação empática do pensamento de outra pessoa. Entretanto, em vez de compreendermos um texto ou aquilo que outra pessoa expressou, a compreensão é primariamente um "poder-ser" [TH: 66], ou seja, uma forma possível de ser de *Dasein*. De acordo com Ricoeur, a interpretação em Heidegger não trata das expressões significativas de outras pessoas, mas principalmente da situação em que *Dasein* se encontra. Ricoeur conclui: "qualquer retorno à teoria do conhecimento é assim bloqueado" [TH: 67].

A discussão de Heidegger do círculo hermenêutico demonstra a ausência de uma dimensão crítica em sua hermenêutica. Da perspectiva de uma teoria do conhecimento, estas estruturas prévias são preconceitos que implicam que o círculo hermenêutico da compreensão é ele próprio vicioso. De acordo com Ricoeur, o impasse básico da hermenêutica entre compreensão e explicação é transformado em um impasse entre ontologia e epistemologia:

> Com a filosofia de Heidegger, estamos sempre engajados em voltar para as fundamentações, mas ficamos incapazes de começar o movimento de retorno que levaria da ontologia fundamental para a pergunta propriamente epistemológica do estatuto da ciência humana [TH: 69].

A pergunta da compreensão correta, como vimos, depende da legitimação das estruturas prévias da compreensão nas coisas em si, e na rejeição de ideias ao acaso e concepções populares. Ricoeur chega até a citar esta passagem importante de Heidegger, mas afirma que Heidegger abandona a questão imediatamente já que continua dizendo que "as pressuposições ontológicas do conhecimento historiológico transcendem por princípio a ideia do rigor apropriado às ciências históricas" [SZ: 153, apud TH: 70]. A situação ontológica da compreensão em *Dasein* prefigura, e portanto enviesa, qualquer teoria do conhecimento que tente examinar criticamente a pré-compreensão.

Ricoeur sustenta que Gadamer realmente tem o impasse entre ontologia e epistemologia, ou compreensão e explicação, no centro de sua hermenêutica filosófica. Ele recebe o crédito de começar a voltar da ontologia para a epistemologia ao levar a sério a pergunta de Dilthey sobre a verdade nas ciências humanas. Entretanto, Gadamer limita a aplicação do método científico, já que ele implica num "distanciamento alienante" [TH: 70] que quebra o pertencimento primordial que possibilita qualquer relação com o assunto. Neste sentido, Gadamer segue Heidegger ao afirmar que as precondições ontológicas da compreensão proíbem qualquer aplicação do método científico. Este problema, continua Ricoeur, pode ser encontrado nas três partes de *Verdade e método*. Ser tomado por uma obra de arte precede qualquer juízo de gosto. Nós pertencemos à história e ela afeta nossa consciência antes de podermos aplicar qualquer metodologia histórica. Na linguagem, "nosso copertencimento às coisas que as grandes vozes da humanidade disseram" [TH: 71] precede qualquer tratamento científico da linguagem. Portanto, qualquer potencial crítico no método científico ou na explicação é rejeitado, já que ele vem depois da relação primordial de pertencimento que existe entre o intérprete e o assunto a ser compreendido.

Ricoeur pergunta se Gadamer:

> realmente superou o ponto de partida romântico da hermenêutica e se sua afirmação (que o caráter finito dos seres humanos está no fato de que, desde o começo, ele se encontra dentro de tradições) foge do jogo de reversões em que ele vê o romantismo confinado quando enfrenta as reivindicações de qualquer filosofia crítica [TH: 71-72].

Gadamer diz, como vimos, que nossa consciência efetuada historicamente é determinada em primeiro lugar pelo efeito da história, e que a compreensão não pode chegar a uma posição fora deste efeito, ou seja, a uma distância objetiva que permitiria a aplicação do método. Entretanto, se isto for o caso, pergunta Ricoeur: "*Como é possível introduzir uma instância crítica numa consciência do pertencimento que é expressamente definida pela rejeição do distanciamento?*" [TH: 73]. Diferente de Gadamer, Ricoeur afirma que a consciência histórica precisa pressupor o distanciamento para poder avaliar criticamente aquilo que herda. Ricoeur descobre três elementos em Gadamer que indicam a possibilidade de um distanciamento produtivo. Primeiro, na discussão de Gadamer da história efetiva há uma tensão entre a proximidade e a distância que poderia permitir a distância. Segundo, o conceito de fusão de horizontes requer que exista um horizonte histórico distante que será fundido. Terceiro, na linguagem enquanto diálogo "os interlocutores se desvanecem face às coisas ditas que, por assim dizer, direcionam o diálogo" [TH: 74]. Isto permitirá que Ricoeur desenvolva a ideia do "assunto do texto que não pertence nem a seu autor nem a seu leitor" como uma instância de controle para a interpretação [TH: 74].

Em "A função hermenêutica do distanciamento" [1973], Ricoeur enuncia sua compreensão da linguagem e da hermenêutica, que quebra o impasse que ele descobre na tradição da hermenêutica. Ricoeur afirma que há três formas de distanciamento que ocorrem na linguagem e no texto escrito que permitem e exigem explicação na compreensão de um texto. A distância não é alienante, como Gadamer pensava, e sim produtiva. Ele rejeita a oposição de Gadamer entre verdade e método, e afirma que há uma relação dialética entre compreensão e explicação na hermenêutica.

A linguagem é realizada enquanto discurso na "dialética do evento e do significado" [FHD: 77]. O discurso enquanto evento implica que o discurso é realizado no presente, refere-se a um orador, sempre é sobre alguma coisa e é dirigido para alguma pessoa. Enquanto evento, o discurso é parte da historicidade do ser. Entretanto, o evento do discurso também estabelece o significado. "O primeiro distanciamento é então o distanciamento do dizer no dito" [FHD: 78]. O significado se separa do evento do discurso e permanece. As convenções compartilhadas da linguagem permitem que o significado apareça no evento do discurso.

A segunda forma de distanciamento ocorre quando o discurso é escrito na forma de uma obra. Ricoeur define uma obra como mais longa que uma sentença e formando um todo unitário, composta conforme um gênero literário e única no sentido de estilo. O autor é o artesão que cria a obra literária. O elemento intersubjetivo do significado é incorporado na obra através do uso de convenções linguísticas, especialmente o gênero, em sua composição. "A obra do discurso apresenta as características de organização e estrutura que permitem que métodos estruturais sejam aplicados ao próprio discurso" [FHD: 82]. A obra é estruturada, e portanto requer que reintroduzamos a explicação na compreensão. "Uma nova fase da hermenêutica se abre com o sucesso da análise estrutural; a partir de então a explicação é o caminho obrigatório da compreensão" [FHD: 82]. É neste ponto que Ricoeur distingue sua hermenêutica da gadameriana. Ricoeur, como Hirsch, identifica um papel essencial para a explicação da estrutura na compreensão e validação de uma interpretação. Quando a fala se torna escrita, o texto se liberta da intenção do autor. Ricoeur se separa de Hirsch neste ponto e concorda com Gadamer. Entretanto, a independência do texto é uma alienação positiva, "uma significância que não pode ser reduzida à nuance de declínio que Gadamer tende a dar a ela" [FHD: 83].

No discurso escrito como uma obra emerge um novo sentido de referência que constitui a terceira forma de distanciamento. Seguindo a distinção de Gottlob Frege entre sentido – o significado de um enunciado – e referência – sua reivindicação de representar a realidade, Ricoeur afirma que na ficção e na poesia as referências de primeira ordem da obra são abolidas. Ou seja, o sentido ou significado de um texto não reivindica representar a realidade. Entretanto,

Hermenêutica **219**

isto permite uma nova referência de segunda ordem que se refere não apenas a objetos no mundo mas a algo como o ser-no-mundo de Heidegger. Ou seja, o significado do texto apresenta um mundo possível. Este mundo possível de segunda ordem é "o problema hermenêutico mais fundamental" [FHD: 86]. Isso implica que o intérprete não busca o estado psicológico do autor por trás do texto, mas precisa interpretar o *mundo proposto* que eu poderia habitar" que está *à frente do* texto" [FHD: 86]. Ao interpretar o mundo à frente da obra, o intérprete o trata com referência a suas próprias possibilidades de ser. É "o problema da apropriação (*Aneignung*) do texto, sua aplicação (*Anwendung*) à situação atual do leitor" [FHD: 87]. A apropriação está ligada ao distanciamento do mundo proposto criado na escrita da obra, já que é isso que oferece possibilidades ao intérprete. A compreensão é assim separada da intenção e congenialidade do autor no sentido que a obra escrita tem sua própria quase objetividade. "Nós nos compreendemos apenas através do longo desvio dos sinais de humanidade depositados em obras culturais" [FHD: 87]. Para apropriar o mundo da obra, o leitor precisa entrar neste mundo através da imaginação. Entretanto, este mundo não é determinado pelo leitor, apresentando-se em sua diferença através do distanciamento da escrita. Nós "nos expomos ao texto e [recebemos] dele um eu maior" [FHD: 88]. Ao aceitar ou rejeitar possibilidades propostas no mundo da obra, o leitor precisa se perder para poder se encontrar. Ricoeur afirma que esta escuta do texto requer que o eu se distancie de si mesmo. "Uma crítica das ilusões do sujeito, de modo marxiano ou freudiano; portanto, pode e deve ser incorporada à autocompreensão" [FHD: 88]. Tal distância crítica pode incorporar uma crítica da ideologia. "A crítica da ideologia é o desvio necessário que a autocompreensão deve tomar se quiser ser formada pelo assunto do texto e não pelos preconceitos do leitor" [FHD: 88]. Para completar o processo de apropriação o leitor precisa julgar que o mundo do texto oferece a ele possibilidades reais.

Em *Teoria da interpretação: discurso e o excedente de significado* [1976], que apresenta o material do ensaio anterior em maiores detalhes, Ricoeur explica mais claramente o papel da explicação no projeto hermenêutico. O propósito não é separar a explicação e a compreensão, mas sim demonstrar como elas precisam trabalhar juntas na hermenêutica. "Na explicação, nós explicamos ou desenrolamos o conjunto de proposições e significados, enquanto na compreensão nós compreendemos ou entendemos como um todo a cadeia de significados parciais em um ato de síntese" [TI: 72]. Como o discurso é um evento com significado, a dialética da explicação e compreensão começa aqui. "O desenvolvimento da explicação como um processo autônomo procede da exteriorização do evento no significado, que é completada pela escrita e pelos códigos gerativos da literatura" [TI: 74]. A explicação se baseia nos "fatos" dos significados compartilhados das palavras e dos códigos compartilhados da literatura. A explicação é necessária quando o discurso é escrito e se torna uma obra. Ricoeur discute primeiro a transição da compreensão ingênua para a explicação e depois a transição da explicação para a compreensão madura.

Para começar, precisamos primeiro "adivinhar o significado de um texto, porque a intenção do autor está além de nosso alcance" [TI: 75]. Já que aquilo que é escrito está separado do autor e da plateia original, "a compreensão ocorre num espaço não psicológico e propriamente semântico" [TI: 76]. Apesar do significado de palavras e códigos literários restringir a leitura inicial, a compreensão errônea é possível, e é por isso que precisamos primeiro adivinhar o significado de um texto. Não há regras para adivinhar o significado verbal, mas há regras de validação, que é o processo explicativo. "Adivinhar corresponde ao que Schleiermacher chamou de 'divinatório', a validação ao que ele chamou de 'gramatical'" [TI: 76]. Ao adivinhar o significado de um texto estamos envolvidos no círculo hermenêutico. "A pressuposição de um certo tipo de todo está im-

Hermenêutica   **221**

plicada no reconhecimento das partes" [TI: 77]. E a compreensão das partes requer um senso do todo. "Não há necessidade alguma ou evidência que trate daquilo que é importante e daquilo que é desimportante. O próprio juízo de importância é uma conjetura" [TI: 77]. Como o texto enquanto obra também é uma obra individual, precisamos adivinhar seu caráter único porque isto é um processo de "estreitar o escopo dos conceitos genéricos" de gênero e estilo [TI: 77]. Finalmente, precisamos também adivinhar o horizonte de significado potencial do texto. Por exemplo, podemos ler o texto simbolicamente, em vez de literalmente. Significados secundários e outros horizontes possíveis "abrem a obra a várias leituras" [TI: 78].

O importante é que estas conjeturas precisam ser validadas. "Quanto aos procedimentos de validação para testarmos nossas conjeturas, eu concordo com E.D. Hirsch que eles estão mais próximos de uma lógica de probabilidade do que de uma lógica de verificação empírica" [TI: 78]. A validação na hermenêutica é diferente da verificação nas ciências naturais. O círculo hermenêutico inclui a interconectividade entre conjetura e validação. "A conjetura e a validação estão num certo sentido relacionadas circularmente como abordagens subjetivas e objetivas ao texto" [TI: 79]. Parte do processo de validação inclui o falseamento de interpretações rivais. "Uma interpretação deve não apenas ser provável, mas mais provável do que outra interpretação" [TI: 79]. Apesar de um texto poder ter interpretações múltiplas, nem todas elas são igualmente boas.

A compreensão madura resulta do movimento da explicação para a compreensão. O leitor pode ter duas atitudes diante de uma obra literária. Ele pode "permanecer num tipo de estado de suspense quanto a qualquer tipo de referência à realidade" [TI: 81]. A obra pode ser lida meramente para entretenimento, pode ser lida e analisada em termos de estilística ou pode ser lida para estabelecer que a interpretação do próprio leitor é melhor do que alguma outra. Por outro lado, a atitude do leitor pode ser de "realizar imaginariamente as referências potenciais não ostensivas do texto numa nova situação, a do leitor" [TI: 81]. Neste caso, o leitor toma as referências do texto não como referindo-se diretamente à realidade, as referências de primeira ordem, mas como criando o mundo do texto à frente do texto, as referências de segunda ordem. Ou seja, o leitor, através da imaginação, coloca-se no mundo criado pela obra.

Ricoeur apresenta vários exemplos para demonstrar como a análise estrutural aprofunda a explicação de um texto. A análise estrutural é um passo intermediário necessário entre a interpretação ingênua e a crítica. Poderíamos então formar um "arco hermenêutico único" [TI: 87] de uma interpretação ingênua e superficial para uma interpretação crítica e profunda. A explicação e a compreensão são estágios diferentes neste arco. "Compreender um texto é seguir seu movimento do sentido à referência: daquilo que ele fala, para aquilo sobre o que fala" [TI: 87-88]. Seguindo Frege, Husserl e Dilthey, Ricoeur leva em conta "esta tendência anti-historicista" em sua hermenêutica de três formas [TI: 91]. Primeiro, ele defende a autonomia semântica baseada na objetividade do significado. Segundo, o intérprete precisa usar procedimentos explicativos na compreensão. "O texto – objetificado e des-historicizado – se torna a mediação necessária entre escritor e leitor" [TI: 91]. Terceiro, o conceito existencial de apropriação ainda é pertinente. "'Tornar próprio' aquilo que antes era 'estrangeiro' ainda é o objetivo final da hermenêutica" [TI: 91]. Entretanto, o conceito de apropriação precisa de um componente crítico para evitar três concepções erradas. Primeiro, aquilo que é apropriado não é a intenção do autor, mas o significado do texto, ou seja, o mundo da obra à frente do texto. Ricoeur propõe que esta compreensão do texto está próxima do conceito de Gadamer da fusão de horizontes. Segundo, a hermenêutica não é governada pelo receptor original do texto – "o significado do texto está aberto a qualquer um que saiba ler" [TI: 93], o que teria sido demonstrado convincentemente por Gadamer. Terceiro, a apropriação do significado de um texto não é determinada subjetiva ou relativamente apenas pelo leitor, que é o problema que Ricoeur encontra no conceito de aplicação de Gadamer. Em vez disso, o que se "torna próprio" é "o projeto de um mundo, a pro-posição de um modo de ser no mundo que o texto abre à frente de si mesmo através de suas referências não ostensivas" [TI: 94].

Tendo em vista estas três formas de distanciamento, a explicação entra na hermenêutica em três níveis. Primeiro, a autonomia semântica permite a explicação do significado de um texto independente da intenção do autor. Segundo, a análise estrutural permite a explicação das convenções linguísticas estruturadas que formam a composição da obra. Finalmente, ao aplicar o mundo da obra à frente do texto para nós mesmos, adotamos uma posição crítica a nós mesmos que permite uma explicação de nós mesmos no sentido de uma crítica da ideologia. Ao incorporar a explicação na compreensão, Ricoeur afirma que podemos validar interpretações e assim evitar o subjetivismo da hermenêutica contemporânea.

Gadamer e Ricoeur se encontraram em 1976 na Sociedade de Fenomenologia e Filosofia Existencial, e este encontro foi registrado em "O conflito das interpretações" [1982]. Gadamer afirma que o conflito é entre uma hermenêutica da desconfiança que vem de Nietzsche e sua própria hermenêutica filosófica em relação ao conceito de Heidegger de facticidade. Seu ponto principal é que não podemos unir a interpretação como o desmascaramento de um significado fingido, a hermenêutica da desconfiança, com a interpretação como a chegada a um acordo. O exemplo de Gadamer é uma gafe verbal. Uma hermenêutica da desconfiança perguntaria o que está escondido por trás do enunciado, quebrando assim a possibilidade de comunicação. Por outro lado, a hermenêutica filosófica pressuporia que o orador quer dizer o que diz a não ser que existam evidências em contrário, o que fornece a base para a vida social fática. A hermenêutica da desconfiança pega um caso particular e o generaliza. É apenas quando está presente alguma informação no contexto herdado que podemos justificadamente tentar desmascarar o que é dito. Se desconfiássemos o tempo todo, não haveria comunicação. Gadamer sugere que é o diálogo, e não a teoria do texto de Ricoeur, o melhor modelo para a hermenêutica. No diálogo, cada um está aberto ao outro, e, quando se alcança um acordo, ambos os oradores mudam. O lugar apropriado da crítica está na troca de opiniões num diálogo.

Ricoeur responde que o conflito não é entre teorias da interpretação, mas dentro da própria interpretação. É a dialética da explicação e da compreensão, e ambas são necessárias se quisermos uma interpretação madura, e não ingênua. Como vimos, Ricoeur afirma que a análise estrutural, como uma forma de explicação, aprofunda a interpretação de um texto e adiciona controle metodológico à interpretação. Para ele, a compreensão sem explicação é cega, enquanto a explicação sem compreensão é vazia.

A segunda grande divergência de Gadamer com Ricoeur trata do uso da explicação controlada metodologicamente na interpretação. Em seu ensaio "A hermenêutica da desconfiança" Gadamer traça o conflito entre a ciência e a retórica ou hermenêutica. A crítica de Heidegger a Husserl demonstra a diferença entre a racionalidade da ciência rigorosa e a racionalidade da vida. O diálogo é o modelo para a apropriação do significado no ser comum dos oradores em sua vida. Ele conclui que estas duas formas de compreensão são fundamentalmente diferentes. Portanto, a tentativa de Ricoeur de incluir a explicação controlada metodologicamente na compreensão não poderá ser bem-sucedida.

Ricoeur, é claro, discordaria. Na discussão de 1976, Ricoeur ilustra o papel da explicação objetiva para alcançar uma compreensão mais madura. Podemos simplesmente apreciar uma sinfonia de Beethoven. Entretanto, se conhecemos a estrutura das sonatas e podemos analisar como essa estrutura funciona no primeiro movimento, então tanto nossa compreensão quanto nossa apreciação aumentam. Assim, é possível e desejável integrar a explicação à compreensão.

> **Ponto-chave**
>
> Ricoeur afirma que a explicação e uma hermenêutica da desconfiança precisam ser incorporadas à hermenêutica filosófica para quebrarmos o impasse das teorias hermenêuticas modernas, de Schleiermacher a Gadamer. Ele identifica três formas produtivas de distância na obra literária que tornam a explicação possível. Ao falar, comunicamos um significado determinado que está distanciado de nossas próprias intenções. Numa obra escrita, o significado da obra está distanciado do autor e da plateia original. A análise estrutural é capaz de explicar o significado mais profundo de uma obra. Ao aplicar o mundo proposto da obra para minha situação real, eu me distancio de mim mesmo, e isto permite uma autocrítica como uma crítica da ideologia. A resposta de Gadamer a Ricoeur é que uma hermenêutica da desconfiança só vale quando alguma coisa no contexto a justifica, e é portanto parte da hermenêutica filosófica. Ele também diz que a explicação, enquanto compreensão controlada metodicamente, é contrária à experiência da verdade na hermenêutica filosófica.

Jacques Derrida

Derrida (1930-2004) acusa a hermenêutica filosófica de permanecer presa numa metafísica do presente apesar de sua tentativa de seguir a crítica da metafísica de Heidegger. O evento hermenêutico da verdade, onde o assunto apresenta um aspecto de si próprio, ainda implica que há uma verdade, um significado, que pode ser descoberto. Gadamer não reconheceu a radicalidade da crítica da verdade de Nietzsche, e portanto o evento da verdade no diálogo de Gadamer é comprometido pela tentativa clássica de descobrir a verdade. Derrida afirma que não há verdade ou significado, apenas muitas perspectivas diferentes, interpretações diferentes. Estas perspectivas não revelam um significado subjacente, e são apenas o jogo da diferença.

A filosofia desconstrutiva de Derrida é e não é uma teoria hermenêutica. A desconstrução é uma versão da hermenêutica porque inclui uma teoria da compreensão e se preocupa em interpretar textos. Como Derrida desenvolve vários aspectos da filosofia de Nietzsche, poderia parecer que sua hermenêutica seria uma hermenêutica da desconfiança. Isto seria o caso se "desconfiança" significasse que desconfiamos de qualquer reivindicação de um significado textual definido, de uma interpretação correta, ou da própria Verdade. Entretanto, isto não seria o caso se "desconfiança" significasse que há um significado escondido ou mais profundo que seria o correto. Um dos princípios centrais da desconstrução é que não há uma única Verdade, uma única interpretação correta, nem uma chave que abriria o mistério de um texto. Portanto, a desconstrução não é hermenêutica porque não há nada a descobrir, nenhum significado único a decifrar.

Em "A estrutura, o signo e o jogo no discurso das ciências humanas" [1966], Derrida afirma que o conceito de estrutura foi descentrado pela obra de Nietzsche, Freud e Heidegger. Anteriormente, na história da metafísica havia um centro, origem ou *telos* que, como o ponto de presença essencial, governava e organizava os elementos da estrutura num todo. O centro, como o ponto metafísico de presença, é a chave do sistema metafísico. Por exemplo, a Forma do Bem de Platão estrutura e organiza o reino das formas. A consciência, como espírito, volta a si mesma na progressão teleológica e dialética de Hegel. "A função deste centro era não apenas orientar, equilibrar e organizar a estrutura [...] mas acima de tudo garantir que o princípio organizador da estrutura limitaria aquilo que podemos chamar de jogo da estrutura" [ESJ: 278]. O espírito de Hegel organiza a estrutura de modo que o real é racional e o racional real, mas ele também disciplina o jogo da consciência ao determinar sua progressão dialética.

O evento da ruptura, a perturbação da estrutura centrada, começou quando se tornou necessário pensar sobre "a estruturalidade da estrutura" [ESJ: 280]. Quando começamos a questionar o centro e entendê-lo como "um tipo de não lócus em que um número infinito de substituições de signos entraram em jogo [...] [e]ste foi o momento em que a linguagem invadiu a problemática universal, o momento em que, na ausência de um centro ou origem, tudo se tornou discurso" [ESJ: 280]. Nietzsche demonstra que não há Verdade, apenas verdades e perspectivas diferentes. Ele afirma que quando descobrimos que o mundo real é falso isto não significa que nos resta apenas um mundo aparente. Em vez disso, quando destruímos um lado de uma dualidade, também destruímos o outro. Freud prova que a consciência de si não pode afirmar se conhecer. Heidegger demonstra que a história da metafísica da presença é uma história do esquecimento do Ser. Entretanto, Derrida mantém que cada crítica da metafísica fica presa num círculo único, porque todas elas precisam usar a linguagem da metafísica para criticar a metafísica. Seria isto uma nova forma do círculo hermenêutico?

Um exemplo do descentramento da estrutura pode ser examinado na relação entre o signo enquanto significante e o objeto como significado [*signified*]. A própria linguagem é composta de signos linguísticos que se referem a seus sentidos [*meanings*][1]. Nos sistemas linguísticos tradicionais, os signos são conectados por uma ou outra forma a seus sentidos. Como vimos, Schleiermacher conecta o sentido de uma palavra a seu signo através de um processo kantiano de esquematização. Dilthey afirma que na aculturação a compreensão universal se assenta numa conexão fixa entre o sentido interno e o sinal externo. Husserl usa a intencionalidade da consciência, e Heidegger argumenta que a conexão já estava na pré-compreensão da situação pragmática, e depois no dizer da linguagem. Gadamer

---

1. No decorrer do texto até agora, seguindo a convenção filosófica usual, "*sign*" foi traduzido por "sinal", "*meaning*" por "significado" e "*sense*" por "sentido". Entretanto, nesta seção sobre Derrida o autor adota a convenção linguística, em que "*sign*" é traduzido por "signo", "*meaning*" por "sentido" e "*signified*" por "significado". Em português, a confusão terminológica é infelizmente inevitável [N.T.].

diz que a conexão entre o signo e aquilo que ele significou é o resultado de se chegar a um acordo. Derrida questiona a estabilidade da estrutura da linguagem como um sistema de significantes e significados. Se o sentido da palavra como sinal depende de outra palavra como o significado e esta depende de mais outra e assim por diante, o sistema linguístico perde seu centro, sua regra para relacionar o significante à coisa real significada, ou seja, o significado transcendental. "A ausência do significado transcendental estende o domínio e o jogo da significação infinitamente" [ESJ: 280]. As palavras se referem apenas a outras palavras e então a outras palavras e assim por diante. Não há nada mais por trás da significação.

O problema desta circularidade única surge porque qualquer crítica da relação entre o significante e o significado precisa usar a linguagem. Ela precisa usar a palavra "signo". O próprio uso desta palavra traz consigo todo o sistema metafísico. "Para a significação, 'signo' sempre foi compreendido e determinado, em seu sentido, como signo-de, um significante que se refere a um significado, um significante diferente de seu significado" [ESJ: 281]. Derrida afirma que há duas formas diferentes de apagar a diferença entre o significante e o significado. A forma clássica é reduzir o significante ao pensamento. A outra, que Derrida usa em oposição à primeira, "consiste em questionar o sistema em que a redução anterior funcionava: antes de mais nada, a oposição entre o sensível e o inteligível" [ESJ: 281]. O problema com críticas destrutivas é que a crítica da metafísica precisa usar a linguagem da metafísica e portanto reintroduz toda a metafísica. Nietzsche é pego nesta armadilha, que permite Heidegger encarar Nietzsche "com tanta lucidez e rigor quanto má-fé e interpretação falsa, como o último metafísico, o último 'platônico'. Poderíamos fazer o mesmo com o próprio Heidegger" [ESJ: 281-282]. É o que Derrida faz, como veremos.

Precisamos pular a análise de Derrida da etnologia e de Claude Lévi-Strauss e notar apenas sua conclusão. A análise não descobre nenhuma totalização devido à falta de um centro. Compreender esta falta de centro e a multiplicidade resultante é compreender o aspecto do jogo em relação à história e à presença. Na história, o jogo entra como uma ruptura no desenvolvimento de um relato histórico estruturado. Algo novo entra que rompe a continuidade. O jogo também perturba o presenciamento da presença. A presença de algo é sua estabilidade dentro de um sistema. Entretanto, o que vem à presença depende da alternância entre presença e ausência. O jogo são os arranjos fortuitos daquilo que é e que não é. Portanto, "o Ser precisa ser concebido como presença ou ausência com base na possibilidade de jogo, e não da forma contrária" [ESJ: 292], como Heidegger afirmaria. Podemos adotar duas atitudes diante da perda de um centro. Podemos lamentar esta perda e olhar para o passado onde havia uma unidade sistemática de estrutura. A escolha de Derrida é a outra atitude, uma afirmação nietzschiana do jogo. "Esta afirmação determina então o não centro de outra forma do que uma perda do centro" [ESJ: 292]. Correspondentemente, há duas interpretações da interpretação. "Uma busca decifrar, sonha em decifrar uma verdade ou uma origem que escape do jogo" [ESJ: 292], e isto caracteriza a hermenêutica de Schleiermacher a Gadamer. A outra atitude, que Derrida defende, não busca mais um centro e afirma o jogo da própria *différance*. *"Différance"* é um neologismo que Derrida cria a partir da palavra francesa normal *"différence"*, que significa diferença, para marcar o jogo da diferença. *"Différance"* significa diferir e deferir. Sua pronúncia em francês é igual à *"différence"*, que Derrida usa para mostrar a prioridade do escrito sobre o falado.

A falta de uma estrutura totalizante, a ausência de um centro e do significado transcendental, e a afirmação do jogo da *différance* estruturam a crítica implícita de Derrida à hermenêutica filosófica. Como não há um significado transcendental, um texto não tem sentido nem verdade, e se refere apenas a outros textos. Particularmente, não pode haver um assunto que o texto revela e sobre o qual podemos vir a concordar. Derrida questionaria o evento hermenêutico da verdade de Gadamer, mesmo se apenas um aspecto da coisa em si se tornasse presente, pois, seguindo Nietzsche, não há Verdade, apenas perspectivas diferentes, verdades diferentes.

Derrida e Gadamer se encontraram em Paris em 1981. Gadamer apresentou uma versão mais curta de seu ensaio "Texto e interpretação", e Derrida apresentou seu ensaio "Interpretando assinaturas (Nietzsche/Heidegger): duas perguntas". Derrida respondeu ao ensaio de Gadamer em "Três perguntas para Hans-Georg Gadamer", ao qual Gadamer replicou em "Resposta a Jacques Derrida" [1984].

Em "Texto e interpretação", Gadamer responde à crítica anterior de Derrida à avaliação de Heidegger sobre Nietzsche como o último metafísico. Derrida acusa Heidegger, e não Nietzsche, de ser o último metafísico. Gadamer diz que "os seguidores franceses de Nietzsche não entenderam a significância do sedutor no pensamento de Nietzsche" [DD: 25] e isso os levou a interpretar Nietzsche falsamente como sendo mais radical do que ele é. Na realidade, o pensar de Heidegger sobre o Ser "vai por trás da metafísica" [DD: 25]. Como o Ser é sempre um esconder assim como um descobrir, o Ser nunca está completamente presente, e portanto isto não é parte da metafísica da presença, como Derrida afirma. Gadamer argumenta que quando diz que "o ser que pode ser compreendido é linguagem", isto implica que "aquilo que é nunca pode ser compreendido completamente" [DD: 25]. Portanto, Gadamer também não pode ser acusado de participar da metafísica da presença.

Em oposição à ênfase de Derrida na escrita como a base a partir da qual aprendemos a compreensão, Gadamer reitera sua tese de que o diálogo e a busca de um acordo são os modelos apropriados para a compreensão interpretativa. Por esta razão, "o conceito de texto apresenta um tipo especial de desafio" [DD: 27]. O desenvolvimento da compreensão da linguagem levou à oposição da teoria dos signos e da linguística contra a ideia de Heidegger e Gadamer

Hermenêutica   231

da linguagem como a revelação do mundo. Heidegger demonstrou além disso que esta revelação sempre é uma questão de interpretação. "Mas será que isto significa que a interpretação é uma inserção [*Einlegen*] de significado e não uma descoberta [*Finden*] de significado?" [DD: 30]. Nietzsche, e implicitamente Derrida, no sentido da *différance*, dizem que a interpretação é uma interrupção e uma inserção, enquanto Gadamer afirma que a interpretação descobre o assunto presente no texto. Ao discutir a história da palavra "texto" e o que conta como um texto hoje, Gadamer nota que uma carta pessoal não é considerada um texto, já que ela é apenas uma forma escrita de conversação. "Para uma conversação escrita vale basicamente a mesma condição fundamental de uma conversa. Ambos os parceiros precisam ter boa vontade para tentar compreender um ao outro" [DD: 33]. Como o diálogo é o modelo básico para a compreensão, Gadamer diz que a boa vontade é necessária para conseguirmos um acordo sobre um texto escrito. O texto escrito precisa ser trazido de volta a um dizer. O objetivo do escritor é ser compreendido pelo leitor, portanto o leitor precisa "deixar o texto impresso falar novamente" [DD: 35], particularmente falar comigo, o leitor, como se eu estivesse conversando com o autor.

Para distinguir o texto literário como o sentido preeminente do texto, Gadamer discute três formas de contratextos: o antitexto, o pseudotexto e o pré-texto. Um pré-texto é aquele cujo significado verdadeiro está escondido e precisa ser desmascarado. Este tipo de texto é erroneamente considerado paradigmático na hermenêutica da desconfiança de Ricoeur e na crítica da ideologia de Habermas, e implicitamente na desconstrução de Derrida. Como discutimos, eles propõem a psicanálise como um modelo para desmascarar o significado oculto num texto. Gadamer propõe que o texto literário é o sentido preeminente de um texto porque neste caso o texto fala: "portanto, o discurso do intérprete não é em si mesmo um texto; ele *serve* um texto" [DD: 41]. O intérprete ou leitor é levado ao falar de um texto onde sua verdade fala a nós. Os textos literários confrontam "nossa compreensão com reivindicações normativas e [...] se colocam continuamente diante de toda nova forma que o texto pode falar" [DD: 41]. Esta compreensão do texto literário desafia diretamente a afirmação de Derrida que um texto sempre já é uma interpretação e que a interpretação de um texto é apenas outro texto onde não há um assunto final a que esta série de textos se refere. Ela também contradiz o conceito de *différance* de Derrida, o sentido diferido e deferido, ao dizer que o texto literário faz continuamente reivindicações normativas.

Em resposta ao ensaio de Gadamer, Derrida faz três perguntas críticas sobre o conceito de boa vontade que Gadamer invocou. Primeiro, ele pergunta se "um apelo à boa vontade" [DD: 52] e o objetivo de chegar ao consenso na compreensão não implicam um axioma moral sobre a dignidade do parceiro de conversação. Num sentido kantiano, isto invocaria um imperativo categórico incondicional. De fato, como Kant disse, a única coisa que é absolutamente boa é a boa vontade. Além do mais, este apelo à boa vontade e suas implicações éticas pertenceria ao que Heidegger chama de "a determinação do Ser dos seres como vontade, ou subjetividade voluntária" [DD: 52-53]. Portanto, o apelo de Gadamer à boa vontade pertence "a uma época particular, a saber, a de uma metafísica da vontade" [DD: 53]. Em outras palavras, Derrida argumenta que se o diálogo é o modelo da compreensão e requer abordar a outra pessoa com boa vontade para alcançar um consenso, como Gadamer afirma, então a teoria da compreensão de Gadamer se baseia no imperativo ético da boa vontade. Além disso, se Heidegger acusa Nietzsche de ser o último metafísico por causa de seu conceito da vontade de poder, uma subjetividade voluntária, então o apelo de Gadamer à boa vontade significaria, também na estimação de Heidegger, que sua teoria da compreensão ainda pertence a uma metafísica da vontade. Então agora seria Gadamer o último metafísico.

A segunda pergunta de Derrida trata de como a boa vontade poderia funcionar no modelo da psicanálise. Será que aumentar o contexto interpretativo resolveria o problema, como Gadamer sugere? "Ou, ao contrário – como estou inclinado a enxergar –, será que isto não envolveria uma brecha, uma reestruturação geral do contexto, mesmo do próprio conceito de contexto?" [DD: 53]. O contexto aumentado de Gadamer é o "da experiência viva do diálogo vivo" [DD: 53]. Aumentar o contexto se refere à fusão de horizontes. Derrida considera que este é o argumento mais importante de Gadamer, mas também o mais problemático. Gadamer diz que nossa experiência vivida é um vir a ser em acordo através do diálogo. Derrida argumenta, seguindo Nietzsche, que o diálogo cotidiano normalmente não é de acordo racional, e sim de não escutar o outro, motivado por impulsos não racionais, pela força, e onde é preciso empregar a desconfiança. Aumentar o contexto seria então "uma reestruturação descontínua" em vez de uma expansão contínua.

A terceira pergunta de Derrida trata da boa vontade como uma precondição da compreensão. Ele sugere que a pré-condição da compreensão não é o *rapport*, no sentido de um consenso simpático, mas sim "a interrupção do *rapport*, um certo *rapport* da interrupção, a suspensão de toda mediação" [DD: 53]. Derrida sugere que a precondição da compreensão pode ser o reconhecimento da diferença, e não o acordo simpático. Ele fecha seus comentários notando a afirmação repetida de Gadamer sobre a experiência de ser compreendido que todos nós temos e que não deve ser pensada metafisicamente. Derrida retruca que a própria metafísica normalmente, ou quase sempre, é "a descrição da experiência enquanto tal, da apresentação enquanto tal" [DD: 54]. Portanto, a afirmação de Gadamer da experiência básica de ser compreendido indica seus contornos metafísicos. De fato, Derrida questiona se nós sequer temos esta experiência de sermos "compreendidos perfeitamente" [DD: 55]. Se suas intervenções estiverem corretas, precisamos de uma teoria diferente para interpretar textos.

Gadamer responde que as perguntas de Derrida demonstram que ele não o compreendeu. Primeiro, ele diz que sua referência à boa vontade não tem nada a ver com a ética de Kant, sendo explicitamente uma referência ao *"eumeneis elenchoi"* [DD: 55] de Platão, que pode ser traduzido como um questionamento ou diálogo amigável. Em tal diálogo, não defendemos nossa própria posição e mostramos as fraquezas de nosso oponente; em vez disso, buscamos fortalecer a posição do outro para podermos ver o que é esclarecedor nela. Tal diálogo não pressupõe um imperativo ético, já que mesmo pessoas imorais tentam compreender umas às outras. O próprio ato de falar ou escrever, conclui Gadamer, indica que queremos ser compreendidos. "Derrida direciona perguntas para mim e portanto ele tem que pressupor que estou disposto a compreendê-las" [DD: 55]. Ou seja, se sempre desconfiássemos do que o outro disse, não faria sentido falarmos uns com os outros porque nunca poderíamos chegar a um acordo.

Segundo, Gadamer diz que ele não pretendeu incorporar a psicanálise em sua hermenêutica. Seu ponto é que a psicanálise deseja um resultado completamente diferente; ela "não busca compreender o que alguém quer dizer, e sim o que a pessoa não quer dizer ou nem sequer admitir para si mesma" [DD: 56]. Gadamer concorda com Derrida que o modelo psicanalítico da compreensão envolve uma brecha ou ruptura. Ele também reconhece que poderíamos entrar numa conversa com uma intenção completamente diferente do que chegar a um acordo. Portanto, sua referência a Ricoeur buscava mostrar que Ricoeur também não aceita uma brecha radical, porque ele defende unir uma hermenêutica da desconfiança a uma hermenêutica da intenção. Derrida, por outro lado, afirma que sempre há uma brecha, mas isto se deve ao seu conceito de verdade. Derrida, seguindo Nietzsche, afirma que o conceito de verdade implicado pela noção de acordo harmônico de Gadamer é "uma noção ingênua que, desde Nietzsche, não podemos mais aceitar" [DD: 56]. A crítica de Derrida a este conceito de verdade é a razão pela qual ele afirma que a discussão de Gadamer do contexto vivido e do diálogo vivo é tão problemática. Platão, continua Gadamer, demonstrou que o diálogo de pergunta e resposta que produz "compreensão mútua genuína" é "capaz de eliminar os acordos falsos, os mal-entendidos e as interpretações errôneas que se agarram a palavras tomadas por si mesmas" [DD: 56]. A linguagem é mais do que um sistema de signos, e é constituída por estas convenções consensuais, ou seja, baseada nos resultados de diálogos anteriores onde acordos foram alcançados. Portanto, Gadamer se considera justificado por começar com o acordo mútuo para compreender a função da linguagem. Tal pressuposição não "é de forma alguma um tipo de metafísica" [DD: 56], mas uma pressuposição que todos, até Derrida, têm ao fazer perguntas. Quanto à sua discussão, Gadamer nota que apesar deles não conseguirem chegar a um acordo, isto não incomoda Derrida porque este resultado apoia a metafísica dele. Derrida invoca Nietzsche "porque ambos estão enganados sobre si mesmos. Na realidade, ambos falam e escrevem para poderem ser compreendidos" [DD: 57].

Gadamer admite que "as solidariedades que unem os seres humanos e os tornam parceiros em um diálogo" [DD: 57] nem sempre são suficientes para alcançar um acordo mútuo total. Gadamer concorda com Derrida que experimentamos limites e às vezes não nos comunicamos. Implicitamente, Gadamer concorda com Derrida que ele não experimentou ser compreendido perfeitamente. Entretanto, isto significa apenas que o diálogo que nós somos nunca termina, e não que não buscamos alcançar um acordo no diálogo. Além do mais, Gadamer reitera que nossa habilidade de conversar, mesmo quando malsucedida, ainda se baseia nestes acordos e solidariedades que constituem nossa linguagem compartilhada. Gadamer pensa que Derrida não concordaria com isto no caso dos textos, já que para Derrida "qualquer palavra que apareça de forma escrita sempre já é uma brecha" [DD: 57]. Gadamer concordaria que o texto literário requer que rompamos nossas expectativas costumeiras e que o texto "nos desfere um golpe" [DD: 57]. Entretanto, a análise de Gadamer do texto literário demonstra que, ao nos perdermos dentro do texto, nós nos encontramos novamente ao aprender com o texto.

A contribuição de Derrida a este encontro, "Interpretando assinaturas (Nietzsche/Heidegger): duas perguntas", poderia parecer irrelevante a uma consideração da hermenêutica de Gadamer, já que ele não menciona o nome deste nem questiona diretamente algum aspecto central da hermenêutica filosófica. Entretanto, a palestra é uma crítica performativa daquilo que Gadamer e Heidegger compreendem que a interpretação seja. Derrida não argumenta que a teoria da interpretação de Gadamer, que envolve um diálogo com o texto e o alcance de um acordo, está errada. Em vez disso, ele apresenta a forma apropriada de interpretar um texto, que é uma leitura desconstrutiva onde o intérprete demonstra que a suposta unidade e tese do texto são enfraquecidas pelo próprio texto. Derrida começa no início do *Nietzsche* de Heidegger, onde o nome Nietzsche aparece entre aspas. O que Heidegger quer dizer é: "'Nietzsche' é nada mais do que o nome deste pensar" [DD: 61], de modo que as informações biográficas e autobiográficas não são importantes para compreender a unidade do pensamento de Nietzsche. Derrida descreve dois caminhos possíveis que poderíamos trilhar. O caminho desconstrutivo é questionar a suposta unidade do nome, já que Nietzsche acima de tudo se arriscou a "ver o nome desmembrado e multiplicado em máscaras e similitudes" [DD: 62]. Uma compreensão nietzschiana dos nomes implica que o significado de um texto também não é unívoco, e portanto a interpretação não pode buscar chegar a um acordo sobre o único significado de um texto.

A outra estratégia, que Heidegger adota, é determinar a essencialidade do nome "Nietzsche" através de seu pensamento e desconsiderar qualquer coisa que tenha a ver com a pessoa. O objetivo de Heidegger é compreender Nietzsche como o último metafísico e salvá-lo das interpretações erradas. Heidegger levanta uma possível objeção, a saber, que Nietzsche realmente escreveu uma autobiografia, o que sugere que ele pensava que sua vida era importante para compreender seus textos. Mas Heidegger diz que *Ecce Homo* não é uma autobiografia. Entretanto, Derrida acusa Heidegger de aceitar um sentido tradicional de autobiografia e não, como o próprio texto pede, levar em consideração um sentido mais radical de autobiografia. Derrida argumenta que "quando ele [Heidegger] está fingindo resgatar Nietzsche [...] ele faz isso com categorias que podem elas mesmas servir para distorcer" [DD: 62], como a oposição entre pensadores essenciais e não essenciais. Usando outros exemplos do texto de Heidegger, Derrida demonstra que Heidegger aceitou a posição metafísica de que o pensar num texto "é único, um assunto" [DD: 68]. Ele tentou juntar o pensamento de Nietzsche sob um nome, sem reconhecer que a passagem que Heidegger cita parcialmente demonstra que há vários Nietzsches. Portanto, não é Nietzsche o metafísico, e sim Heidegger. Nietzsche afirma muitas interpretações, muitas verdades, enquanto Heidegger, e por implicação Gadamer, tenta descobrir o único significado de um texto com que podemos concordar. Portanto, Derrida não apenas realiza uma interpretação desconstrutiva, mas também demonstra que Heidegger, e Gadamer, que o segue, está na verdade preso na metafísica da presença que ele confirmou no conceito de boa vontade de Gadamer.

> **Ponto-chave**
>
> Enquanto Hirsch, Habermas e Ricoeur argumentam que a hermenêutica filosófica precisa de uma metodologia para evitar o relativismo, Derrida acusa Gadamer de não ser radical o bastante porque ele mantém o evento hermenêutico da verdade e do significado. A discordância fundamental entre Derrida e Gadamer tem a ver com a natureza da linguagem. Derrida mantém que a linguagem é um sistema descentrado de significantes em que nada é significado transcendentalmente. Gadamer diz que a linguagem revela o mundo mesmo que apenas um aspecto do assunto seja compreendido. Portanto, a interpretação correta de um texto, de acordo com Derrida, é uma interpretação desconstrutiva que demonstra que o texto é polissêmico, permitindo interpretações múltiplas e até interpretações que contradigam a tese do texto. Para Gadamer, a interpretação correta de um texto literário escuta as reivindicações normativas do texto. A interpretação revela a perspectiva especulativa do assunto do texto.

O futuro da hermenêutica

Enquanto os seres humanos se comunicarem na linguagem, o futuro da hermenêutica estará garantido, mesmo que apenas informalmente. Como notamos no começo, uma hermenêutica informal acompanha o uso da linguagem, já que é sempre possível que não compreendamos a outra pessoa e precisemos pedir um esclarecimento. A finitude fundamental do ser humano implica que continuaremos a conversação que somos enquanto ainda formos. Além disso, nossa finitude significa que nunca haverá uma linguagem perfeita em que o mundo apareceria sob a luz da eternidade. Humboldt provavelmente está correto quando diz que cada linguagem humana diferente apresenta apenas uma perspectiva do mundo. Ao nos comunicarmos uns com os outros, precisaremos de uma compreensão da tradução e, portanto, de uma compreensão de como a linguagem funciona, o que é parte da hermenêutica. Devemos reiterar, como conclusão, que minha apresentação se concentrou na discussão da hermenêutica na filosofia continental, e que portanto não examinamos as extensas discussões sobre linguagem, significado e compreensão na filosofia analítica.

A hermenêutica enquanto uma teoria formal sobre a interpretação bem-sucedida continuará no futuro enquanto os seres humanos refletirem sobre a questão da compreensão. Como os filósofos nunca alcançaram um acordo universal que não foi questionado, é improvável que eles concordem quanto a uma hermenêutica específica. O modo como respondemos a pergunta fundamental sobre a natureza da linguagem determinará os parâmetros de teorias hermenêuticas diferentes. No momento, há várias teorias rivais. A única área onde há um consenso geral trata das regras do que Schleiermacher chamou de interpretação gramatical. A maioria concorda que o círculo hermenêutico se aplica à relação do significado das palavras com o significado da sentença que as palavras constituem. Muitos estendem esta interdependência para a relação entre as sentenças e o texto. A maioria concordaria que o intérprete precisa conhecer a semântica e a sintaxe da linguagem que o autor usou. Há divergências sobre como podemos determinar o significado de uma sentença ou de um texto. Alguns argumentam que podemos escapar do círculo hermenêutico e pelo menos nos aproximarmos do significado determinado da sentença ou do texto. Outros afirmam que não podemos escapar do círculo hermenêutico, apesar da compreensão ainda ser possível. Como e se podemos decidir sobre o significado de uma sentença ou texto depende da teoria da linguagem que adotamos e, particularmente, da explicação de como o significado se relaciona ao uso da linguagem.

A existência ou não de um critério para a interpretação correta, e o que ele seria, são assuntos debatidos calorosamente, que discutimos neste capítulo. Uma escola de pensamento, à qual Hirsch pertence, mantém que a intenção do autor é o critério final. Apesar de não podermos ter certeza absoluta, podemos oferecer argumentos probabilísticos que podem validar uma interpretação contra outras.

Habermas propõe uma teoria da ação comunicativa onde a reflexão racional tem o poder de revisar a gênese de nossos preconceitos e portanto criticar preconceitos ilegítimos. Desta forma, ideologias e seus textos associados podem ser expostos e refutados. Ele afirma que a hermenêutica filosófica de Gadamer fracassa porque subestima o poder da razão e é forçada a aceitar a verdade da tradição. Ricoeur argumenta que o significado de um texto é determinado e pode ser compreendido corretamente se o intérprete empregar a explicação metodológica para se mover de uma compreensão ingênua para uma compreensão madura do significado de um texto. Ele critica Gadamer por rejeitar o método e assim tornar as interpretações relativas. Derrida, por outro lado, afirma que não há um critério para a interpretação correta, já que os textos são polissêmicos. Seguindo o conceito de muitas verdades e da ausência da Verdade de Nietzsche, Derrida critica a hermenêutica de Gadamer porque ela mantém o conceito metafísico da verdade ao defender o evento especulativo da verdade hermenêutica.

Gadamer, como discutimos, defende a hermenêutica filosófica. Na discussão da aplicação ele argumenta que não é desejável nem possível adotar a posição do autor. O significado de um texto é o que ele tem a dizer ao intérprete sobre o assunto. Ele diz que Habermas compreendeu erroneamente sua discussão sobre a autoridade da tradição porque ele claramente permite a crítica. Ele critica o uso da psicanálise como um modelo para a compreensão por Habermas e Ricoeur porque ela pressupõe a autoridade do psicanalista, que não pode ser transferida para casos normais de interpretação. Além disso, a tentativa de Ricoeur de unir a explicação metodológica e a compreensão fracassa porque a verdade hermenêutica resulta de escutar o texto e ocorre no evento da verdade, onde chegamos tarde demais se quisermos uma verdade validada metodologicamente. Derrida e Gadamer divergem fundamentalmente sobre a natureza da linguagem. Gadamer, seguindo Heidegger, mantém que a linguagem revela o mundo e que a compreensão correta é mais um escutar ativo o falar da linguagem do que uma determinação de significado pelo sujeito. Derrida incorpora as ideias de Nietzsche sobre a verdade em perspectivas para argumentar que a linguagem se refere apenas à linguagem e, portanto, os textos são necessariamente polissêmicos.

O futuro da hermenêutica filosófica é incerto. Alguns certamente acreditam que ela foi refutada, enquanto outros mantêm que ela é uma voz importante na conversa contínua sobre a interpretação. De acordo com a própria hermenêutica filosófica, no futuro o assunto da hermenêutica filosófica será compreendido diferentemente, mas ainda assim de forma correta, no evento especulativo de sua história efetiva.

Perguntas para discussão e revisão

1 A hermenêutica universal de Schleiermacher

1) Como a discussão de Schleiermacher sobre a linguagem se compara com a sua compreensão do que é a linguagem e como nós a aprendemos?

2) Utilizando um trabalho estudantil ou alguma outra expressão linguística, tente interpretá-lo utilizando a hermenêutica de Schleiermacher.

3) Leia uma interpretação contemporânea de um poema e compare-a com a discussão de Schleiermacher das interpretações gramatical e psicológica. Quais semelhanças e diferenças você encontra?

2 A compreensão hermenêutica de Dilthey

1) Você concorda com Dilthey que há uma diferença entre explicação e compreensão com referência à separação das ciências humanas das ciências naturais? Explique sua resposta.

2) Escreva uma pequena lista dos tipos diferentes de compreensão elementar que você aprendeu. Avalie a conexão entre significado interno e manifestação externa.

3) Como Dilthey descreveria o processo de compreender uma obra de arte literária, talvez uma peça de Shakespeare? Até que ponto você reexperimentou o que o autor intencionava? E como

você diria que ao compreendê-la você reexperimentou o que o autor intencionava?

3 A ontologia hermenêutica de Heidegger

1) Você acha que a descrição fenomenológica de Heidegger de como nós encontramos as coisas deste mundo como elas se mostram a partir delas mesmas é correta quando ele diz que primeiro as encontramos como coisas úteis e apenas depois, e de forma derivada, como objetos presentes objetivamente?

2) A compreensão sempre é interpretativa? Examine um caso complicado, talvez um texto filosófico (com um caso simples a chance de pularmos alguns passos é muito grande). Ao conseguir compreendê-lo você utilizou as estruturas prévias da compreensão? Como elas foram utilizadas? Como elas se basearam nas coisas em si para alcançar uma compreensão correta?

3) Compare e contraste as discussões de Heidegger e Schleiermacher sobre o círculo hermenêutico na compreensão. Você acha que Heidegger pode evitar o problema da pressuposição, e, assim, o relativismo em sua hermenêutica? Por que, ou por que não?

4 A hermenêutica no segundo Heidegger

1) Que mudanças básicas você pode descobrir entre a análise de *Ser e tempo* e o pensamento posterior de Heidegger?

2) Até que ponto você poderia seguir o caminho para a linguagem, e onde você encontrou problemas neste caminho, se isto ocorreu?

3) A hermenêutica tem um papel no pensamento do segundo Heidegger? Se sim, até que ponto?

5 A teoria da experiência hermenêutica de Gadamer

1) Supondo que herdamos nossos preconceitos da tradição, e compreendemos dentro do círculo hermenêutico, você concor-

daria que o clássico é um bom exemplo da autoridade da tradição? Por que, ou por que não?

2) A discussão entre o juiz e o historiador legal te convence de que a aplicação é uma parte necessária da compreensão interpretativa?

3) A discussão da experiência de Gadamer te convence de que a verdade da experiência é uma abertura para novas experiências?

6 O giro ontológico de Gadamer para a linguagem

1) Você concorda que uma linguagem particular apresenta apenas uma visão particular do mundo? Se não, quais aspectos da discussão da linguagem de Gadamer precisam ser modificados?

2) Você concorda ou discorda com a afirmação de Gadamer de que "o ser que pode ser compreendido é linguagem"? Por quê?

3) Utilizando um exemplo de um texto ou uma passagem em particular, discuta como os vários elementos da compreensão que Gadamer descreve funcionam na interpretação correta desse texto ou passagem.

7 Controvérsias hermenêuticas

1) Utilizando o exemplo de Gadamer do juiz e do historiador legal, discuta a distinção de Hirsch entre significado e significância. Como Hirsch responderia à afirmação de Gadamer que o significado verdadeiro de uma lei precisa incluir os casos precedentes?

2) Considere vários exemplos de intenções fracassadas. Como Hirsch defenderia sua tese de que a intenção do autor determina o significado?

3) Avalie criticamente o argumento de Habermas que a reflexão tem o poder de expor preconceitos ilegítimos usando um exemplo de sua educação e outro de uma ideologia social. Você acha que o contra-argumento de Gadamer tem mérito?

4) Discuta as três formas de distanciamento que Ricoeur identifica, e demonstre como elas incorporam a explicação na compreensão hermenêutica, corrigindo assim o relativismo de Gadamer. Como Gadamer responderia?

5) Compare e contraste a compreensão da linguagem de Derrida e de Gadamer. Como o ensaio "Interpretando assinaturas" de Derrida ilustra sua teoria da linguagem?

6) Discuta as críticas de Derrida à boa vontade e a resposta de Gadamer. Quais argumentos você acha mais convincentes? Por quê?

Referências complementares

Introduções gerais

Introduction to Philosophical Hermeneutics, de J. Grondin [New Haven: Yale University Press, 1994] é um levantamento da hermenêutica dos gregos antigos até hoje em dia, que discute mais pensadores, mas com menos detalhe textual. Tem uma boa bibliografia. *Hermeneutics*: Interpretation Theory in Schleiermacher, Dilthey, Heidegger and Gadamer, de R.E. Palmer [Evanston: Northwestern University Press, 1969] é uma introdução útil, particularmente em relação à interpretação literária.

Schleiermacher

Até o momento há muito pouco publicado em inglês sobre a hermenêutica de Schleiermacher (mas cf. o material introdutório em *Hermeneutics and Criticism and Other Writings* [HC]). *The Cambridge Companion to Friedrich Schleiermacher*, de J. Mariña (org.) [Cambridge: Cambridge University Press, 2005], é uma coleção de ensaios de especialistas sobre o pensamento de Schleiermacher, e dois deles discutem a hermenêutica.

Dilthey

Wilhelm Dilthey: An Introduction, de H.A. Hodges [Londres: Routledge & Kegan Paul, 1944], é uma curta introdução a Dilthey com um capítulo sobre compreensão. *Wilhelm Dilthey*: The Critique of Historical Reason, de M. Ermarth [Chicago: University of Chicago Press, 1978], é uma análise mais avançada, com uma curta biografia e um capítulo mais longo sobre a compreensão hermenêutica. *Dilthey*: Philosopher of the Human Studies, de R.A. Makkreel [Princeton: Princeton University Press, 1975], é outra análise mais avançada que enfatiza a importância da psicologia e estética de Dilthey em sua teoria da compreensão, com breves comparações a Husserl e Heidegger. *The Tragedy of Finitude*: Dilthey's Hermeneutics of Life, de J. De Mul [New Haven: Yale University Press, 2004], é uma análise recente de Dilthey que inclui discussões sobre ele com referência a Heidegger, Gadamer e Derrida.

Heidegger

Da enorme literatura disponível, eu selecionei várias obras notáveis. *Being-in-the-World:* A Commentary on Heidegger's *Being and Time,* Division I, de H.L. Dreyfus [Cambridge, MA: The MIT Press, 1991], é uma discussão avançada, mas clara, da primeira divisão de *Ser e tempo*, enfatizando a situação pragmática e comparando o pensamento de Heidegger com outros filósofos contemporâneos. *Heidegger's Ways*, de H.-G. Gadamer [Albânia: Suny Press, 1994], contém os ensaios de Gadamer sobre Heidegger, de discussões introdutórias a avançadas. *Heidegger's* Being and Time: A Reader for Readers, de E.F. Kaelin [Tallahassee: University Presses of Florida, 1988], é um comentário cuidadoso seção por seção. *Routledge Philosophy Guidebook to the Later Heidegger*, de G. Pattisonb [Londres: Routledge, 2000], é uma discussão competente, mas um tanto avançada, do "segundo Heidegger". *Heidegger*: An Introduction, de R. Polt [Ithaca: Cornell University Press, 1999], é uma introdução bem-escrita a todo o pensamento de Heidegger.

Gadamer

The Cambridge Companion to Gadamer, de R.J. Dostal (org.) [Cambridge: Cambridge University Press, 2002], é uma coleção recente de ensaios, incluindo três sobre interpretação, um sobre a relação com Habermas e Derrida, uma curta biografia e bibliografia. *The Philosophy of Gadamer*, de J. Grondin [Chesham: Acumen, 2003], é uma introdução a Gadamer importante e fácil de ler por meio de uma análise de *Verdade e método*. *Hermeneutics and the Voice of the Other*: Re-reading Gadamer's Philosophical Hermeneutics, de J. Risser [Albânia: Suny Press, 1997], oferece uma análise e defesa da hermenêutica filosófica de Gadamer, incorporando material escrito depois de *Verdade e método*, e especialmente em relação à desconstrução. O meu livro *The Epistemology of Hans-Georg Gadamer*: An Analysis of the Legitimization of Vorurteile [Frankfurt: Peter Lang, 1987] é uma análise mais detalhada da compreensão e do evento da verdade em *Verdade e método*. Finalmente, *Gadamer's Hermeneutics*: A Reading of *Truth and Method*, de J.C. Weinsheimer [New Haven: Yale University Press, 1985], é um comentário seção por seção meticuloso de *Verdade e método*, com um ensaio introdutório sobre a hermenêutica e as ciências naturais.

Controvérsias hermenêuticas

The Critical Circle: Literature and History in Contemporary Hermeneutics, de D. Couzens-Hoy [Berkeley: University of California Press, 1978], é uma introdução clara à hermenêutica de Gadamer em relação à crítica literária, com discussões críticas de Hirsch, Habermas, Ricoeur e Derrida, entre outros. *Gadamer*: Hermeneutics, Tradition and Reason, de G. Warnke [Stanford: Stanford University Press, 1987], é uma louvável apresentação bem-escrita da hermenêutica de Gadamer a partir de um exame de suas divergências com Schleiermacher, Hirsch, Habermas e Rorty.

Gadamer/Hirsch

Intentionalist Interpretation: A Philosophical Explanation and Defense, de W. Irwin [Westport: Greenwood Press, 1999], é uma defesa mais avançada da tese da intenção do autor determinando o significado em relação a Hirsch, e com um capítulo criticando Gadamer.

Gadamer/Habermas

Knowledge and Hermeneutic Understanding: A Study of the Habermas-Gadamer Debate, de D. Teigas [Lewisburg: Bucknell University Press, 1995], é uma comparação longa entre Gadamer e Habermas com referência especial ao debate entre os dois.

Gadamer/Ricoeur

"The Conflict of Interpretations", de H.-G. Gadamer e P. Ricoeur [In: BRUZINA, R. & WILSHIRE, B. (orgs.). *Phenomenology*: Dialogues and Bridges [Albânia: Suny Press, 1982: p. 299-320], é uma transcrição de sua conversa no encontro da Spep, em 1976. *Ricoeur's Critical Theory*, de D.M. Kaplan [Albânia: Suny Press, 2003], oferece uma análise avançada da hermenêutica de Ricoeur, defendendo sua superioridade quanto à de Gadamer e Habermas.

Gadamer/Derrida

Veja primeiro os ensaios reunidos em *Dialogue and Deconstruction*: The Gadamer-Derrida Encounter, de D. Michelfelder e R. Palmer (orgs.) [Albany: Suny Press, 1989 [DD]]. *Radical Hermeneutics*: Repetition, Deconstruction and the Hermeneutic Project, de J.D. Caputo [Bloomington: Indiana University Press, 1987], é uma discussão animada, mas avançada, em que a crítica de Derrida a Heidegger e a crítica de Caputo a Gadamer impulsionam a hermenêutica para um nível nietzscheano-kierkegaardiano radical. "Good Will and the Hermeneutics of Friendship: Gadamer and Derrida", de J.D. Caputo [In: *Philosophy and Social Criticism*, 28, 2002, p. 512-522], é sua reconsideração da relação entre os dois, que encontra um consenso maior, apesar de ainda haver uma distinção. "Uninterrupted Dialogue: Between Two Infinities, the Poem", de J. Derrida [In: *Research in Phenomenology*, 34, 2004, p. 3-19], é uma tradução inglesa de parte da homenagem de 2003 de Derrida a Gadamer. Finalmente, o volume que editei *The Specter of Relativism*: Truth, Dialogue and Phronesis in Philosophical Hermeneutics [Evanston: Northwestern University Press], é uma coleção de ensaios intermediários e avançados sobre a questão da verdade a partir das perspectivas de Gadamer e Derrida.

Índice

aculturação 65-67, 74-77, 147, 153

Agostinho 85

análise estrutural 219, 223-226, 228

aplicação 12, 21, 156-165, 167-170, 180, 186s., 192, 199, 201, 220, 224

Aquino, T. 171

argumento transcendental 41, 43

Aristóteles 10, 13, 17, 20, 78, 84, 88, 94, 97, 129, 134, 152, 156-158, 160s., 183

Ast, F. 25

assunto, conceito de Gadamer do 141-146, 153, 163-165, 169s., 172-175, 177-185, 187, 196, 210s., 226, 230-233, 238s., 241

Bacon, F. 160

caráter linguístico 168s., 207

Carnap, R. 13

Chaucer, G. 33

Chladenius, J. 141

ciências humanas 20, 48, 50s., 54-63, 74, 76s., 88, 95, 115, 141, 143, 145, 204, 214-216

círculo hermenêutico 16, 21s., 199s., 216, 221s., 228, 240
  em Gadamer 142-147, 150, 153-156, 166s., 180, 186
  em Heidegger 111, 115, 128, 138
  em Schleiermacher 30-32, 34-36, 49
compreender melhor um autor 29s., 46, 64, 89, 142, 162, 214
Comte, A. 55
comunicação, distorcida 208-211
concepção prévia da completude 150, 155, 158, 163-167, 186
crítica da ideologia 189, 206, 208s., 220, 224, 226, 232
Cusa, N. 172

Dannhauer, J. 18
Demócrito 33
Derrida, J. 22, 190, 226-239, 241s.
  crítica da boa vontade 231-235, 238
Descartes, R. 101s.
desconstrução 226, 232, 237-239
dialética da pergunta e da resposta 161s., 170, 177, 186s.
distância temporal 151s., 155, 197
Dilthey, W. 15, 19s., 50-52, 79, 192, 199, 214s., 217, 223, 228
  compreendendo outras pessoas 60-77
  experiência vivida 58, 61-66, 68, 70-77, 80, 143s.
  explicação *vs.* compreensão 22, 48, 51, 55-60, 76s.
  Gadamer sobre 141-146, 160, 162
  Heidegger sobre 80, 85-88, 95, 97, 111, 122, 126, 134
  manifestações da vida 52, 62-64, 66-71, 74s., 95
  psíquico (estados mentais) 54, 57, 60, 62, 64-67, 69-77
  reconstrução imaginativa 72-74, 192
  reexperiência 68-77
  sobre Schleiermacher 53s.
distanciamento em Ricoeur 216-219
dizer da linguagem, o 130-135, 138s.

Eckhard, J. 20

eles (*das Man*) 87, 103, 114, 117s., 125

Ereignis 124s., 128, 131-134, 138

especulativo
crítica do 197, 239, 241
evento 22, 176-181, 187s.

Espinosa, B. 141

espírito objetivo 66-69, 73-77, 215

esquematização na linguagem 40-43, 45-48, 228s.

Ésquilo 160

estoicismo e linguagem 129

estruturas prévias da compreensão 21, 108-119, 146-150, 165, 186, 196, 201, 216

existenciais 87, 90, 92-96, 115, 121-124

existencialidade 92, 95s., 108, 126, 128, 138

explicação
em Dilthey, cf. Dilthey: explicação *vs.* compreensão
em Habermas 192-195, 212s.
em Ricoeur 22, 189, 214-226, 241

evento hermenêutico 23, 177-180, 182-188, 200, 226, 231, 239

experiência hermenêutica 141, 156, 161s., 165, 167-170, 175, 181s., 186-188, 204

fenomenologia
de Husserl 20, 79, 121-123, 144
definição de Heidegger 87-90, 93-95
em Heidegger 80, 87-91, 95-101, 111s., 115s., 118, 120-122, 125s.
máxima de Husserl sobre 92-95, 111s.

Fichte, J. 53

Frege, G. 219, 223

fusão de horizontes 21, 155, 159, 163-170, 183, 186s., 196-199, 212, 218, 223, 234

Gadamer, H.-G. 12s., 21-23, 51, 81, 106, 118, 138, 156, 241
   aplicação 156-162
   compreensão como fusão de horizontes 150-155
   dialética da pergunta e da resposta 161-166
   e Derrida 226-239
   e Habermas 201-213
   e Hirsch 189-201
   e Ricoeur 213-226
   evento da verdade 180-188
   história da hermenêutica 141-145
   historiador legal 157-161
   linguagem 167-176
   preconceitos e tradição 145-150
   universalidade da hermenêutica 175-180
   Verdade e método 12, 21, 140s., 148-150, 187, 189, 200s.
gênero 36s., 43, 190, 193-195, 200, 219, 222
George, S. 135-137

Habermas, J. 22, 189, 201-213, 232, 239-241
Hegel, G.W.F. 13, 16, 50, 66, 141, 159s., 177s., 227
Heidegger, M. 13, 16, 51, 140, 196, 199, 201, 215-217, 220, 224-233, 237s., 241
   adaptação de Gadamer de 143-150, 156, 164, 168s., 171, 184, 186
   além de *Ser e tempo* 120-126
   análise hermenêutica 90-95
   caminho para a linguagem 128-134
   compreensão como um existencial 104-115
   exemplo do atril 81, 84-86, 90, 99, 116, 171
   exemplo do martelo 98-102, 107-113, 116
   hermenêutica da facticidade 81-90
   "hermenêutica" desaparece 126-128
   práxis hermenêutica 134-139
   Ser e tempo 21, 78s., 81, 90s., 99, 118, 120-128, 138, 189
   ser-no-mundo 96-104

seu giro 105, 120-122, 126, 128, 131

significado do ser 20, 81, 90-96, 118, 215

verdade hermenêutica 115-119

hermenêutica
como a arte da compreensão 26-31, 48s.
da facticidade 80-90, 97, 118, 121
definição 18s.
filológica 19, 22, 25, 85
legal 158
prática estrita da 19, 28s., 32
problema central da 155
tarefa da, cf. tarefa hermenêutica
universal 19, 25, 29, 85, 95, 142
universalidade da 175, 180, 188, 201, 204, 210, 231s.

Hermes 18, 83, 127

Hirsch Jr., E.D. 22, 189-200, 219, 222, 239s.

história efetiva 150, 153, 159, 165, 187, 218, 242

historicidade 160, 196, 198, 201, 218

horizonte
como visão de linguagem 173-176
conceito de Gadamer de 153-155
Derrida sobre 234
em Ricoeur 218, 222s.
fusão de, cf. fusão de horizontes
Hirsch sobre 196-199
na aplicação 156-159
no evento da verdade 181s.
no evento especulativo 177-180
pergunta 161s.
temporal 145

Humboldt, W. 25, 129s., 173, 239

Husserl, E. 20, 79s., 122, 144, 223, 225
consciência intencional 121, 174, 191s., 196, 201, 215, 228
Teoria da Intencionalidade 79s., 86, 88, 174s., 190-192, 196

idealidade da palavra 169, 196

indicação formal 87-90

Kant, I. 25, 40, 61, 233, 235

Kierkegaard, S. 20

Kisiel, T. 79

linguagem
  casa do Ser 123-134, 138s., 183
  da metafísica, cf. metafísica
  em Derrida 228-230, 236, 239
  em Dilthey; 52 cf. tb. Dilthey compreendendo outras pessoas
  em Gadamer 147, 150, 153, 165, 167-174
  em Habermas 203, 205-208
  em Heidegger 84, 86, 90s., 113-115, 127-134
  em Hirsch, cf. significado verbal
  em Ricoeur 217-219
  em Schleiermacher 40-48
  sistema de sinais 43, 132, 188, 236
  visão de 173-180, 188
logos 82, 84, 86, 93s., 130

Lorenzer, A. 208

Lutero, M. 73s., 85

Marx, K. 213

meio 70, 72-76

metafísica, a linguagem da 121, 125, 138, 228s.

método científico 20-22, 59, 77, 85, 141, 144, 184, 186s., 194, 202, 207, 217s.

Mill, J.S. 55

nexo 52, 56-65, 68, 71s., 215

Nietzsche, F. 20, 213, 224-238, 241s.

objetividade 56, 58, 161, 199, 220, 223

ontologia
  base da linguagem de Gadamer 22, 141, 175, 182, 187s.
  em Heidegger 81s., 86, 92, 98-101, 106, 116s.
  fundamental 93-96, 108, 121s., 126
  Gadamer sobre a descrição de Heidegger da linguagem 145-150, 164s., 186
  Ricoeur sobre o uso de Heidegger 215s.

Piaget, J. 207, 210

Platão 13, 17, 20, 25, 83, 127, 140, 150, 164, 171, 181, 227, 229, 235s.

Poe, E.A. 195

preconceito
  legitimando 182-188, 213
  legítimo e ilegítimo 148-150, 152, 155, 163, 165s.

psicanálise 205, 208-213, 232-235, 241

reconstrução do processo criativo
  em Dilthey 69-74
  em Hirsch 192, 198-200
  em Ricoeur 213-215
  em Schleiermacher 19, 30-33, 35, 38, 43s., 46, 48s.
  Gadamer sobre 141s., 145, 152, 179

reflexão, poder da 202-204

relações Eu/Tu 161s.

relativismo, problema do 22, 190, 196-200, 211s., 224, 239

Ricoeur, P. 22, 189, 213,226, 232, 235, 239, 241
  mundo proposto do texto 220, 224, 226

Hermenêutica **259**

Sartre, J.-P. 21

Schlegel, F. 53

Schleiermacher, F.D.E. 13, 15-20, 192, 194, 214, 221, 226, 228, 230, 240

cânones da interpretação 33-35
decisão seminal 37-40, 43-45, 142
Dilthey sobre 51-54, 59, 76
Gadamer sobre 140-145, 162, 189
Heidegger sobre 79, 84s., 95, 126, 134, 137
hermenêutica como a arte da compreensão 25-30
interpretação gramatical 15, 19, 27-35, 38-40, 54, 135, 142, 214
interpretação psicológica19, 28, 30s., 45, 47, 137, 139, 142, 145, 215, 220
  lado puramente psicológico 35-40, 44, 134, 214
  lado técnico 36s.
método comparativo 43s., 46, 137, 194
método divinatório 43, 46-49, 54, 142, 144, 194, 221
sobre a linguagem 40-44
sobre o círculo hermenêutico 30-32

ser-no-mundo 96-107, 113-116, 118, 121, 144, 220

Shakespeare, W. 14, 19, 179
Hamlet 12-19, 68, 178s., 183

significado, a constituição do
em Derrida 226-230
em Dilthey 62-69
em Gadamer 147s., 157-159, 168-174, 176-183
em Heidegger 81, 97-100, 108-111, 113-115, 129-133
em Hirsch, cf. significado verbal
em Ricoeur 213-217, 219-226
em Schleiermacher 27, 30-35, 40-43
e significância 22, 187s., 190, 193s., 198s.
Habermas sobre 207s.

significado transcendental 229s.

significado verbal 190-196, 201

tarefa hermenêutica 31s., 46, 52-54, 86, 141-143, 145, 168, 214s.

temporalidade 41, 61, 75, 122, 146, 149

tradição 88, 97, 162, 164, 167, 175-178, 180-182, 187s., 209
  autoridade da 145, 148-150, 165s., 185s., 202s., 212, 241
  como história efetiva 150-153
  Habermas sobre 201-204, 207-212
  hermenêutica 25s., 47, 53-55, 135, 141-145, 213-218
  Hirsch sobre 196s.
  linguística 169, 174, 177

verdade
  como descobrimento 85, 94, 115-118, 129, 231
  Derrida sobre 226, 230, 236, 241
  do ser 121-129
  do texto 142, 145, 150, 153, 165, 195
  em Dilthey 65
  evento 23, 181-188, 198s., 212, 226, 231, 239, 241s.
  experiência da 141, 146, 184s., 187, 226, 233
  Habermas sobre 209-211
  teoria da correspondência 85, 116, 129
  vs. método 85, 87-90, 94-96, 121s., 141, 143s., 161s., 184-188,
201, 204, 218; cf. tb. Dilthey explicação *vs.* compreensão

Waterland, D. 18

Wolf, F.A. 25

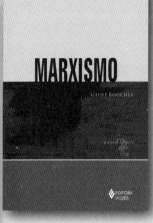

SÉRIE pensamento moderno

Veja a série completa em

livrariavozes.com.br/colecoes/serie-pensamento-moderno

Conecte-se conosco:

f facebook.com/editoravozes

◉ @editoravozes

✕ @editora_vozes

▶ youtube.com/editoravozes

◉ +55 24 2233-9033

www.vozes.com.br

Conheça nossas lojas:

www.livrariavozes.com.br

Belo Horizonte – Brasília – Campinas – Cuiabá – Curitiba
Fortaleza – Juiz de Fora – Petrópolis – Recife – São Paulo

  Vozes de Bolso

EDITORA VOZES LTDA.
Rua Frei Luís, 100 – Centro – Cep 25689-900 – Petrópolis, RJ
Tel.: (24) 2233-9000 – E-mail: vendas@vozes.com.br